JN236688

キーワードコレクション

発達心理学

[改訂版]

子安増生+二宮克美=編

安藤寿康+遠藤利彦+
岡本祐子+河合優年+
下山晴彦+白井利明+
仲真紀子+無藤　隆+
子安増生+二宮克美=著

新曜社

まえがき

　本書は，これから発達心理学を学ぼうとする人や，発達心理学に関心を持っている人のために，コンパクトで読みやすく分かりやすい本を提供する目的でつくられたものである．

　本書の前身の子安（編）『キーワードコレクション　発達心理学』は，1992年3月に刊行され，幸いにも読者からの好評を得て版を重ね，最終的に7刷に達した．前書が大学の教科書や大学院など各種受験の参考書として重宝されているという声も伝わってきたが，それだけではなく，学問的に確立されたことだけを書いたいわば無味乾燥な本になることを避け，スタンダードな事項を押さえた上で，著者の個性を存分に発揮して書いていただくという編集方針が広く世に受け入れられたのではないかと自負している．また，初学者向けの一般書でありながら，引用文献は学術書並みにきちんと整備するという方針も，前書が幅広い読者に支持された重要な点であったと考えている．

　しかし，この間に世紀があらたまり，干支もちょうど一回りをし，発達心理学自体が発達を遂げる中で，時代の変化に取り残された部分の修正や，最新の研究動向を取り入れる必要性が出てきた．小改訂あるいは小修正のような当座の処置で切り抜けることもできたかもしれないが，新曜社編集部から「同じ労力をかけるのなら，この際内容を一新し，新たに世に問うほうがよい」との力強いお勧めを受け，前書の熱心なユーザーでもあった二宮が編集に加わり，執筆陣10人のうち6人を新たに依頼しなおし，キーワード項目もその記述内容もほとんどすべてを新しくすることになった．前書と同様に，執筆者には，発達心理学の各分野で高い評価を得ておられる先生方に依頼した．加えて，今回は発達臨床に明るい臨床心理学の先生にもご協力をお願いした．

　本書は，次のような構成となっている．最初に編者が「歴史的概観」において発達心理学の歴史と変遷の要点を述べ，I「発達心理学の研究法」で研究技法や研究アプローチの要点をまとめ，II「発達の理論的諸問題」において発達心理学の理論にとって基本的な重要事項に触れた．その後，III「誕生から幼児期まで」，IV「児童期」，V「思春期・青年期」，VI「成人期から老年期まで」の4つの章で，人間の誕生から死にいたるまでを一貫してながめる生涯発達心理学の視点に立って，重要なキーワードをまとめたものである．これは，前書と同じく，歴史書の

記述方法としての「紀伝体」と「編年体」の両方からのアプローチというスタイルである．

　内容において，項目あたり4ページの解説でキーワード50項目を掲載するという基本的な枠組みも前書を踏襲している．キーワードは全体として発達心理学にとって重要な用語または概念を整理して構成したものであり，キーワード各項目は，それぞれ独立にそれだけで完結したものとして書かれている．したがって，読者は，本書を最初からページの順番どおりに読んでいただいてもよいし，関心のあるキーワードから拾い読みしていただいてもよい．

　また，各キーワードの解説文の中で重要と思われる用語または概念は，ゴシック体（太字）で印刷されている．それは，各キーワードの「サブキーワード」とでもいうべきものであり，キーワードとサブキーワードは，巻末の「事項索引」のところに一括して五十音順に並べておいたので，索引を辞典代わりに利用することもできる．

　本書が「読んで面白くて使うのに便利な本」という前書同様の評価を受け，広く大勢の読者に愛され，発達心理学に関心を持つ人や，発達心理学への関心を深める人が増えることが，編者ならびに執筆者の共通した願いである．

　最後になったが，バブル経済崩壊後の不景気が続く中，出版事情が大変厳しい時期にもかかわらず，よい本は改訂してでも存続させたいという誠にありがたいご意向を示してくださり，本書が生まれ変わる過程を常に暖かく見守ってくださった新曜社第一編集部・塩浦暲氏に対し，ここに心より感謝の言葉を申しあげたい．

2004年2月

編者　識

目 次
Contents

まえがき　*i*

イントロダクション
 0. 歴史的概観　*2*

Ⅰ　発達心理学の研究法
 1. インフォームド・コンセント　*8*
 2. ラポール　*12*
 3. フィールド研究　*16*
 4. コーホート分析　*20*
 5. 進化心理学的アプローチ　*24*
 6. 行動遺伝学的アプローチ　*28*
 7. 文化心理学的アプローチ　*32*
 8. 生態学的アプローチ　*36*
 9. ダイナミック・システムズ・アプローチ　*40*

II 発達の理論的諸問題

10. 発生/成長　*46*
11. 発達段階　*50*
12. 知能　*54*
13. 熟達化　*58*
14. コンピテンス　*62*
15. 社会化　*66*
16. 児童観　*70*
17. 家族関係　*74*
18. 発達障害　*78*
19. 発達臨床　*82*

III 誕生から幼児期まで

20. 出生前心理学　*88*
21. アタッチメント　*92*
22. 移行対象　*96*
23. ジョイント・アテンション　*100*
24. 児童虐待　*104*
25. 視覚的断崖　*108*
26. 一語文と言語的制約　*112*
27. 頭足人　*116*
28. ファンタジー　*120*
29. 遊び　*124*
30. リテラシー/ニュメラシー　*128*

IV 児童期

31. 目撃証言　*134*
32. 心の理論　*138*

33. 感情調節　*142*
34. 友人関係　*146*
35. 道徳性　*150*

V　思春期・青年期

36. キャリア選択　*156*
37. 恋愛と結婚　*160*
38. 同一性の危機　*164*
39. 時間的展望　*168*
40. 向社会性　*172*
41. 非社会性　*176*
42. 反社会性　*180*
43. 摂食障害　*184*
44. ジェンダー　*188*

VI　成人期から老年期まで

45. 親になること　*194*
46. 中年　*198*
47. 加齢/老化　*202*
48. 孤独感　*206*
49. 死の受容　*210*
50. 幸福　*214*

人名索引　*219*
事項索引　*227*
編者・執筆者紹介　*236*

イントロダクション

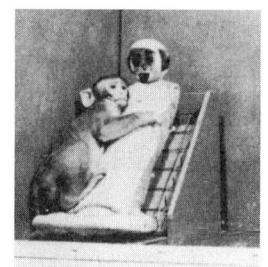

歴史的概観

historical overview

発達心理学は，英語の"developmental psychology"の訳語である。藤永[1]によれば，development は元来は巻物を開いて内容を読むことを意味していると同時に，写真の「現像」という意味をもっている。画像がすでに光学的に焼き付けられていて，ただ薬品の作用をかりてそれを現出させる作業を指している。つまり「徐々にかくれた本質が開示されること」という語義なのである。また「発達」とは，どこから出発しどこに到達するかという即物的な意味しかない「発」と「達」の対照性を利用した造語であるという。このように「発達」という言葉の本来の意味や発想は，先決説や予定説などの意味合いが強いものであった。しかし，最近ではこうした見方から，文脈（環境）とのかかわりを重視した見方に変化してきている。

村田[2]によれば，かつては**児童心理学**（child psychology）とよばれていたものが発達心理学へと名称変更が行われるようになったのは，1950年代ころからであるという。児童心理学，青年心理学（adolescent psychology），老年学（gerontology）などのような年齢区分ごとにバラバラに切り離されたものとしてではなく，人間を発生から死にいたるまでの時間軸の中で統一的に理解しようとする**生涯発達心理学**（life-span developmental psychology）の構想[3]が出されるようになって，発達心理学の体系化への歩みが始まったといえる。

発達心理学の歴史的概観をするにあたって参考になるのが *Handbook of child psychology* である。現在の最新版は第5版で，1998年の4冊ものである。第1版とよべるものは，カーマイケル（Carmicheal, L.）による *Manual of child*

1) 藤永保 1992 発達研究・発達観・モデルの変遷 東洋・繁多進・田島信元(編) 発達心理学ハンドブック 福村出版 Pp. 15-31.

2) 村田孝次 1987 発達心理学史入門 培風館

3) 生涯発達心理学の初期の文献として，次のものがある. Goulet, L. R., & Baltes, P. B. (Eds.) 1970 *Life-span developmental psychology: Research and theory.* New York: Academic Press.

*psychology*であり，1946年に1冊ものとして出版されている．その後，1954年に小改訂の第2版が出され，1970年に第3版として，マッセン（Mussen, P.）の編集による*Carmicheal's manual of child psychology*が2冊ものとして出版された．カーマイケル亡きあと1983年には，同じくマッセンにより*Handbook of child psychology*と改題された第4版が4冊ものとして出された．現在の最新版は，デーモン（Damon, W.）が編集した4冊ものである．そこにマッセンが巻頭言を書いており，この本の50年にわたる歴史を述べている[4]．

第1版と第2版では，「時間の経過による変化の記述と測定」が研究の主たる目標であったという．説明，理論，モデルなどにはほとんど注意が払われていなかった．しかし，第2次世界大戦を経て，発達心理学は大きな変貌を遂げた．第3版では多くの新しい研究トピックスが扱われ，革新的で妥当な研究方法の工夫がなされ，「説明」つまり発達のメカニズムや過程についての理論などが強調された．第4版は，第3版の2倍の分量にあたる研究テーマが取り上げられている．1980年以降も，発達心理学は空前の成長，変化と専門化を続けており，心理的発達を説明する媒介変数（parameter）の決定因子の多様性と複雑性が，主要な理論の説明力に疑問を投げかけることとなった．発達は，多様な変数が多様なレヴェルで影響を及ぼす所産（product）であると考えられるようになり，**人と文脈の相互作用**（person-context interactions）が論じられるまでになった．また，多変量解析のアプローチは，研究結果の一般化に限界があることに注意するよううながしている．認知科学，情報処理，神経学（neurology），文化心理学（cultural psychology）などの情報が組み入れられるようになっている．

ケアンズ（Cairns, R. B.）[5]は，発達心理学の歴史を概観するにあたって，約100年のスパンを次の3期に分けている．

(1)創成期（1890～1919年）：児童の発達に体系的な関心が寄せられ，育児日記や観察などの初期の経験的研究の始まりがみられる．

4) Mussen, P. 1998 Foreword. in W. Damon (Chief Ed.) *Handbook of child psychology*. 5th edition. New York : Wiley, Pp. ix-x.

5) Cairns, R. B. 1998 The making of developmental psychology. in W. Damon (Chief Ed.) *Handbook of child psychology*. 5th edition. Vol. 1. New York : Wiley, Pp. 25-105.

発達心理学関連事項年表

年	人名	書名・事項など
1869	ゴールトン, F.	『遺伝的天才：その法則と結果の探究』
1882	プライヤー, W.	『子どもの精神：生後1年間の人間の精神発達に関する観察』
1883	ホール, G. S.	『入学時における子どもの心の内容』
1895	ボールドウィン, J. M.	『子どもと民族における精神発達：方法と過程』
1903	ビネー, A.	『知能の実験的研究』
1904	ホール, G. S.	『青年期』
1913	ワトソン, J. B.	『行動主義者の見た心理学』
1917	フロイト, S.	『精神分析学入門』
1921	ビューラー, Ch.	『青年の精神生活』
1926	ウェルナー, H.	『発達心理学入門』
1928	ゲゼル, A.	『成長ポテンシャルと乳幼児のパーソナリティ：乳幼児期と人間の成長』
1930		*Child Development* 創刊
1936	ピアジェ, J.	『子どもの知能の誕生』
1937	ターマン, L. M.	『知能の測定』
1941	ミラー, N. E., & ダラード, J.	『社会的学習と模倣』
1950	エリクソン, E. H.	『幼児期と社会』
1952		『教育心理学研究』創刊
1956	ブルーナー, J. S. ほか	『思考の研究』
1957	シアーズ, R. R. ほか	『育児の型』
1957	スーパー, D. E.	『職業生活の心理学』
1959	ホワイト, R. W.	「コンピテンスの概念」提唱
1963	コールバーグ, L.	「道徳性の発達段階（3水準6段階説）」提唱
1964		*Developmental Psychology* 創刊
1969	ボウルビィ, J.	『愛着と喪失1：愛着』
1970	ピアジェ, J.	『発生的認識論』
1973	ボウルビィ, J.	『愛着と喪失2：分離』
1977	バンデューラ, A.	『社会的学習理論』
1978	プレマック, D. ほか	「心の理論」提唱
1978	バルテス, P. B. ほか	「生涯発達心理学」提唱
1979	ブロンフェンブレナー, U.	『人間発達の生態学』
1980	ボウルビィ, J.	『愛着と喪失3：喪失：悲しみと抑うつ』
1990		『発達心理学研究』創刊
1990	プローミン, R.	『遺伝と環境：人間行動遺伝学入門』
1990	ウェルマン, H. M.	『子どもの心の理論』

(2)中期（1920～1946年）：行動主義や精神分析などの理論の流入と研究の増加がみられる．特に，研究の増加は，実験法・観察法・質問紙法などの方法論の発展，児童研究センターや施設などの設立によるところが大きい．

(3)現代期（1947～現在）：行動主義の影響が衰退し，新しい理論的観点が登場する．ピアジェ（Piaget, J.）やコール

バーグ（Kohlberg, L.）などの認知発達理論，バンデューラ（Bandura, A.）を代表とする社会的学習理論，ボウルビィ（Bowlby, J.）の愛着理論など，さまざまな理論が台頭した．より洗練された方法論の進展と同時に，発達過程とその文脈（context）についての見方，発達に及ぼす因果的影響を直視し測定する見方などが出てきている．

わが国では，1959年（昭和34年）に波多野完治・依田新によって『児童心理学ハンドブック』（金子書房）が刊行された．その後，1983年（昭和58年）に三宅和夫らによって新しく改訂された『波多野・依田／児童心理学ハンドブック』が出版されている．発達の諸理論，発達の生物学的基礎，知的発達，コミュニケーションの発達，子どもの遊びと学習，社会的・情緒的発達，社会・文化と子ども，発達の障害の8部43章から構成されている．この間，1974年（昭和49年）には上武正二ほかによる『児童心理学事典』（協同出版）が編纂されている．一方，青年期研究をまとめた1,000頁を越える『青年心理学ハンドブック』（福村出版）が1988年（昭和63年）に西平直喜・久世敏雄の編集によって出版されている．さらに2000年（平成12年）に久世敏雄・斉藤耕二による『青年心理学事典』（福村出版）が刊行されている．

発達心理学と題したものとして，東洋ほかによる『発達心理学ハンドブック』（福村出版）が1992年（平成4年）に刊行された．発達の理論と展望，生涯発達の道筋，発達の機序と様相，発達と社会，発達研究における資料の収集と分析の5部68章から構成され，1,400頁を越えるものとなっている．辞典類としては，1991年（平成3年）に山本多喜司編の『発達心理学用語辞典』（北大路書房），1995年（平成7年）に岡本夏木ほか編の『発達心理学辞典』（ミネルヴァ書房）が刊行されている[6]．

1989年12月に**日本発達心理学会**が結成され，1990年から学術雑誌である『発達心理学研究』が刊行されるようになった．さらに，2003年からは学会連合資格である**臨床発達心理士**が認定されるようになり，ますます発達心理学に対する期待が高まってきている． 〔二宮克美・子安増生〕

[6] 講座として，「児童心理学講座」（別巻を含む全11巻：金子書房）が1970年（昭和45年）に刊行されている．さらに20年後その改定新版として「新・児童心理学講座」（金子書房）が1990年から1993年にかけて，執筆者総勢130名を越える全17巻が出版されている．

また，青年期に関する講座として「現代青年心理学講座」（金子書房）全7巻が1972年（昭和47年）に刊行された．幼児期に関するものとしては「幼児心理学講座」（日本文化科学社）全6巻が1976年（昭和51年）に出版されている．

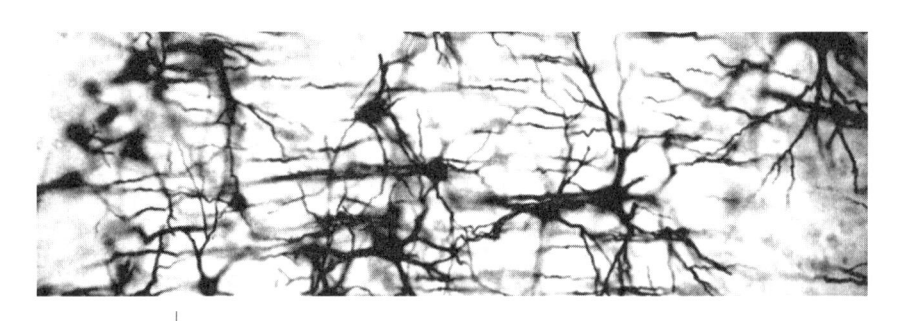

I 発達心理学の研究法

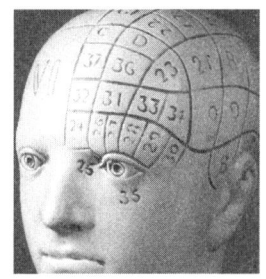

I-1 インフォームド・コンセント

informed consent

　新聞広告で，ある有名大学の心理学教授が，学習に及ぼす罰の効果についての心理学実験のアシスタントを募集していたので参加することにした．教授の実験室にはもう1人の参加者がおり，くじによって私が先生役になり，もう1人は生徒役として別室で電気いすのようなものに縛り付けられた．先生役の私の仕事は，生徒役に問題を出し，彼が回答を間違えたら，罰として電気ショックを与えるというものだった．実験に先立って，電気ショックがどの程度のものか，試しに45ボルトの電圧を教師役の私に経験させてくれた．かなり強い衝撃であることがわかった．

　実験が始まった．はじめは15ボルトの弱い電圧から始めたが，生徒役が間違えるたびに，15ボルトずつ電圧を上げていかねばならなかった．生徒役の苦痛は徐々に大きくなり，やがてスピーカー越しに絶叫が聞こえ，しまいにはぐったりと無反応になった．私はさすがに心配になって「もうやめるべきではないか」と教授に抗議した．しかし教授は「いや，このまま実験を続けることが大事なのです．皮膚に損傷が残ることはないですから続けてください」などと実験の継続を命令し続けた．電圧は危険域をはるかに超え，とうとう最高レベルの450ボルトに達した．しかし私は教授の命令なのだからと考え，そのままスイッチを入れた．

　実験が終わった．すると教授から「実はあの生徒役は私の助手の演技で，電気ショックは実際には与えられておらず，あの悲鳴はテープにあらかじめ吹き込んでおいたものなのです．被験者は先生役の君の方で，人間が権威に対してどこまで服従するかを調べるものだったのです」と言われた．

　これは1960年代初めにミルグラム（Milgram, S.）が行った有名な実験である[1]．この実験では，大半の人が途中でやめるだろうというミルグラム自身の予想に反し，最高電圧を与えた人が全体の60％以上にも上った．この研究は，普通の善良な人間でも権威に服従して，きわめて残忍な行為も実行

1) ミルグラム，S. 岸田秀（訳）1980　服従の心理―アイヒマン実験　河出書房新社

してしまうことを示し，ナチの大量虐殺のような出来事がなぜ生じてしまうかを明らかにする上できわめて重要な知見を提供した．しかし同時に，研究結果に科学的価値があれば，方法に倫理的問題があっても許されるのかという問題も提起することになった[2]．

このような研究法は，いわゆる**ディセプション**（deception）とよばれ，実験の協力者[3]（participants）にあらかじめ実験や調査の本来の目的を知らせず，あるいは意図的に異なる目的を告げるものである．心理学研究の場合，研究の本来の意図を事前に協力者に明示してしまうと，実験そのものの意味がなくなったり，意識的・無意識的構えや防衛規制などが働き，適切な情報を得ることができないことから，正当化される場合があり，社会心理学研究などで，ディセプションを用いた研究は数多く実施されている．

ディセプション研究の場合，実験の終了後に**ディブリーフィング**（debriefing），すなわち本来の研究目的やディセプションを行った理由などの説明がされなければならない．ミルグラムの実験でも，実験終了後に参加者への説明と同意を得る手続きをしており，ミルグラムによれば，参加者はこの実験による心理的障害を受けておらず，実験に参加できたことへの感謝すら受け取ったという．また数多くの研究が，ディセプション研究を受けた協力者は必ずしもこの方法を許容できないものとは認識していないことを示している[4]．しかし，だからといってディセプションを安易に用いてよいことにはならず，それが研究目的に即した最良の研究法かどうかについては慎重に考慮すべきであろう．

ディセプション研究に限らず，基本的に実験や調査にあたっては，研究協力者からは**インフォームド・コンセント**（informed consent：説明と同意）をとりつけることが近年の一般的動向である．インフォームド・コンセントには，例えば次のような内容が明示されていることが望ましいとされる[5]．すなわち 1) 研究目的，期間，方法などの研究の概要，2) 研究に伴う危険や苦痛の説明，3) 協力者が受ける研究からの利益（報酬を含む），4) 協力者の研究における役割，5)

[2] Baumrind, D. 1964 Some thoughts on ethics of research: after reading Milgram's "Behavioral study of obedience." *American Psychologist*, 26, 887-896.

[3] 被験者：subjects という表現はこちらに改められつつある．

[4] Kimmel, A. J. 1996 *Ethical issues in behavioral research: A survey*. Blackwell Publishers.

[5] たとえば Code of Federal Regulation, Levine など．
Department of

協力者として選ばれた理由と方法，6) 個人情報がどのような形で守秘されるのか，7) 協力者からの質問は何でも受けること，また誰が責任を持ってそれに答えるのか，8) いつでも研究参加を辞退できること，それによっていかなる不利益も被らないこと，9) はじめに与える情報は不十分でも，実験のあとから十分な情報が与えられること，などである。もし協力者自身の年齢が低すぎたり何らかの障害を持つなど，本人から直接インフォームド・コンセントを得られない場合は，それに代わる適切な人物（保護者など）から得る必要がある．また研究者に意図的ディセプションをするつもりはなく十分な情報を伝えたつもりにもかかわらず，協力者にはそれが伝わっていないことから，無意図的ディセプションとなっている可能性がある．協力者と研究者は，常に互いに協力的な姿勢で情報が交換できる対等な関係になることが好ましい．

しかしながら1960年くらいまでは，このような認識は一般的ではなかった．こうしたインフォームド・コンセントへの認識の高まりは，冒頭に紹介したミルグラム実験への批判などに代表される心理学自体からの問題提起のみならず，医学研究領域における倫理綱領の整備にも由来すると考えられる．第二次大戦中のドイツのナチによる非人道的な人体医学実験に対する反省から，被験者の自発的意志の重視など，研究に対する初の国際的な倫理原則を打ち出したニュルンベルク綱領（Nuremberg Code, 1947年），これを受けインフォームド・コンセントの必要性を初めて明示したヘルシンキ宣言（Declaration of Helsinki, 1964年，最新版は2000年）など，一連の国際的な倫理綱領の整備を受けて，心理学の方でもその意識が広がっていったと言える．ただし治療が主となる医学のインフォームド・コンセントと，研究が主となる心理学のインフォームド・コンセントが全く等質と見なせるかどうかは，今後の議論が必要であろう．

アメリカ心理学会は1953年に倫理基準（Ethical Standard）を作成，その後何度か形を変え2002年に最新の「心理学者の倫理基準と行為綱領」（Ethical Principles of Psy-

Health and Human Services, 2001 Code of Federal Regulation, Title 45 Public Welfare, Part 46 Protection of Human Subjects. National Institutes of Health Office for Protection from Research Risks.

Levine, R. 1975 The nature of definition of informed consent in various research setting. Paper presented for the National Commision for the Protection of Human Subjects of Biomedical and Behavioral Research. Bethsda, MD : US Department of Health, Education, and Welfare.

chologists and Code of Conducts）が出されている[6]．わが国でも近年，心理学諸学会にそれぞれ独自の倫理規定を定めるところが増えつつあり，ハンドブックなども刊行されるようになった（日本発達心理学会監修，『心理学・倫理ハンドブック』）．倫理に対する意識は時代や文化によっても異なり，同じ文化の中にも認識の個人差がある[7]．従って現在の日本の文化に即した倫理のあり方を探ってゆく必要がある．

心理学研究における倫理問題はインフォームド・コンセントに限らず，個人情報（プライバシー）の守秘，著作権など知的財産の保護，データねつ造，さらには研究テーマ設定・研究方法・フィードバックの適切さ，調査結果公表に伴う社会的責任，ジャーナリズムとの対応など多岐にわたる．

イギリス心理学会の重鎮であったバート（Burt, C.）のデータねつ造疑惑は有名である．その後の検証によれば，彼の「有罪」は確定できていない[8]．しかしひとたび倫理的に不正というレッテルを貼られると，その個人のみならず，その研究者のかかわった研究領域全体への不信が長い間にわたって持続し，科学の健全な発展を阻害することになる．心理学や社会・行動科学の研究行為を規制する法律というものは存在せず，それは学会が独自に作った倫理綱領（ethical code），あるいは大学や研究所が独自に持つ施設内倫理委員会（institutional review board：IRB）による自己規制による[9]．そして倫理委員会の認定も，研究の倫理的正当性を絶対的に保証するものではない．日本にはまだIRBが整備された研究組織は少なく，倫理教育も不十分であるが故に，なおさらよりいっそう研究者の自覚が重要と言える．最終的には研究者自身が，研究目的の学問的・社会的意義と，その目的を成し遂げるために必要と考える方法の倫理的妥当性とを考量し，自らの責任を負わねばならない．

〔安藤寿康〕

[6] American Psychological Association 2002 *Ethical principles of psychologists and code of conducts*. Washington, D.C.〔1992年版の日本語訳は，アメリカ心理学会　富田・深澤（訳）1996　サイコロジストのための倫理綱領および行動規範　日本心理学会〕

[7] 杉森伸吉・安藤寿康・安藤典明・青柳肇・黒沢香・木島伸彦・松岡陽子・小堀修　2004　心理学研究者の倫理観：心理学研究者と学部生の意見分布，心理学研究者間の差異　パーソナリティ研究，**12**, 90-105．

[8] Green, B. F. 1992 Expose or smear? The Burt Affair. *Psychological Science*, 3 (6), 328-331．

[9] アメリカにおける生命・行動科学の拠点であるNIHではインターネット上で研究倫理について学習し認定を受けられるサイトが用意されている（http://cme.cancer.gov/c01/nih_intro_01.htm）．

【参考文献】
古澤頼雄・斎藤こずゑ・都筑学（編著）　2000　日本発達心理学会（監修）　心理学・倫理ガイドブック　有斐閣

I-2
ラポール
rapport

　ラポール（rapport）は，フランス語で「持ち寄る，産出，報告，関係」などを意味するが，心理学では「親和的でリラックスした関係」を表す．ウィーンの医師であるメスメル（Mesmer, F. A.）やフランスの神経学者ジャネ（Janet, P.）が，催眠家と被催眠者の関係を表わす用語として心理学に導入し，後にフロイト（Freud, S.）が精神分析における分析家とクライエントの関係にも用い，広く用いられるようになった．現在では心理療法やカウンセリングだけでなく，調査研究や捜査における面接者と被面接者の関係，観察，実験などにおける研究者と参加者（被験者）の関係を表すのにも用いられている[1]．

　以下，主に子どもへの**捜査面接**を例として，ラポールの目的や形成の手続きについて述べる．捜査面接は事故や事件についての情報をできるだけ多く，正確に話してもらうことを目指しており，その点で調査や研究を目的とした面接と類似している．また，捜査面接では個人的問題や外傷体験が話題となり得る．その点で，カウンセリングとも重なる部分があると考えられる．

　面接においてラポールを築く第一の目的は，被面接者が「安心して話せる（活動・調査・実験に取り組める）」雰囲気をつくることである．

　アルドリッジとウッドはイギリスの警察が行った子どもへの捜査面接180件を分析し，適切な面接を行うための指標を提言している[2]．また，ウォーカーとハントは主にアメリカでの子どもへの捜査面接，子どもへの法廷面接に関する州法，種々の面接法を比較し，面接の環境，面接者，面接の時

1）研究の方法：心理学の主な研究法としては観察法，面接法，調査法，実験法がある．観察法は研究者が対象の状態や活動を観察し，記録するという方法である．できるだけ対象と関わらない観察を心がける場合と，積極的に関わる場合（参与観察）とがある．面接法は，研究者（面接者）が情報提供者（被面接者）と対面し，研究テーマに関する情報を得る方法である．予め質問する項目を順序だてて用意しておく場合（構造化面接）と，そうでない場合（半構造化面接，非構造化面接）がある．調査法は，アンケートなどの調査票により調査を行う方法である．実験法は，仮説にもとづいて独立変数を操作した条件（実験群）とその操作以外の変数を統制した条件（統制群または対照群）を設け，操作の効果の有無を調べる方法である．以上のどの方法も探索的，すなわち仮説導出のた

間や回数などについての注意則を挙げている[3]．これらの研究からラポールの形成にかかわる項目を引き出すと，以下のようになる．

(1) 環境：面接は居心地のよい部屋で行う．被面接者の年齢が低い場合，クレヨンなどのシンプルなおもちゃは子どもをリラックスさせるのに役立つが，多すぎると注意を拡散させやすい．また，面接を録音する場合，音の出るおもちゃは妨げとなる．

(2) 面接者：面接者は権威的，指示的な態度をとらないように気をつける．権威的な態度は被面接者の被暗示性を助長しやすい（Ⅳ-31を参照のこと）．ただし過度に親和的にならないことも重要である．ロフタスらは「真偽を疑わない親和的な関係」が，偽りの記憶[4]の形成を促すと指摘している[5]．

(3) 導入：子どもにとって話しやすい話題で会話をしたり，おもちゃで遊ぶことはラポールの形成に有効である．アルドリッジらが分析した現実の捜査面接では，学校，好きな遊びや趣味，テレビ，ペット，クリスマスなどについての会話が多かった．ただし，親などからあらかじめ被面接者の好みを聞いておかなければ，逆効果になる場合もある（犬が嫌いな子どもに犬について尋ねるなど）．また，おもちゃは子どものレベルにあったものを選ばなければならない．難しいおもちゃを与えられ，子どもが苛立っている様子がうかがわれる面接もある[2]．なお，会話や遊びを時間の無駄だと考える被面接者もいるので，この点への配慮も必要である．

子どもへの捜査面接のガイドラインであるMemorandum of good practice（MOGP）[6]は，ラポールを形成する過程で被面接者の社会性，情緒，認知能力の発達やコミュニケーション・スキルを**査定**することを薦めている．面接者は得られた情報を生かし，被面接者が協力的かどうかを推定したり，面接時間や質問のワーディング（言葉遣い）を調節することができる（表2-1参照）．

このような査定に加え，ウォーカーとメモンは以下のような確認，練習，構えの形成を行うのがよいと薦めている[7]．

(1) 子どもが真と偽（嘘）の区別をしているかどうかを確

めに行う場合と，仮説検証のために行う場合がある．しかし一般的には，観察，面接は探索的であり，実験は仮説検証に用いられることが多い．

2) Aldridge, M., & Wood, J. 1998 *Interviewing children : A guide for child care and forensic practioners.* Chichester : John Wiley & Sons.

3) Walker, J. A., & Hunt, J. S. 1998 Interviewing Child Victim-Witnesses : How you ask is what you get. In C. P. Thompson, *et al*. (Eds.), *Eyewitness memory : Theoretical and applied perspectives.* Mahwah, NJ : LEA, Pp. 55-87.

4) カウンセラーとの緊密な関係の中で集中的な心理療法を受けたクライエントが，それまで記憶になかった性的虐待の記憶を想起（回復）するというもの．「回復」された記憶には，暗示や誘導の結果生じた疑似記憶も含まれるとの指摘がなされている．

5) Loftus, E. F., & Ketcham, K. 1995 *Myth of Repressed Memory.* St. Martin's

かめる（私が「あなたは男の子だ」と言ったら、これは本当のこと？　それとも嘘？）

(2) 質問に「分からない」「知らない」と答えてもよいことを伝える（私はあなたが知らないことを聞くかもしれません。そういう時は「知らない」って言ってね。分からない時は「ストップ、分からない」って言ってください。）

(3) 面接者には知識や予見がないことを説明する（あなたにどんなことがあったのか、私はその場にいなかったので分かりません。）

(4) 質問がくり返される場合があることを伝える（質問をくり返すことがありますが、あなたの答えが違っていたからではありません。私が聞いたことを忘れてしまうからなんです。）

(5) 誤りを正してもよいことを伝える（もしも私が間違ったことを言ったら、ちゃんと教えてね。）

(6) 本当のことを言うことが大切だと伝える（推測して話すのはだめ。他の誰かが「こうだった」と教えてくれたことを話すのもだめ。）

(7) 子どもが語り手であるということを強調する（いくつか質問もしますけど、私の一番大切なお仕事は、静かにしてあなたのお話を聞くことなんです。）

　子どもは質問による誘導を受けやすい。そのため、(7)は特に重要である。ウォーカーらはラポールを形成する過程において、できるだけ長い時間子どもに話させること、急がずに十分な間をとること、「もっと聞かせて」「そう」などの中立的なあいづちをうちながら聞くことを薦めている。

　最後に、ラポール形成にかかわる注意点を述べておきたい。面接者は、時には**リラクタント**（不本意、非協力的）な被面接者に対し面接を行わなければならないこともあるだろう。問題行動があるからと親に無理やりカウンセリングに連れてこられた子どもは、カウンセラーに悩みを話したがらないかもしれない。事件の被害者は、恐怖の体験を想起することを拒むかもしれない。目撃者は自分に被害がおよぶことを恐れて、口を閉ざしがちかもしれない。こういったケースで

Press.〔仲真紀子(訳) 2000 抑圧された記憶の神話―偽りの性的虐待をめぐって　誠信書房〕

6)「よき実践のためのメモ：刑事手続きにおける子どもの目撃者のビデオ録画面接について」．イギリス内務省が心理学者の協力を得て作成した捜査面接のマニュアル．

7) Walker, N., & Memon, A. 1999 Interviewing children. Pre-conference programme of applied courses. *Psychology and Law International Conference*. Dublin : Trinity College.

8) Adler, P. A., & Atler, P. 2000 The reluctant respondent. In J. F. Gubrium & J. A. Holstein (Eds.) *Handbook of interview research : Context and method*. Thousand oaks : Sage Publications. Pp. 515-536.

9) Odendahl, T., & Shaw, A. M. 2000 Interviewing elites. In J. F. Gubrium & J. A. Holstein (Eds.)

表 2-1 ラポールの特徴と指標としての役割 (Aldridge & Wood, 1998[2], Pp. 53-54を改変)

ラポール・フェイズの特徴	何の指標になるか
日時についての質問（面接の日時，誕生日など重要な日等）	事件が起きた日時について話す能力．
その場にいる人物についての質問（今，他に誰がいるか分かる？）	周辺的な詳細情報を思い出す能力．
場所についての質問（あなたが通ってる学校はどこにあるの？）	事件が起きた場所について話す能力．
その他の Wh 質問	Wh 質問の獲得には明確な順序がある（「何」の後に「いつ」が獲得される等）．Wh 質問に対する子どもの理解・応答能力を推定する．
個人的情報	子どもが詳細な個人情報（誰と住んでいるか等）を明かしたがらないようであれば，それは開示へのリラクタンス（不本意，不同意）を示唆しているかもしれない．
出来事についての気持ちを尋ねる質問（学校に行けなかった日のことだけど，どんな気持ちだった？）	事件／犯人についての気持ちを尋ねる質問に答える能力．
中立的な出来事についての自由ナラティブ	趣味や学校での活動について明快で「中立的な」自由ナラティブを行う子どもは，事件についても明快な自由ナラティブが可能だと推定される．

は，ラポールを築くのに数日，数週間，あるいはもっと長い期間が必要な場合もある．

また，アドラーらやオデンダールらによれば，純粋に研究を目的とした調査であっても，秘密情報の暴露やプライバシーの侵害を恐れる犯罪者，高官，著名人などは一般にリラクタントであるという[8)9)]．こういった被面接者に対しては，時間をかけて説明を行うこと，安全や秘密保持を約束すること（ただし不可能な約束はしてはいけない），共通の知人を同行すること（ただし捜査面接では認められないことも多い），一定の報酬を提供することなどが一助となり得る．

逆に高齢者面接などでは，ラポールがついた被面接者が，調査終了後も「連絡を取りたい」という気持ちをもつことがある．ラポールの形成と同様，丁寧なクロージング[10)]や対応が必要である．　　　　　　　　　　〔仲真紀子〕

Handbook of interview research : Context and method. Thousand oaks : Sage Publications. Pp. 299-316.

10) クロージング：面接を終了する手続きである．面接で得た情報を被面接者の言葉や表現を用い，1つずつ確認すること，不安を取り除き，中立的な話題で面接を終えること，感謝をすること，今後の連絡先を与えること，などが含まれる．

【参考文献】
ボーグ，W.・ブロドリック，R.・フラゴー，R.・ケリー，D. M.　藤川洋子・小沢真嗣(監訳)　2003　子どもの面接ガイドブック　日本評論社
保坂亨・中澤潤・大野木裕明(編)　2000　心理学マニュアル面接法　北大路書房

I-3
フィールド研究
field study

　今，研究したい心理的な事象があるとする．数量化する立場からすれば，心理変数と呼んだりする．その変数と関連する他の変数を見いだしたり，いかなる条件の下でその変数が生起しやすい（ないし，程度が高くなる）かを調べようとする．ところが，その変数をどのような場面で調べるかで結果が大きく異なることがある．文脈の影響が強いのである．さらに，家庭や幼稚園・学校・老人ホームのような施設・場は，それ独自の環境や規則を持っている．その様子を調べておくことも影響関係を知るには不可欠である．

　そこで，その心理的変数を持つ人を取り囲む環境を調べていこうとする．これを**生態学的アプローチ**と呼ぶ（I-8参照）．フィールド研究の場合には，そこからさらに踏み込んで，実際にその場に研究者が入り込んで観察し（参与観察），聞き取りを行うなどして，調査を進める．単にいくつか環境を代表する変数を外から捉えておくということではなく，実際にフィールドで研究者自身が体験することと，またそこで思いがけず聞いたり見たりすることを大事にして，新たな発見に導こうとするのである．

　だから，フィールドでの研究では，フィールドノート[1]（フィールドノーツ）を毎日記すことが大切になる．見聞きしたことを記し，またそこで自分が考えたり，感じたり，疑問に思うことを書いておくのである．それを整理していくことで，次第に，フィールドの有様が浮かび上がってくる．

　実験や組織的な観察に対して，フィールド研究は**探索的**であり，**仮説生成的**であるという特徴がある．典型的な実験は，前もって仮説を先行研究や自らの理論を元に立てて，そ

---

1) エマーソン，R. M. 佐藤郁哉(訳) 1998 方法としてのフィールドノート―現地取材から物語作成まで　新曜社

れが検証できるような計画を作る．いくつかの条件での変数の大きさを比較して，特定の組み合わせなら仮説を支持し，そうでないなら仮説が否定されると考えるのである．だが，必ずしもそのような明瞭な仮説が前もって立つとは限らない．理論が明確に作られていないとか，実態がよく分からないとか，未知の何かが働いているのかもしれないとか，複雑な関連が事柄間に成り立っていそうで，単純な仮説は成り立ちそうにないといったことである．フィールド研究では，始め，何の見込みもないということではないにしても，こうなっているはずだという決めつけを出来る限り避けて，そこで起きていることをともかく捉えていこうとする．そこから次第に見えてくるものを仮説や理論として定式化していく．

　この方法は，文化人類学における**エスノグラフィー**[2] (ethnography, 民族誌) という手法から派生したものである．そこでは，発展途上国の社会やそこでの研究者にはよく知られていない社会に研究者が赴き，かなり長い間滞在して，現地の風習や言葉に馴染み，相手の人たちとも親しくなり，そこで観察し，聞き取ったことを，その社会の習慣・文化としてまとめていく．この手法が，自国のまた文明社会の研究に社会学者や教育学者や心理学者により輸入されたときに，それらの学問に適合するように，また対象としていることの特性に見合うように種々変更されてきた．心理学におけるフィールド研究は，心理的変数を取り囲む環境という問題意識に近いところで成立していると言えよう．

　そこでの手法として，観察，聞き取り，文書の検討などがあげられる．観察の基本はその場で起こっているあらゆることに目をとめ，適宜，メモを取ることである．その場でノートに書くことも，後で思い出して記すこともある．また，ビデオや写真の映像記録を併用することも増えてきたが，この手法は侵入的な印象を与えることもあり，配慮がいる．また，映像記録はその後の文字起こしが分析のために必要となり，労力を要する．

　聞き取りを行うことも必須である．その場についての事実を聞き取るとか，言葉の意味を尋ねるという限りでは，それ

2) 箕浦康子(編) 1999 フィールドワークの技法と実際―マイクロ・エスノグラフィー入門 ミネルヴァ書房

は，その社会や場に詳しい現地の人，つまりインフォーマント（informant）への聞き取りということになる．その場についての事実の記述であると見なし，聞き取った記録をその場についての情報という視点から整理する．

　それに対して，当該の人物自体に関心のある場合がある．心理学の研究ではこのことが多い．その際は，同じ事実についての記述でもその人なりの解釈が問題となる．また，その場に生きることの意味を聞きたいと思うことも多い．たとえば，保育所に行き，保育という仕事が保育者にとってどのような意味があるかを探るという研究なら，そのような立場になる．それは，その人の語ることを**ナラティブ**[3]（narrative）として取り扱うことである．語り方自体を分析しつつ，語っている内容を取り出すのである．同じことを言っていても，熱意のある言い方か，深い思い入れを込めているかで変わってくる．また，その人の長い人生の履歴の中でその人の今の生き方を語ってもらうようにすると，**ライフストーリー**[4]（life story）と呼ばれるものになる．

　その場において制作されている文書やその場についての種々の解説や公式文書類は出来る限り手に入れて読むとよい．保育所なら，厚生労働省の規定や解説があり，それを受けて，各保育所の規定があるだろう．また，保育者は保育日誌や保護者との連絡帳を付けていたりする．許可を得られたら出来る限り読んで分析するのである．

　同じ事柄について，幾人かの当事者の発言が一致したり，食い違うことがある．また公式文書で行っているはずのこととずれていることもよく見られる．そういった関係をトライアンギュレーション（triangulation）と呼ぶ．三角測量の意味であり，いくつかの異なった視点からその物事のあり方を浮かび上がらせるという意味である．そこでは，一致することも，食い違うことも双方に意味がある．

　フィールド研究と似た手法として，発達心理学ではしばしば，フィールドでの観察研究[5]が行われる．たとえば，家庭や保育所にビデオを持ち込み，普段の親子や保育者と子どもの相互交渉を撮影し，他の子どもの発達的変数と関連を見て

3）ブルーナー，J. S. 岡本夏木（訳）1999　意味の復権—フォークサイコロジーに向けて　ミネルヴァ書房

4）やまだようこ（編）2000　人生を物語る—生成のライフストーリー　ミネルヴァ書房

5）無藤隆・倉持清美（編）2003　保育実践のフィールド心理学　北大路書房

いく．これは，フィールド的要素が通常の実験や質問紙の研究より強いけれども，フィールド研究自体ではない．フィールド研究では，そのフィールドに研究者自身が長期にわたり入り込み，そこで得られるインフォーマルな観察資料を大事にしていく．また，当事者の聞き取りその他の多角的なデータ収集法を用いる．そこから，仮説を生成していくことに力点がある．

事例研究[6]（ケーススタディ）と重なりつつ，異なる点もある．たとえば，臨床心理学では，自分の取り扱ったクライアントとのカウンセリングの過程を記録し，何回かにわたっての流れをまとめて，考察することが多い．だが，これは通常，フィールド研究とは呼ばない．たとえば，相談室のあり方を問題とすることは通常ないだろうし，多角的にデータを収集し，付き合わせることもあまりない．フィールド研究では，ある特定のフィールドに焦点をあわせるという意味では事例研究であるが，その事例が複雑で長期にわたり観察やかかわりを必要として，何より多角的な取り組みがなされなければならないという認識において独自なものである．

エスノメソドロジー[7]（ethnomethodology）という立場では，実際の場面（例，教室や診療室）での会話を記録し，その会話の仔細な分析からそこでの会話を通しての現実の構築の仕方を分析する．ミクロな社会のあり方を問題としている．特に，会話の番（ターン）の交代や誰が主導権を持つかなどに注目する．この立場は，フィールド研究としばしば組み合わされもするが，本来は別だと見なした方がよい．認識論や方法論において狭く先鋭化した立場であり，フィールド研究は，それに対して種々の立場を包含するからである．

インタビュー研究もまた，ナラティブやライフストーリーの扱いでは共通するが，たとえば，研究者が対象者と相談室でインタビューするというように，その当事者の暮らしている場の検討を含まない場合も少なくない．

〔無藤　隆〕

6）山本力・鶴田和美　2001　心理臨床家のための「事例研究」の進め方　北大路書房

7）ライター，K. 高山真知子（訳）1987　エスノメソドロジーとは何か　新曜社

【参考文献】
佐藤郁哉　2002　フィールドワークの技法―問いを育てる，仮説をきたえる　新曜社

I-4 コーホート分析

cohort analysis

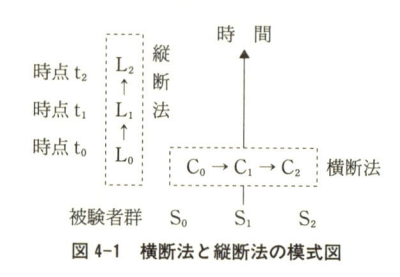

図4-1 横断法と縦断法の模式図

発達の研究では，個人の行動や精神的・身体的特徴が時間（年齢，学年など）の経過とともにどのように変化していくかを明らかにすることがたいへん重要である．このことを調べるために，発達心理学では**横断的研究法**（cross-sectional method）と**縦断的研究法**（longitudinal method）という2つの方法が一般的に用いられてきた．

まず，横断的研究法であるが，英語の「クロス・セクション」は，製図学においてものの横断面とか断面図を意味することばであり，ある心理学的現象を一定の時間軸と直交して「横に」切りとったときに観察されるものをさしていう．

図4-1で説明すると，t_0という1つの時点で，S_0，S_1，S_2の3群の被験者について，それぞれC_0，C_1，C_2という3つの現象を観察するのである．たとえば，C_0，C_1，C_2が2歳，3歳，4歳の幼児各1人ずつの語彙数（言えた単語の数）だとし，観察の結果それがそれぞれ270語，890語，1540語だったとしよう．この資料から，年齢とともに語彙数がふえるという一応の結果がえられたとしても，たとえばこの2歳児が3歳になったときにほんとうにちょうど890語を知るようになるという保証は何もないといえよう．

横断法は，研究の期間が短くてすむ（したがって，研究経費や労力も少なくてすむ）こと，一度に比較的たくさん資料がえられる（したがって，統計的分析に耐えるデータがとれる）ことなどの利点はあるが，実際の時間経過にともなう変化を調べていないので，得られた結果があくまで推測の域を出ないという欠点がある．

つぎに，縦断的研究法であるが，英語の「ロンジテュー

ド」は，もともと地理学の用語であり，緯度（ラティテュード）に対する経度を意味することばである[1]．つまり，縦断的研究法とは，ある心理学的現象を一定の時間軸にそって「縦に」切りとって観察することをいう．

再び図4-1を用いて説明すると，同一の個人または集団 S_0 について，t_0 という時点で L_0 を，t_1 で L_1 を，t_2 で L_2 を観察するのである．たとえば，小学2年生の時に50人の児童の身長を測り，同じ被験者が4年生，6年生になった時点でまた測るのである．この方法によってはじめて，年齢の変化にともなう実際の身長の変化をとらえることが可能となる．

縦断法は，研究期間・費用・労力がかかるだけでなく，特定の個人，あるいは，一定の被験者集団を何ヵ月，何年，時には何十年にもわたって追跡すること（フォローアップ調査）のむずかしさや，多数の被験者について調査することが困難なため十分な統計的分析ができないことや，同一の測定道具を何度も用いることによる結果のゆがみ（知能検査などの場合，反復実施により練習効果が生じたりする）など，実際上の問題点も多い．

以上をまとめると，横断法はある時点での異なる年齢集団のちがいを調べる年齢効果の分析であり，縦断法は同一集団について異なる時点での変化を調べる時間（時代）効果の分析であるということができる．

ところが，最近では第3の効果として**コーホート効果**を調べるコーホート分析（cohort analysis）の重要性が指摘されるようになってきた．**コーホート**というのは，ラテン語の *cohors* を語源とし，「共に（co-）庭（hors）に集まり訓練を受けるもの」という意味から，300～600人規模の軍団を表すことばであった[2]．それが1940年代以降に人口統計学などの分野で「一定の時期に人生における同一の重大なできごとを体験した人びと」の意味で用いられるようになった．

では，人口統計学においてコーホートが問題にされたのはなぜだろうか．それは，たとえば死亡率統計の分析をする場合，年齢効果（例：乳児死亡率や高齢死亡率は高い）と時代効果（例：戦争や流行病があったときには死亡率が高い）だ

1) 緯度は地球上の地点と赤道面のなす角度，経度は地球上の地点と子午線面のなす角度をいう．

2) 組織的戦闘能力をほこった古代ローマ軍は，100人規模の歩兵軍団を百人隊（*centuria*）と称し，その30隊から60隊で1つのレギオン（*region*）を組織した．コーホートは，このレギオンを10隊に

けでは説明できない現象が多く見られたからである．

たとえば，戦争による死亡は，壮年男子を中心に影響を与え，赤ちゃんや老人にはあまり与えない．すると，戦争による死亡率は，戦争を何歳で体験したかが重要になる．また，医学の進歩や新しい薬の開発の影響は，それが普及した時点からはじまる．乳児感染症の治療法は，すでに大人になってしまったものには関係がない．このように，年齢効果と時代効果のほかに，どうしてもコーホート効果というものを考えないわけにはいかないのである．

では，どのようなコーホートが重要となるのであろうか．それは，生まれた時期（例：昭和ヒトケタ生まれ，団塊の世代[3]，ヒノエウマ生まれ[4]），ある社会的変動の経験（例：戦中派世代，全共闘世代，共通一次世代），ある一定の共通体験（例：新制高校の第一期卒業生，平成元年に結婚した世帯，ある年の衆議院選挙で当選した同期議員）など，研究の視点によってさまざまである．コーホートの概念は，人口統計学のほか，医学，生物学，心理学，社会学，政治学などさまざまの分野で用いられ，有効性の高いものなのである．

ところで，いまあげた例のなかに**世代**（generation）ということばがあったが，世代とコーホートはどのようにちがうのであろうか．世代は，もともと生物学のことばで，「生物が母体をはなれてから成熟して生殖機能を終えるまでの期間」を意味するが，人間社会のことについていうときには「人間の子が親になるまでのほぼ30年の期間」をさしていう．世代とか世代交代という場合，その多くは生物学的意味でも30年間という意味でもなく，むしろコーホートと呼ぶほうがふさわしい用法として使われているように思われる．

つぎに，研究方法としてのコーホート分析について説明しよう．コーホート分析を行なうためには，いくつかの時期にいくつかのコーホートについての資料をあつめ，**標準コーホート表**とよばれるものを作成することが必要である．表4-1はその模式的な例である．

この表では，5年おきの5つの時期に，5歳きざみの5つの集団についてくりかえし調査をしている．このように時代

分けたときの1隊をさす．

[3]「団塊の世代」とは，作家の堺屋太一の同名の小説に由来するもので，昭和23年生まれをピークとする戦後のベビーブームの時期に生まれたコーホートをいう．1968年ころから数年続いた大学紛争の中心になったので，全共闘世代ともいわれる．

[4] 60年に1回生ずる干支のヒノエウマ（丙午）に生まれた女性は性格が激しいので結婚しない方がよいという迷信のために，1966年の出生率はその前後よりずっと少なくなった．同じ現象がその60年前の1906年にも報告されている．

表 4-1　標準コーホート表のモデル

	1990年	1995年	2000年	2005年	2010年
20歳	E	F	G	H	I
25歳	D	E	F	G	H
30歳	C	D	E	F	G
35歳	B	C	D	E	F
40歳	A	B	C	D	E

のきざみと年齢のきざみが一致していることがコーホート分析では望ましいとされる．ここで，A，B，C，…，Iの記号で示されるのは同一集団ということである．1990年に20歳だった集団は，1995年には25歳，2010年には40歳となる．

　発達心理学では，1960年代中ごろから1970年代にかけて，アメリカのシャイエ（Schaie, K. W.）とかドイツのバルテス（Baltes, P. B.）といった心理学者がコーホート分析の理論的基礎を築いた[5]．ところが，発達心理学ではこの表のような理想的な標準コーホート表をつくることは，現実にはたいへんむずかしい．人口統計や世論調査結果のように年月をかけて集められ，整備されたデータが少ないからである．

　人口統計学や社会学などの分野では，コーホート分析のための統計的技法がいろいろ開発されているが，しかし社会学者のグレン（Glenn, N. D.）がいうように，年齢効果と時代効果とコーホート効果はある部分で相互依存的であって，統計的分析だけではコーホート効果を十分説明することはできないのである．すなわち，コーホート分析は統計的分析技法の1つにはちがいないのだが，現在の段階では，むしろ「コーホートという視点」から発達をみるということに第一義的な意味があると考えたほうがよいであろう．

　なお，コーホート分析についての文献としては，グレンの著書（Glenn, 1977）の翻訳と，その訳者の藤田による解説や，吉田（1981）の研究ノートなどが参考になる．

〔子安増生〕

5) たとえば，次の文献を参照のこと．
Schaie, K. W., & Baltes, P. B. 1975 On sequential strategies in developmental research: Description or explanation? *Human Development*, **18**, 384-390.

【参考文献】
グレン，N. D.　藤田英典（訳）　1984　コーホート分析法　朝倉書店
吉田潤　1981　発達差・世代差・時代差―コーホート分析をめぐって―　NHK文献月報，**31**(6), 57-63.

I-5
進化心理学的アプローチ
evolutionary psychological approach

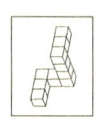

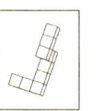

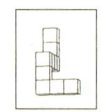

図5-1 メンタルローテーション課題

人間の行動や心理を科学的に理解する1つの有効な方法として，それを人間以外の動物と比較する方法がある．比較行動学（ethology），比較発達心理学（comparative developmental psychology），比較認知科学（comparative cognitive science）などが，そうした方法を提供する学問である．

例えば霊長類の比較認知科学の研究によれば，チンパンジーにも限られた形ではあるが言語能力や簡単な道具の使用，さらに他個体の行動を模倣したり相手を欺いたりするような社会的知性など，かつて人間に特異と考えられていた能力が見られることが示されている．一方で，複数の道具を組み合わせて他者に働きかける能力や，相手の考えや気持ちを正しく読みとる「心の理論」などは萌芽的なものは大型類人猿に見られるものの，今のところ人間にのみ見いだされる特徴と考えられている[1]．

人間と他の生物とを比較したときに見いだされるこのような共通点や差異はどのようにして生じたのだろう．これを統一的に理解する枠組みを与えるのが**進化理論**である．人間が進化の過程でこの世界に誕生した生物の一員である以上，人間の心理学も現代生物学の基礎理論の1つである進化理論との整合性を無視するわけにはいかない．

地球上のあらゆる生物は，35億年もの長きにわたる時間をかけて徐々に多様性を獲得し，あるいは絶滅して現在に至っている．この間に生物の持つさまざまな特徴は，遺伝子（gene）によって伝達（inheritance＝遺伝）されてきた．その過程のある特定の環境のもとで，さまざまな変異（variation）を持った個体の中でも生き延びて繁殖するのにより有

1) 松沢哲郎・長谷川寿一（編） 2000 心の進化―人間性の起源をもとめて 岩波書店

利な特徴を持つ個体が，そうでない個体よりも多くの子孫を残すことになった（これを**自然淘汰** natural selection という）。するとその特徴が遺伝的により多くの子孫に伝達され，時間とともにその特徴をもつ子孫が集団を支配するようになる（これを**適応** adaptation という）。このようなメカニズムの結果，遺伝子の頻度が変化することを**進化**（evolution）と呼ぶ（だから「進化」には「進歩」という意味はない）。これが**ダーウィン**（Darwin, C.）[2]の進化理論の基礎である。

このメカニズムは生物の形態的な特徴のみならず，行動的側面にも当てはまるはずであり，それは人間の心的活動においても例外ではない。このような考え方に基づき，行動的，心理的な面での適応的形質を探求しようとするのが**進化心理学**（evolutionary psychology）である。

さまざまな生物を見回すと，雄と雌とでは体の大きさや形のみならず，行動のパターンまで異なるものが少なからずあることに気づく[3]。これと類似した性差は人間にも見られ，男性の方が女性よりも体が大きく，攻撃的で殺人を犯す割合も高く，配偶者を求めることに積極的で，子どもをより多く産めるような若く健康な異性（女性）により魅力を感じるといった傾向が，文化の違いを越えてみられる。一方女性は男性よりも性交渉に慎重で，しかも強く優しい男性[4]に魅力を感じやすい。

これは雌（栄養を提供する大きな配偶子を生む性）が多くの配偶子を作ることができず，または乳類の場合，受精卵を一定期間胎内で育てなければならず，更には出産後の授乳期間があるなど養育行動への負担を余儀なくされるため，小さくて大量の配偶子を生む性である雄（男性）の方が雌（女性）をめぐって配偶機会の競争が起こりやすい。また特にヒトの場合女性は自分と子どもの養育行動により投資をする男性を選びやすいという生物学的条件によると考えられる。こうして一方の性に特有な形質が適応的なものとして淘汰されることを**性淘汰**（sexual selection）という。

自分の異性パートナーに対する嫉妬心の強さの性差を比較すると，肉体関係に対する嫉妬は男性の方が強いのに対し，

2) Charles R. Darwin 1809～1882
19世紀のイギリスの博物学者。ケンブリッジ大学卒業後，イギリスの測量船ビーグル号で世界を航海し，生物種の多様性を認識し，生物の種が変化する理由についての着想を得る。20年あまりもの資料収集と，同様の着想を持ったウォレス（Wallace, A. R.）から刺激を受け，1859年「種の起源」を著した。

3) 例えばカブトムシは雄だけに角があり，雌を得るために同性同士で闘争する。

4) 身体的強さだけでなく社会的地位や収入なども含む強さ。

5) Buss, D. M., Shackelford, T. K., Kirkpatrick, L. A., Choe, J., Hasegawa, M., Hasegawa, T., & Bennett, K. 1999 Jealousy and beliefs about infidelity: Tests of competing hypotheses about sex differences in the United States, Korea, and Japan. *Personal Relationships*, **6**, 125-150.

愛情関係に対する嫉妬は女性の方が強い[5]。これは男性にとって異性パートナーが確実に自分の子どもを持つことが重要であるのに対し，女性にとっては異性パートナーがその子どもを確実に養育してくれることが重要であることから来ると考えられる。こうした心的バイアスの性差も性淘汰の結果獲得された適応的性質の1つと考えることができる。

進化の過程でこのような淘汰が生じた環境のことを**進化適応の環境**（environment of evolutionary adaptedness：EEA）とよび，人間の場合，それはホモ族の進化してきた200万年前からの更新世[6]の環境と考えられている。この時代，男性は狩猟を，また女性は採集を中心とした活動をしていた。その中で男性は獲物を追いそれを射止めるのに必要な空間処理能力が求められ，女性は採取すべきもののある場所を正確に記憶する空間記憶能力が求められただろう。実際，メンタルローテーション課題[7]のような空間処理能力では男性の方が有意に高く，また空間の位置記憶課題では女性の方が有意な傾向が示される[8]のは，現代人の認知能力が，当時のEEAに適応した特徴を遺伝的に受け継いできていることの証拠と見なされている。こうした特徴が現代社会に適応的といえるかどうかは大きな問題関心である。

こうした進化的に適応的と考えられるような心的形質は，そもそも生物が「自分の子孫」を残そうとするため生じてきたのか，それとも「種の保存」をしようとすることから生じたのか。この問題に明確な回答を与えたのがハミルトン[9]である。彼は淘汰の単位は種でも個体でもなく遺伝子であることを明らかにした。つまりある遺伝子が生み出すある特定の形態的，行動的質によって，結果的にその遺伝子自身が全体としてより多くの自分と同じ遺伝子の複製を残すように淘汰されてきたと考えるのが最も合理的だというわけである。これを**包括適応理論**（inclusive fitness theory）と呼び，現代の進化理論の中核となるグラウンドセオリーである。ミツバチのコロニーの兵隊は，外敵を刺すことで自分は死んでしまうが，それによって自分と同じ遺伝子を持つ女王バチや姉妹を助けることができる。人間の場合も自分と血縁の近いも

6) 更新世 Pleistocene

地質年代で約180万〜約1万年前までにあたり，洪積世ともいう。その間，地表を氷が覆う氷期と間氷期の繰り返しがあり，原人（50万年前），旧人（20万年前），そして新人（4万年前）（ホモ・サピエンス・サピエンス）の出現があったとされる。

7) メンタルローテーション mental rotation

空間表象の操作能力の一種で，心の中で2次元，3次元の空間図形を正しく回転させる能力。たとえばこのような検査項目で調べる。図5-1はVandenberg Mental Rotation課題といい，上の図と同じ図形を下の4つの中から2つ選ぶ。

8) Silverman, I., & Elas, M. 1992 Sex differences in spatial abilities: Evolutionary theory and data. In J. H. Barkow, L. Cosmides, & J. Tooby (Eds.) *The adapted mind*. New York: Oxford University Press, Pp. 533-549.

9) Hamilton, W. D. 1964 The genetical evolution of social

のにより多くの投資や援助を施すこと，児童虐待や子殺しの割合は実の親子より養い親と養子の関係に圧倒的に大きい[10]ことなどから，こうしたメカニズムが人間の心的活動にも影響を及ぼしていることがうかがえる．

では人間が，しばしば血縁関係のないものとも協力したり**利他的行動**（altruism）を行ったりするのはなぜか．確かに相手に何か恩恵を与えれば，そのときその個体はなにがしかの損失を被る．しかしそのような関係が長く続くような社会で，互いに誰が誰から恩恵を受けたかが記憶され，恩恵を与えたものが将来的により多くの恩恵を得られるような仕組みが成り立っていれば，こうした**互恵的利他行動**（reciprocal altruism）が適応的行動として淘汰を受ける．実際，ある種のコウモリやチンパンジーではこうした行動が見られるという．人間の場合，例えばこうした利他的行動に対する裏切り者を敏感に検出する認知機能が発達していることが実証的に示されている[11]．

このように人間の心的メカニズムは，進化の過程で淘汰を受けたさまざまな固有領域に適応的な機能群（モジュール）から成り立っていると考えられる．

進化心理学は，しばしば非科学的な物語づくりのように感じられたり，倫理的に受け入れにくい印象を持つことから，批判されることがしばしばある．しかし進化心理学が単なる物語づくりと異なるのは，理論的・方法論的枠組みが科学の基準に準拠している点にある．自然淘汰理論から導き出される一連の仮説を，比較行動学的，文化人類学的，差異心理学的，実験心理学的などのさまざまな方法論を駆使して検証過程を積み重ねることにより，その特定の仮説が支持され，あるいは棄却される[12]．かくして進化心理学的アプローチは，人間行動を説明する有効な理論を提供するものとして，また生命科学と社会科学を橋渡しするツールとして，心理学のさまざまな方面に応用され始めている． 〔安藤寿康〕

【参考文献】
長谷川寿一・長谷川眞理子 2000 進化と人間行動 東京大学出版会
松沢哲郎・長谷川寿一（編） 2000 心の進化―人間性の起源をもとめて 岩波書店

behavior. I and II. *Journal of Theoretical Biology*, 7, 1-52.
ここではウィリアムス（Williams, G. C.）やトリヴァース（Trivers R. L.）の貢献も大きい．

10) Daly, M., & Wilson, M. 1988 *Homiside*. Hawthone, NY : Aldine.
長谷川寿一・長谷川眞理子 2000 進化と人間行動 東京大学出版会

11) Cosmides, L., & Tooby, J. 1992 Cognitive adaptations for social exchange. In J. Barkow, L. Cosmides, & J. Tooby (Eds.), *The adapted mind*. NY : Oxford University Press.

12) Buss, D. M. 1999 *Evolutionary psychology : The new science of the mind*. MA : Allyn & Bacon.

I-6 行動遺伝学的アプローチ
behavioral genetic approach

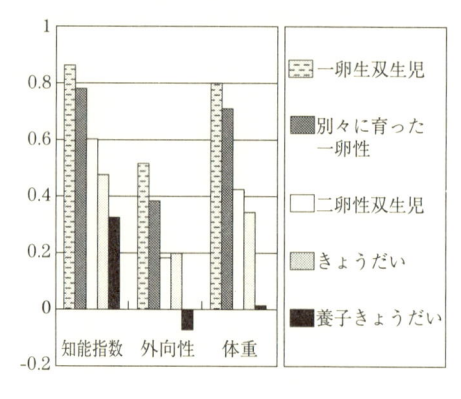

図6-1 遺伝要因と特性の相関

今日の生命科学を支える最も基本的な理論は進化理論と遺伝理論であろう．人の心の働きも，生命現象の一側面ととらえれば，心理学はこれらの基礎理論との整合性を無視するわけにはいかない．近年，このような生物科学の基礎理論と心理学とを結びつける研究領域が発展しつつある．このうち進化理論と結びついたものが**進化心理学**（evolutionary psychology：I-5参照），遺伝理論と結びついたものが**行動遺伝学**（behavioral genetics）である．進化心理学が主に種の共通性を明らかにしようとする学問であるのに対して，行動遺伝学は主に**個人差**（individual differences）を説明しようとする学問である．

人間は23対46本の染色体の上に乗る総計24,500〜45,000個程度（2003年の段階での推定）の遺伝子によって作られており，そのうちのおよそ3分の1が脳機能に関わっているといわれる．遺伝子の物質的基礎であるDNAを構成する4種類の塩基（アデニンA，チミンC，グアニンG，シトシンC）から見ると，1人分の全遺伝子セット（これを**ヒトゲノム**：human genomeという）を構成する約30億個の塩基対のうち，およそ数百から1,000塩基対に1つ，人によって違いがあるという．SNP（スニップ）と呼ばれるこの1塩基だけの遺伝的個人差は，これだけ聞くとわずか0.1%と小さいように思われるかもしれないが，数にすると300万から1,000万個に相当する．そしてこのたった1つの塩基の違いも，それが遺伝子として意味のあるDNA配列の中で生じれば表現型[1]への異なる効果をもちうることを考えると，これがどの

1) 表現型 phenotype
　遺伝子がその効果を発現した結果，観察可能な形で表れた形態的・生理的・心理行動的な性質．たとえば血液の遺伝子型 genotype が AA でも AO でも，その表現型としての血液型はA型である．

2) 安藤寿康 2000 心はどのように遺伝するか―双生児が語る新しい遺伝観 講談社

3) Fisher, S.E., & DeFries, J.C. 2002 Developmental dyslexia: Genetic dissection of a complex cognitive trait. Nature Reviews Neuroscience, 3, 767-780.

4) Plomin, R. et al. 2001 A genome-wide scan of 1842 DNA markers for allelic associations with general cognitive

程度の遺伝子の個人差を生んでいるかは計り知れない．おそらく脳よりもはるかに少ない遺伝子で構成されているであろう顔のつくりですら，万人みな異なるだけの遺伝的多様性を持つことを考えれば，心理的機能に関わる遺伝子に多様な個体差があり，それが人間の行動の個人差の大きな要因になっていることは容易に想像がつく．

実際，伝統的な行動遺伝学の手法である**双生児法**（twin method）や**養子法**（adoption method）を用いて心理的形質に及ぼす遺伝の影響を量的に推定すると，ほとんどいかなる人間の心理的形質の個人差にも，多かれ少なかれ必ず遺伝要因が関与していることが示される[2]．それは多くの心理学的尺度の上で，遺伝子をすべて共有する一卵性双生児の類似性（同環境・異環境のいずれで育ったかを問わず）は，遺伝子をおよそ50％しか共有しない二卵性双生児やきょうだいの類似性を上回る．それはさらに遺伝子は共有せず環境要因だけを共有する養子のきょうだいよりも上回る場合が多いからである．そしてこのパターンは体重のような身体的形質の場合と変わりがない（図6-1）．知能指数やパーソナリティのような一般的で信頼性の高い心理尺度の遺伝率（heritability）——表現型の変異のうち遺伝子型の変異で説明される割合——は，いずれも50％程度という高い値を示すことが知られている．このことは同時に，環境要因の寄与も50％程度であることを示すが，そのうち家庭環境（**共有環境**）の影響は遺伝要因に比して概して小さく，環境要因の大部分は個人個人に異なるランダムな影響（**非共有環境**）によることも知られている．

心理・行動的形質に関わる遺伝子を捕まえる研究も近年になって徐々に成果を見せつつある．医学や動物研究で用いられている遺伝子特定の手法の中には，（倫理的な理由で制限される場合以外は）同じように人間の心理研究に用いることができるものが少なからずある．それはたとえばある家系の中である特徴的な心理形質（読字障害など）が，どの遺伝マーカー（DNAの上で場所が特定できているもの）とともに伝わりやすいかを調べることにより，遺伝子の位置を推

ability : A five-stage design using DNA pooling and extreme selected groups. *Behavior Genetics*, 31.

Plomin, R., DeFries, J. C., McClearn, G. E., & McGuffin, P. 2000 *Behavioral genetics*. 4th edition. W. H. Freeman & Company.

5) Kluger, A. N., Siegfried, Z., & Ebstein, R. P. 2002 A meta-analysis of the association between DRD4 polymorphism and novelty seeking. *Molecular Psychiatry*, 7, 712-717.

6) Caspi, A. *et al.* 2002 Role of genotype in the cycle of violence in maltreated children. *Science* 297, 851-854.

7) 構造方程式モデル structural equation modeling
多変量解析の手法の一つ．共分散構造分析ともいい，複数の測定値の背後に潜在因子の因果関係を仮定したモデルを立て，そのモデルの妥当性評価を行うことができる．

8) ビッグ・ファイブ理論 big five theory
性格特性の因子構造に関する現在もっともポピュラーな考え方．1960年代から，さまざまな因子特性モデルが，5つの因子（一般に，神経症的傾向(N)，外

定しようとする**連鎖研究法**（linkage study）や，特徴的な形質を持つ人と持たない人，あるいは値の高い人と低い人との間で，特定の遺伝子の多型の分布に有意差があるかどうかを調べることにより，遺伝子そのものを特定しようという**相関研究法**（association study）である．

知能やパーソナリティなどほとんどの心理的形質の個人差は，たった1つでその高低が左右される単一遺伝子（single gene）によるものではなく，多遺伝子（polygene）が少しずつ個人差の程度に量的に影響していると考えられる．このような**量的遺伝子座**（quantitative trait loci：QTL）を特定する研究の連鎖研究や相関研究の最近の例として，たとえば読字障害（dyslexia）や一般知能，新奇性追求（novelty seeking）の一連の研究例がある．読字障害については図6-2に示すような候補遺伝子の場所が特定されている[3]．これらは正常な読みの能力に関与する遺伝子の候補でもあり得る．一般知能については1,000個以上の遺伝マーカーを用いて全染色体にわたる遺伝子探しが行われたが，大きな効果を持つQTLの場所を突き止めるには至っておらず[4]，おそらく予想以上に小さな効果量の遺伝子が非常に多数関与していると考えられる．新奇性追求とドーパミン受容体遺伝子DRD4との相関も指摘され，数多くの追試がなされているが，これまでのところ一貫した結果は得られておらず，少なくともDRD4だけではなく，他の遺伝子や心的条件などに媒介された複雑な交互作用を考えねばならないだろう[5]．

行動の関連遺伝子と社会環境との興味深い交互作用が示された例として，神経伝達物質の活性に関わるモノアミン・オ

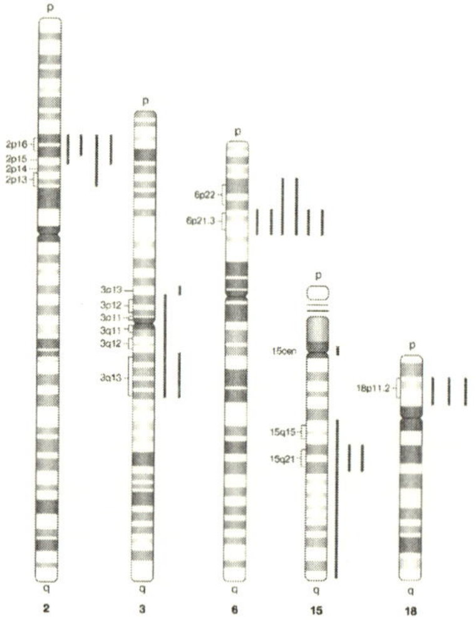

図6-2 読字障害の候補遺伝子座
第2，3，6，15，18番染色体上に同定された，読字障害の候補遺伝子が存在すると推定される場所．縦棒一つ一つが一つの研究で同定された場所に当たる．このように異なる研究から繰り返しほぼ同じ領域が特定されていることがわかる．

向性（E），経験への開放性（O），愛想の良さ（A），勤勉性（C））に集約できるという主張．文化を超えた普遍性があるといわれる．

9) Ono, Y., *et al.* 2000 Genetic structure of five factor model among Japanese population. *Keio Journal of Medicine*, 49(4), 152-158.

10) Jang, K., *et al.* 2002 The covariance structure of neuroticism and agreeableness: A twin and molecular genetic

キシダーゼ遺伝子（MAOA）がある．子どもの頃にひどい虐待を受けた子どもは，概して反社会的行動を示しやすくなる傾向が指摘されているが，このMAOA遺伝子が活性していると，その傾向が押さえられ，虐待を受けたことのない子どもと有意差がなくなるという（図6-3）[6]．この研究の妥当性も今後の追試を待たねばならない．

古典的な双生児研究のデザインは，**構造方程式モデル**[7]の発達によって，複数の遺伝要因と環境要因の間の複雑モデル探索が可能となり，近年新たな展開を見せつつある．たとえばパーソナリティの遺伝構造を，いわゆる**ビッグ・ファイブ**[8]について探索すると，この因子間には遺伝的には相互にオーバーラップがあり，遺伝的に独立した5因子とは言いにくいことが示される[9][10]．しかし新奇性追求，損害回避，報酬依存のような生物学的な基盤を持つと考えられる気質次元は遺伝的に独立している可能性が示された[11]．こうしたモデル探索により，パーソナリティのより妥当なモデルを構築することが可能になろう．

また認知能力についても，たとえばその発達的変化は，双生児や養子の長期にわたる縦断研究によれば，環境の変化によるのではなく，幼児期や児童期初期の遺伝要因の変化によることが示されている[4]．また作動記憶の遺伝構造は，空間性と言語性ならびに記憶容量に対応するそれぞれ異なる遺伝要因と一般的な遺伝要因からなることが示された[12]．このような階層構造は認知能力一般の遺伝構造にも見いだされる．こうした知見と，脳機能を独立したモジュールの合成体と考える進化心理学や認知心理学の知見との間に，どのような整合性を見いだしてゆくかは，今後の検討課題であろう．

〔安藤寿康〕

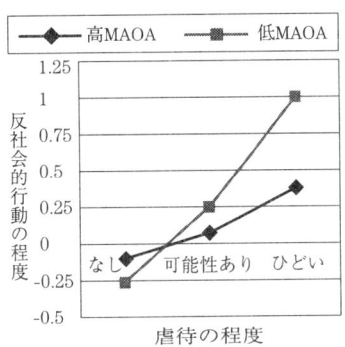

図6-3 虐待と反社会的行動

analysis of the role of the serotonin transporter gene. *Journal of Personality and Social Psychology*, 81, 295-304.

11) Ando, J., Ono, Y., Yoshimura, K., Onoda, N., Shinohara, M., Kanba, K., & Asai, A. 2002 The genetic structure of Cloninger's seven-factor model of temperament and character in a Japanese sample. *Journal of Personality*, **70**(5), 583-609.

12) Ando, J., Ono, Y., & Wright, M. J. 2001 Genetic structure of spatial and verbal working memory. *Behavior Genetics*, **31**(6), 615-624.

【参考文献】
安藤寿康　2000　心はどのように遺伝するか―双生児が語る新しい遺伝観　講談社

I-7

文化心理学的アプローチ
cross-cultural approach

文化とは,ある特定の社会に暮らす人たちに共通するものの考え方や行動の仕方の総体を指す.特に音楽とか文学といった「高級な」芸術活動を指すというのではなく,もっと日常の暮らしぶりを言うのである[1].

問題として次のようなことが生まれてくる.それらは個別の習慣の集まりなのか,もっと基本にその文化を規定する原理のようなものがあるのか.また,特定の文化はどの程度均一か,それとも下位集団や成員により分け持たれている文化の程度は異なるのか.文化はどの程度安定しているのか,それとも変容していくのか.子どもは文化をどのようにして獲得するのか.

文化を比較的実体的にとらえる立場と,過程としてとらえる立場を対比できる.文化が個人や個人間の相互作用から離れて実在し,それが個人を規定するという理論的枠組みと,個人および個人間の相互作用の過程自体が文化なのだというものである.心理学としてはどちらを採用することもあるようである.比較文化的な研究はどちらかといえば前者に,ある特定の文化の中で文化概念を用いつつ個人をとらえるときは比較的後者に寄っていることが多い.

特に,文化の独自な作用をとらえるために文化の分類を行うことがある.その代表は,**個人主義**(individualism)対**集団主義**(collectivism)の対比である.文化比較を単純に行うときに,そのような枠組みを採用することが多いが,注意して用いる必要がある.1つは,その意味するところが様々であることや,また特定の文化を特徴づけるときにそのどこに注目するかで正反対のとらえ方がありうるからであ

[1] 1日に3回食事をするとか,起きてまもなく朝ご飯を食べるとか,朝ご飯は一家揃って自宅で作って食べることがよいことだとか,といったことの諸々である.

る．日本文化は集団主義であると言われるが，個人が互いに競争し，むしろ協力や信頼関係を作ろうとしない面も強い[2]．もう1つは，1つの文化をどこまで均一に記述してよいかである．たとえば，男女や年齢や地域や職業による違いは少なくない．わずかの年数で考えが大きく変化することも珍しくない．昔からあるとされていることでも，実は比較的最近に成立したものであることも多い[3]．

　文化の特徴を心理学的にとらえる際に思考のパターンで特徴づけるやり方も盛んである．最も著名なものは，マーカスと北山による**相互依存的自己**（interdependent self）**文化**と**相互独立的自己**（independent self）**の文化**の対比である[4]．北山は，その対比について多数の実験を行い，日本はたとえばアメリカなどと比べて，他者に気遣い，他者との関係において物事を判断することが多いこと，しかも，それが写真の瞬時的判断のようにほとんど意識されないような過程で働いていることを示している．ある種の自己に関わる**認知的バイアス**が働いているというのである．

　また，文化を特徴づける種々の考え（アイディア）の集まりのプールを個人の行動と思考を特徴づけるものとしてとらえることもできる．そこから適宜，個人のニーズに応じて，特定のものを取り出して，利用するのである[5]．この理論の利点は，一貫した堅い枠組みを文化において想定しないので，文化の中の多様性を説明できる点である．

　文化の単位として，どのレベルを取るかで，どのような理論や枠組みがよいかはだいぶ異なってくる．日本文化といった枠は欧米と対比される際によく取られる（さらに東アジアとか儒教圏とか東洋とか）．だが，階層や地域などにより実はかなり異なるのかもしれない．調査の対象者としてよく大学生を使ったりするが，それは独特の大学生文化を持っているのかもしれない．小さい文化を取れば取るほど，過程的で変容可能なものとして文化をとらえやすくなる．

　直接的に異なる文化を何らかの心理的変数について比較するというタイプの比較文化研究は，素朴な意味でのスタートになる．だが，それは種々の問題点をはらんでいる．

---

2) 山岸俊男　2002　心でっかちな日本人―集団主義文化という幻想　日本経済新聞社

3) たとえば，会社の年功序列制度は，戦後日本の高度成長期に確立したのである．

4) 柏木惠子・東洋・北山忍(編)　1997　文化心理学―理論と実証　東京大学出版会

5) 小嶋秀夫　2001　心の育ちと文化　有斐閣

第一に，測定の道具となる質問紙やテストの文化的バイアスの存在である．通常，それが最初に作られた文化で成績がよくて，翻訳して他の文化で適用すると，しばしばそれよりも成績が落ちる．それは事実そうなのかもしれないが，測定道具の歪みのせいかもしれない．文化的に公正なテスト[6]と称して，なるべく言葉を介さないテストなども開発されているが，たとえば，どんな図形を使うかや，そもそも知らない人が来ていきなりテストをするなど，文化に依存して理解される事柄をゼロにはできない．

　第二に，文化内の多様性の存在についてはすでに触れた．その確認をするために，少なくとも，同一文化内の複数の集団での測定を通して，文化間の差異より小さいとか，差異はあるとしても，それとは別に文化の間の差異が想定できることを見ておく必要がある．

　文化的歪みの影響を減らすために，少しでも文化的に公正な測定道具を使うことが求められる．また，1つの文化内のいくつかの変数同士のパターンを取り出すことも行われる．2つの心理変数があり，片方の文化では，AがBより高く，もう片方の文化では，Bの方がAより高いという予測が裏付けられれば，測定のバイアスは少し減ることになる．

　また，言葉のレベルでの測定か（質問紙のように），あるいは，実験課題で心理過程を測定するかも問題となる．北山の研究に典型的に見られるように，暗黙の内に処理される過程での文化の違いを取り出すことができれば，単に元々ある文化についての固定観念や，また，特定の言葉の社会についての文化差としての解釈を排除してくれる．その一方で，質問紙などによる調査は，言語や概念のラベルでの違いがどこになるかを比較的に簡単に取り出せて，それはまた意味がある情報である．ただ，実際の行動を規定しているかどうかは別だから，そのチェックは必要である．

　文化の中に暮らしているという見方から子どもの発達をとらえると，**文化化**（encultualization）として見なすこともできる．所属する文化での振る舞い方を身につける過程が発達であるというのである．そこまで極端でなくても，子ども

[6] 文化的内容を含めず言語を用いない問題としたもの

の持つ傾向と，取り囲む身近な環境，特に家庭その他の人間関係と，さらに大きな意味での文化の間の交互作用として見なすこともできる．もし親や教師や同輩（同じ年齢の子ども）を文化的エージェントとしてとらえれば，文化に違反する行動をしたときに制裁を与え，文化に沿った行動をしたときに受け入れまた報酬を与える．

だが，エージェントの直接的な対応ではなく，文化的な活動に対して子どもが参加することで徐々に振る舞い方を獲得していくのだともとらえられる．旧ソ連の発達心理学者ヴィゴツキーやルリアから始まり，今でも世界中で展開されている**活動理論**では，子どもの参加と，参加を通して文化的な道具や装置を我がものにするやり方を記述しようとする[7]．

学校教育は典型的な**文化的装置**である．教室や教科書，机や椅子，黒板やノートなどの道具と，手を挙げて教師により指名されるなどの答え方・振る舞い方を子どもは学んでいく[8]．そのもっと根底的にある文化的道具の代表は記号（文字など）である．文字の読み書きを学ぶことがどれほど知能その他の認知機能を向上させるのかは疑念もあるが，少なくとも，文字文化が子どもや大人の活動を大きく規定しており，そこへの参与の仕方を習得することが子どもの学校その他での活動の主な結果でもある．朝起きて，職場に行き，そこで一定時間働くといった行為も決して当たり前のことではない．近代社会のあり方から生まれた活動の仕方である．それもまた学校で徹底的に習得される．だからこそ，多くの人は不登校を深刻な問題として受け取るのである．

そういった文化は明らかに近代の過程で世界中に普及されてきた．今，テレビ，テレビゲーム，インターネットなどのメディアが新たな文化を生み出し，国境や社会の枠を越えつつある．新たなバーチャルな文化の現れかどうか，それはさらなる検討と社会の変容を通して見えてくるだろう．

〔無藤　隆〕

7) エングストローム，Y. 山住勝広他（訳）1999 拡張による学習―活動理論からのアプローチ　新曜社

8) ワーチ，J. V. 田島信元他（訳）1995 心の声―媒介された行為への社会文化的アプローチ　福村出版

【参考文献】
マツモト, D. 南雅彦(訳)　2001　文化と心理学―比較文化心理学入門　北大路書房

I-8
生態学的アプローチ
environmental / ecological approach

　発達研究は，人が時間とともにどのような変化のコースをたどるのか，またそのような変化を作り出すメカニズムは何かを明らかにしようと試みてきた．このような流れの中で，個体を取り巻く環境の重要性がさまざまな形で取り上げられてきている．子どもは環境と相互作用することなく発達することはない．では，この環境というものをどのように扱えばよいのだろうか[1]．

　人間の行動が，さまざまな外的要因によって影響を受けているということに言及したのはレヴィン（Lewin, K.）であった．彼は，ある一定の瞬間における個人の行動を規定するすべての事実（fact）の集まりから成り立っている**生活空間**（life space）という概念を提唱した．ここでいう事実とは，現実世界において客観的に確認できるようなものだけでなく，人の心理的な環境で個人の考えや行動などに影響を与えるすべての要因をさして用いられている．したがって，ある時点において人がどのような行動を起こすことができるのか，できないのかを規定しているのは，この生活空間の構造であると考えられている．このことは，個人の行動がそのまわりにあるさまざまな環境要因との相互関係の中で規定されていることを示していた．

　レヴィンの協同研究者であったバーカーとライト（Barker, R. G. & Wright, H. F.）[2]は，このような行動の規定要因としての環境を含んだ心理学として**生態学的心理学**（ecological psychology）という枠組みを提唱した．彼らは，子どもの行動を理解する基本的な枠組みを，**行動の場**（behavior setting）として概念化した．行動の場は，行動が生起する

1）認知心理学の領域においても環境の持つ意味が重要視されている．個体を取り巻く環境は，その物理的属性によって規定されており，なんらかの経験によってその意味づけがなされると考えられてきた．しかし，外界はそれ自体が意味・情報を内包しており，個体はそれを受け止めているだけである，とする考え方がギブソン（Gibson, J. J.）の**アフォーダンス理論**である．たとえば，子どもの前に持ち手のあるカップを出すと，子どもはつかみやすい持ち手の方をつかもうとするだろう．これは文化・社会を越えて観察される現象であるが，このことは経験論や遺伝論では説明しにくい現象である．この，情報は環境の中にすでに存在しており，個体はそれを取りだしているだけであるとする考え方は，個体が生活している生態学的環境の重要性を示唆する研究であった．

物理的な環境と時間枠であるミリュー（milieu）とよばれるものと，そこで展開される典型的な行動パターンの集まり（standing patterns of behavior）から成り立っている。たとえば，病院という場を考えてみよう。病院の治療室は白い壁によって囲まれた場所として物理的に捉えられる。そこでは医師が患者に対して治療を行うという典型的な行動が生起しているのである。バーカーらは，このような行動の場を，治療室や家庭のような小さな空間から，病院や学校のような大きな空間までさまざまな大きさで想定していたようである。子どもの行動を，彼らを取り巻く環境との関係で捉えようとしたこの考え方は，今日の発達研究に大きな影響を与えた[3]。この後，多くの研究者が子どもの発達における，このような複雑なシステム，すなわちすべての生きているものとそれらを取り巻くすべての物理的な環境との間の複雑な関係性に切り込もうとしてきた。

この流れは，次の2つの形で今日の発達研究に至っている。最も多く見受けられるのは，主としてある場面で生起する相互作用，たとえば母子分離の場面での母子相互作用のように，「自然のある部分を切り出し，閉鎖系としてその中で展開される環境要因と個体の行動との関係性」すなわち，「単一のシステム内における関係性」を解明しようとするものである。これに対して2つ目のものは，子どもを，家族や地域社会，時としては国家との関係の中で位置づけ，「開放系としての自然な環境の中での個体の行動」すなわち，「異なるシステムの複雑な相互作用の中で展開される個体の行動」を扱おうとするものである。このような異なるシステムの発達への影響を扱おうとしているのが**生態学的アプローチ**である。

ブロンフェンブレナー（Bronfenbrenner, U.）[4]は，子どもの発達をシステム（力動的な機能のまとまり）としての環境の中で捉えようとした。彼は，子どもを取り巻いているさまざまな環境要因を図8-1のようなシステムとして概念化している。

マイクロシステム（microsystem）は，子どもを直接取り

2) Barker, R. G., and Wright, H. F. 1955 *Midwest and its children : The psychological ecology of an American town.* Evanston, IL.: Row-Peterson.

3) Barker, R. G. 1968 *Ecological psychology.* Stanford, CA : Stanford University Press.
　場によって子どもの行動が変わるということについて興味深い研究がなされている。
　バーカーとガンプ＊は学校の大きさが子どもの活動に影響することを明らかにしている。小さな学校の子どもは積極的に活動に参加し，リーダーシップも高いというものであった。また，コーエンらは，高層建築の下層部分にすんでいる子どもは上層階の子どもに比べると聴覚機能が低いことを報告している。これに対して，高層階にすむ子どもは社会的に孤立しやすいことがファニングによって報告されている。
＊Barker, R. G., and Gump. P. V. 1964 *Big school. Small school.* Stanford, CA : Stan-

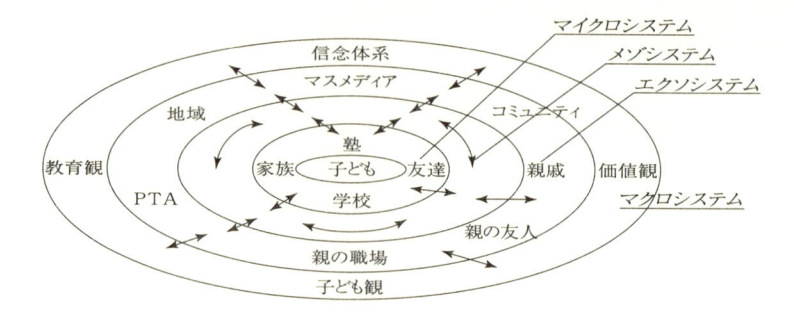

図 8-1 ブロンフェンブレナーの考えるシステムとしての環境

巻いている環境である．家族や学校，幼稚園，遊び友達などがこれにあたる．発達研究で多く見受けられる母子関係や仲間関係などは，このシステムの中で展開されている現象ということになる．この関係は双方向的であり，親が子どもに影響を及ぼすだけでなく，子どもも親に影響している．また，直接関係していない第三者の存在が母子関係に影響することもよく知られている．しかし，最も観察しやすいこのシステムにおいても，その関係性はきわめて複雑であることに留意するべきであろう．

メゾシステム（mesosystem）は，マイクロシステムの間の相互関係として概念化されている．子どもの発達は，家庭だけでなく，学校や仲間の相互関係の中で展開される．学校での学習活動は，学校の中だけで閉じているのではなく，家庭の中や塾のような学校以外の場所での活動と密接に関係している．このようなマイクロシステムを構成している諸要因の相互関係を無視して子どもの発達を理解することはできない．これらは，さまざまな形でリンクしているのである．

エクソシステム（exosystem）は，子どもが直接含まれているわけではないが，彼らと直接関係しているマイクロシステムやメゾシステムに影響を与えている二次的な環境要因である．これらには，地域が提供している福祉サービスや，養育者の仲間関係，叔父や叔母などの血縁者，養育者の職場などが含まれている．適切なサポートシステムの存在は，子どもに対する養育者の関わりの質と量を高めることになる．このシステムは，先にあげたメゾシステムの中の諸要因が相互

ford University Press.

Fanning, D. M. 1967 Families in flats. *British Medical Journal*, 4. 382-386.

4) Bronfenbrenner, U. 1979 *The ecology of human development*. Cambridge, MA : Harvard University Press.

たとえば，第2子の誕生は第1子と母親との時間的な関係性だけでなく心理的な関係性にも大きな影響を与える．3者の関係性のあり方を考えても，図 8-2のようにきわめて複雑になる．4者関係になるとこの関係は一気に複雑になる．一度作図をしてみるとよい．

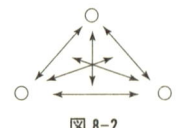

図 8-2

に関係しあって作り出しているものであり，具体的なサポートだけでなく，セーフティネットとしてそこに存在していること自体が意味を持つこともある[5]．

このようなシステムのもっとも外側にあるものが，**マクロシステム**（macrosystem）である．これはある状況における限局された特定のシステムではなく，その個人が含まれている文化に固有な子ども観や育児観のような価値の枠組みや習慣，信念体系や思想などの直接的には見えにくい枠組みとして概念化されている．このシステムが直接的に子どもの行動に影響することはないが，地域や養育者などが子どもの特定の行動に対して持つ方向付けなどとして，間接的に影響していることは事実であろう．

アリストテレスは，「自然は真空を嫌う」という言葉を残しているが，発達研究における生態学的アプローチが意味するものは，「人は真空の中では発達しない」というこの一文に集約されるのではないだろうか．近代科学は，自然の一部を切り出し，その中での法則性を明らかにしてきた．このことによる知識の集積は目を見張るものであったが，そこで捨象してきたもろもろの要因の働きに目が戻りつつある．ある行動の発達現象を記述するとき，その背景にあるさまざまなレベルのシステムがその現象の発現に寄与していることを認識することは，研究を進める上でも重要なことであろう．

〔河合優年〕

5) サポートシステムはまさにこの構成要素の間におけるネットワークそのものである．学校臨床を考えても，子どものサポートは学校，仲間，家庭，地域の連携なくしてなりたたない．

【参考文献】
佐々木正人・三嶋博之(編訳)　2001　アフォーダンスの構想：知覚研究の生態心理学的デザイン　東京大学出版会
ウイッカー，A. W.　安藤延男(監訳)　1994　生態学的心理学入門　九州大学出版会
ブロンフェンブレナー，U.　磯貝芳郎・福富護(訳)　1996　人間発達の生態学（エコロジー）：発達心理学への挑戦　川島書店

I-9 ダイナミック・システムズ・アプローチ
dynamic systems approach

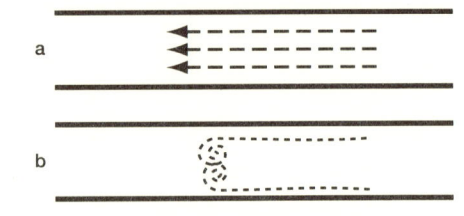

図 9-1 水路を流れる水
水路の水が作るうずは，水の中に設計図があるわけではない

　発達研究者は，私たちの行動がどのような機構（メカニズム）によって出現してくるのかを解明しようと試みてきた．**ダイナミック・システムズ・アプローチ**は，人間の加齢に伴って出現してくる種々の行動がどのようにして形成されるのかという，発達研究の問いそのものに対する新しい視点を与えるものとして近年注目されている[1]．しかしながら，実際の発達研究における適用は必ずしも簡単ではなく，現段階では後述される運動発達の領域や情動の統制に関する領域などにおいて徐々に検証作業が進んでいる段階である．発達心理学におけるこの理論の意味は，これまでの発達研究の枠組みと比較したときに明確になる．

　よく知られているように，人間の発達的変化を作り出している機構としては大きく，**生得説**に基づくものと**経験説**に基づくものが考えられる．

　生得説は，ゲゼル（Gesell, A.）[2]に代表されるように，行動の出現機構は主として遺伝的に決定されており，私たちのさまざまな行動はあらかじめ決められた設計図に従って展開されるというものである．実際，発達の過程で観察される行動には，地域や文化そして時代を超えて共通した出現順序がみられる．たとえば，移動能力についてみても，はいはい→立つ→歩く→走るというように，加齢に伴って一定の順序で出現してくる．この順序性は古今東西において例外のないようなものと考えられる．このような普遍性のある現象を説明するために，人類という種に固有な内的プログラムを含む遺伝的な要因を想定したことは当然の帰結でもあった．

　これに対して，何らかの経験を通して学習しなければ出現

---

[1] 陳省仁 1993 乳児の運動・情動発達研究におけるダイナミックシステムズアプローチ 無藤隆（編）現代発達心理学入門 ミネルヴァ書房 Pp. 35-44.

[2] ゲゼルは私達の行動はあらかじめ決められたプログラムに従って展開されると考え，このような機構によって展開される発達的変化を成熟（maturation）とよんだ．
Gesell, A., Thompson, H., and Amatruda, C. S. 1934 *Infant behavior, it's genesis and growth.* McGraw-Hill.〔新井清三郎（訳）1982 小児の発達と行動 福村出版〕

してこない行動特徴が存在している．これは，言葉のように文化や地域に強く影響されるものや，知覚と運動の協応動作にみられるような経験によってその現れ方が変わってくるようなものである．**経験説**によるとこのような変化は，子どもが外界に対して働きかけ，それに対して環境がどのように反応するのかという，環境との相互作用の中で生じる随伴的な関係性によって作られると考えられており，発達的な変化はまさに経験によって作り出されると考えられているのである．ワトソン（Watson, J. B.）に代表される学習理論などがこの考え方をよく説明しているだろう．

　もちろん，今日ではかつてのような極端な生得説や経験説の対立は見られず，両者が相互に関係するという考え方に収束してはいるが，依然として人の発達的変化が遺伝によって作り出されるのか経験によるものかの議論はさまざまな領域で続いている．このような枠組みに新たな可能性を付け加えたのが，ダイナミック・システムズ・アプローチとよばれるものであった．この考え方によると，私たちの行動はあらかじめ組み込まれた設計図や，外的な命令などによる方向付けがなくても出現してくると考えられている．

　図9-1は水路を流れる水を模式的に示した物である．流れが緩やかな間はまっすぐに流れていた水(a)が，流れが速くなるにともない渦が生じてくる(b)．この場合のポイントは，この渦が生まれてくるようなプログラムが水の中にあらかじめ組み込まれているわけでもなく，だれかが外的に渦の作り方を教えたわけでもない点である．水路を流れる水や水路に何らかの変化があったのではなく，流速だけが変化したのである．この結果は，どうして発達研究においてこれまで考えられてきた，生得か経験かという枠組みを揺るがすこととなったのであろうか．

　ここで再び先に述べた移動能力の例に戻ってみよう．実は，「立つ」の後に「歩く」と示されているが，歩行運動は誕生直後にも観察されている．誕生後まもない子どもを床などの上に支えて足の裏をつけると，図9-2のように下肢が引き上げられてちょうど歩行と同じような運動が生じる．こ

図9-2　ステッピング・リフレックス

れは原始反射の1つと考えられており，ステッピング・リフレックス（原始歩行）とよばれるものである．

　もしこれを歩行の原型であると考えると，誕生直後に存在した歩行が一時的に消失した後に再び出現するという，U字形の発達像を示すことになる．このようなU字形の発達曲線は従来の生得説や経験説で説明することはそれほど簡単ではない．最初に観察されたものは反射であり，後で出現するものは随意的な運動であり質的に別のものであるとする考え方が無難な説明なのかもしれないが，少なくとも観察される姿としてはきわめて強い類似性を持っている．

　テーレン（Thelen, E.）たちは，原始歩行が消失したと考えられた新生児を水中で保持し浮力を加えることにより，ふたたび歩行様の運動が出現することや，軽いおもりを脚につけることによってそれが消失することを示し，後の歩行が誕生時の歩行様運動と連続していることを示唆した[3][4]．この実験の結果は発達研究に大きな問題を投げかけている．これまで，外界との相互作用によって，徐々に形成されると考えられていた運動系の働きが誕生直後から存在していることになるのである．ここでは個体の側にある要因そのもの，つまり運動を作り出すと考えられている諸要素には変化がない，つまりその段階で新たなものが加わったり新たな経験によって内的な組織が変化したのではないのである．観察された変化を作り出した原因は個体の側にはなく，厳密に言えばもちろん赤ん坊が運動を作り出しているのだがそれを意図的に作り出したのではないという意味で個体の側になく，脚が水中

3) Thelen, E., and Fisher, D. M. 1982 Newborn stepping: An explanation for the "disappearing reflex." *Developmental Psychology*, **18**, 760-775.

4) Thelen, E., Fisher, D. M., & Ridley-Johnson, R. 1984 The relationship between physical growth and a newborn reflex. *Infant Behavior and Development*, **7**, 479-493.

にあるか空中かという外的な環境条件の違いが，運動の非連続な出現と消失を作り出したのである．

　彼女らは，ダイナミック（力動的）なシステムとして運動を捉えることがこれらを説明すると考えた[5]．つまり，私達がその時点で持っている要素が，浮力を得ることによってそれまでの構造とは異なる構造に変化した，つまり運動を構成する要素が，水による浮力で自己生成的に新たな状態にダイナミックに変化し，新たな運動形態を作り出したと考えているのである．このような要素から作られる構造は，新たな要素が加わったり，要素を取り巻く環境が変わることによってその構造を変化させてしまうのである．この時，構成される新しい運動は下位システムの対等な寄与による相互作用によって出現してくるとされている．言い方をかえると生成されるシステムは，外部の命令によって組織化されるのではなく，自ら変化するのである．

　この考え方では，種々の行動は，それを構成する下位の要素から成り立っているとされており，それらの要素の組み合わせが何らかの意味ある行動を形成することになる．このような行動生成は，その出現を規定する鍵となる要素の存在と，ある状態で安定する**アトラクター**（atractor）[6]と呼ばれる状態によって定義されている．ダイナミック・システムズ・アプローチは，新しい行動出現の機構を説明するホープとして注目されている．

　ごく最近では，他の理論との統合も考えられている．提唱者である，テーレンは2003年9月の *Developmental Science* でコネクショニズムとの共通性について議論している．わが国では，2003年の日本心理学会のラウンドテーブルの場においてダイナミック・システムズ・アプローチに関する異領域からなる分科会の設立が検討されている．　　〔河合優年〕

5) Thelen, E. and Smith, L. B. 1994 *A dynamic systems approach to the development of cognition and action*. Cambridge, MA : MIT Press.

6) アトラクターとはもともと何かを引きつけるという意味で，カオス理論の中で用いられてきた．アトラクターは，収束する動きを表わす「定常点」や周期運動を表わす「リミット・サイクル」などで示される幾何学的な運動として示されるもので，ごく簡単に述べると，一定の範囲の中での安定点と言えるものである．ダイナミック・システムズ・アプローチでは，これにならって，行動が一定の範囲内で安定した振る舞いをする状態としてアトラクターという用語を用いている．

【参考文献】
乾敏郎・安西祐一郎(編)　2001　認知発達と進化　岩波書店
須田治・別府哲(編著)　2002　社会・情動発達とその支援　ミネルヴァ書房
Spencer, J. P. & Thelen, E. 2003 Introduction to the special issue : Why this question and why now? *Developmental Science*, **6**(4) 375-377.

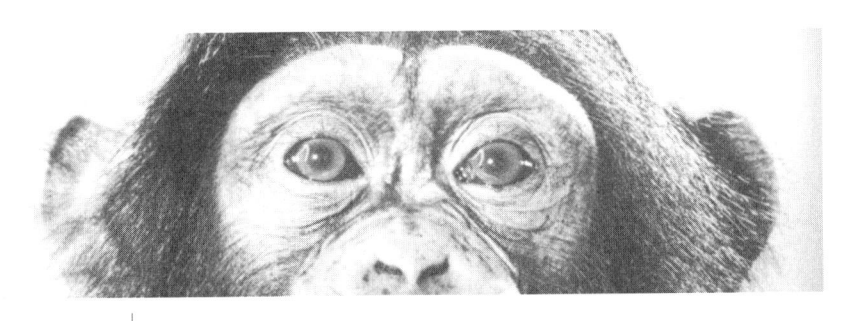

II 発達の理論的諸問題

II-10 発生／成長
growth and development

　人間は生まれてから死ぬまで，一瞬たりとも変化のない時はない．この人間の成長にかかわる要因はきわめて多様であり，いかなる理論といえども，そのすべてを統一して説明できるものはない．近年の多様な発達研究は，人間の成長を理解する上で，いかに様々な要因を考慮しなければならないかを明らかにしてきた過程であるといえる．

　ここでは人間の発生と成長について，生物学的基礎からその発生と成長について考えたい．

　ヒトの一生は父親の精子（sperm）と母親の卵（ovum）という2種類の**配偶子**（gamete）の接合，すなわち**受精**（fertilization）に始まる．1人の人間は23対46本の染色体の上に乗る約3万個の遺伝子（gene）のもつ遺伝情報から作られるが，それぞれの配偶子が作られる際，減数分裂によって対になった遺伝子（対立遺伝子：allele）のいずれか一方が，その配偶子を通じて子に伝わる仕組みになっている．こうして父親と母親の遺伝子の半分ずつが受精卵（接合子：zygote）の中で組合わさり，父親とも母親とも異なる新しい遺伝子の組み合わせが生まれる．かくして，一卵性双生児を除いて，古今東西いかなる人間も遺伝的には異なった独自の存在となる．

　出生前の期間（prenatal period），すなわち受精から出産まではおおむね38週であり，一般に**卵体期**（胚芽期：germinal period），**胎芽期**（胚子期：embryonic period），**胎児期**（fetal period）の3期に分けられる．

　卵体期は受精から2週めくらいまでの間に相当する．卵管の中で受精した受精卵は，初め1つの細胞であるが，直ちに卵割（cleavage）を開始し，急速に細胞分裂しながら子宮

(uterus)に着床する．この期間，特に受精後5〜7日までの受精卵の中の細胞は，まだ機能分化が行われておらず，どのような細胞にも分化する全能性を持っているため，これを取り出して培養することによって移植医療や臓器作成に利用可能なヒト胚性幹細胞（embryoic stem cell：ES細胞）を作ることが可能になり，医療的可能性のみならず新たな倫理問題も提起されている．

胎芽期は2週めの終わりくらいから7〜8週めに相当し，内胚葉，中胚葉，外胚葉の分化が起こり，外胚葉からは神経系が，中胚葉からは心臓や骨格，内胚葉からは消化器官などが形成される．この早い段階で，生殖細胞と体細胞は分化し，原則としていかなる体細胞の変化も生殖細胞には影響を及ぼさず，従って出生後に経験によって獲得された形質が遺伝されることはない仕組みが成り立つ．

胎児期は身体の成長と各器官が実際に機能し始め，出産を迎えるまでの時期に相当する．この時期に入る8〜9週めには，胎児は体を自発的に動かし出すばかりでなく，外界からの音振動に反応して鼓動の変化や**馴化**（じゅんか）(habituation)[1]がおこるなど，すでに何らかの「認知能力」と「学習」の機能が芽生えていることが明らかになってきている[2]．20週までには味覚や嗅覚が，24週までには触覚が機能するようになり，7か月めになると神経系は成熟して脳の急激な発達がおこる．このころには基本的な中枢神経系ができあがり聴覚なども機能し始めるため，胎児は胎内外からのさまざまな刺激を受け止められるようになっており，それに対する反応と馴化，さらには母語や音楽など一部の特徴的な音の記憶のような学習がなされている可能性も指摘されている[3]．ただしこれらは高次の認知活動をつかさどる前脳（forebrain）を用いた情意的・認知的プロセスによるものではなく，脳幹（brainstem）の反射によるものであると考えられている[4]．

神経系の発達と変容は，出生後にも引き続き見られる．例えば最近の脳の成熟の研究から，生後半年から1年の間に，大脳皮質の錐体神経（すいたい）(pyramidal neuron)[5]が急速に成長・分化し，さらに海馬（かいば）[6]（hippocampus）の一部の構造が変化

1) 刺激が強化なしに繰り返し与え続けられると，徐々にその刺激に対する反応の生起頻度が減少してゆくこと．

2) Kisilevsky, B. S., & Low, J. A. 1998 Human fetal behavior: 100 years of study. *Developmental Review*, 18(1), 1-29.

3) DeCasper, A. J., Lecanuet, J. P., & Busnel, M. C. 1994 Fetal reactions to recurrent maternal speech. *Infant Behavior & Development*, 17(2), 159-164.

4) Joseph, R. 2000 Fetal brain behavior and cognitive development. *Developmental Review*, 20, 81-98.

5) 大脳皮質から出る遠心性伝導経路を構成する神経細胞で随意運動をつかさどる．

6) 大脳古皮質に属し大脳辺縁系を構成する脳の器官で，記憶と学習にかかわる．

する．こうした解剖学的な変化が6～8か月時の側頭葉ならびに8～12か月時の後部前頭葉のグルコース摂取の増加を伴って，過去の出来事の検索や検索された表象の比較を可能にすると言われる．このために生後8か月児は人見知りや分離不安，すなわち見知らぬ人に出会ったり人と引き離されると急に泣き出してしまうという[7)8)]．このように心理機能の変化発達には，それに対応する脳神経系の変化が見いだされることが次第に明らかにされつつある．

　神経細胞の成長は，他の体細胞とは異なる独特の特徴を持つ．すなわち通常の体細胞は何度も新しいものに置き換わるが，神経細胞に限っては個体発生の初期の間に過剰に増殖・分化した神経細胞が，その後は増殖することなく，シナプス（synapse）[9)] を形成できなかったり重複してしまったものを消滅させるという特徴である．このように不必要な細胞が自発的に消滅するメカニズムは**アポトーシス**[10)]（apoptosis）と言われている．神経細胞の場合，こうして初めに形成されたもののうち，用いられずに消滅するものが半数以上にものぼると言われている．そして正しく形成された神経細胞は，一生の間維持される．こうしたメカニズムは，生まれた環境に柔軟に適応するための脳の可塑性にとって必要なものと考えられる．

　脳の可塑性（plasticity）には，**経験期待的**（experience-expectant）**可塑性**と**経験依存的**（experience-dependent）**可塑性**という異なる2つの種類があると言われている[11)]．経験期待的可塑性は，生後のある特定の臨界期にその種にとって期待される正常な刺激を豊富に与えられることによって適切な神経細胞の結合が形成され，正常な機能が獲得される可塑システムである．例えばネコの視覚野（visual cortex）の発達においては，生後直後の一定期間，垂直方向の視覚刺激しか与えないと，水平方向に反応する神経細胞の形成が阻害されることが知られている[12)]．経験依存的可塑性は，個体に特有の経験を蓄積するシステムであり，例えばより豊かな環境で育てられたラットの方が大脳皮質のある部分が厚くなり，迷路課題でも優秀な成績を示す．人間の場合もこのよう

7) Kagan, J. 2003 Biology, context, and developmental inquiry. *Annual Review of Psychology*, 54, 1-23.

8) Craig, G. J. 1996 *Human Development* NJ: Prentice Hall.
　Harris, M., & Butterworth, G. 2002 *Developmental Psychology: A Student's Handbook*. NY: Psychology Press Ltd.

9) 神経細胞どうし，あるいは神経細胞と他の細胞の接合箇所．ここにはシナプス間隙という隙間があり，神経細胞内を伝わってきた電気信号は，この神経細胞間でドーパミン，セロトニンなどの神経伝達物質によって化学的に伝達される．

10) 遺伝的にプログラム化された細胞死，あるいは細胞の自殺．

11) Greenough, W. T., Black, J. E., & Wallace, C. S. 1987 Experience and brain development. *Child Development*, 58, 539-559.
　これらを区別せずに経験依存的可塑性と呼ぶこともある．

12) Hirsch, H. V., & Spinelli, D. N. 1970 Visual experience

な脳の変化は成人に達するまで存在すると考えられている．

　人間は出生時からその行動の特徴には，すでに遺伝要因と環境要因の違いによって形成された著しい個人差が見いだされる．生まれたばかりの子どもにも見られる情動反応の個人差は，パーソナリティの基礎と考えられ，**気質**（temperament）として把握されることが多い．たとえばチェスとトーマス[13]は，新生児の気質を扱いやすい子，扱いにくい子，出だしの遅い子の3種類に分けて考えている．このような気質の個人差は，ある程度長期にわたって持続する．カスピらの3歳から18歳の期間にわたる大規模なパーソナリティの縦断研究では，例えば3歳の時，衝動的で落ち着きのない不安定な子どもは，18歳になったときにも不注意で危険や興奮を好み，他者との折り合いが悪い傾向が他の人より高く見いだされたという[14]．

　しかしこのような気質の持続性は必ずしも大きくなく，その変化も同様にかなり見いだすことができる．気質の持続要因としては，遺伝要因だけでなく，環境との相互作用，すなわちその気質に適合したりそれを助長するような社会的環境が比較的長期にわたって作り出されることにもよると考えられる．また変化の要因としては，社会環境の大きな変化だけでなく，自分自身を振り返り自己概念を変えようとすること，さらに遺伝要因の発現の仕方に発達的変化が生ずることなどさまざまな原因が考えられる．

　これまで見てきたように，人間の発生と成長には多様な生物学的影響と社会文化的影響が，互いに関係を持ちながら機能している．したがって，両者を切り離して考えたり，安易に「相互作用」といってかたづけるのではなく，様々な要因の作用を総合的に見る視点が重要である．

〔安藤寿康〕

modifies distribution of horizontally and vertically oriented receptive fields in cats. *Science*, **168** (3933), 869-871.

13) チェス, S. & トーマス, A. 林雅次(監訳) 1981 子供の気質と心理的発達 星和書店

14) Caspi, A., & Roberts, B. W. 1999 Personality continuity and change across the life course. In L. A. Pervin & O. P. John (Eds.) *Handbook of Personality : Theory and Research*. 2nd. edition. NY : The Guilford Press. Pp. 300-326.

【参考文献】
保志宏　1997　ヒトの成長と老化―発生から死にいたるヒトの一生（第3版）　てらぺいあ社

発達段階

developmental stages

ライフスパン（生涯）における時間経過にともない，さまざまな心理的変化が生じる．この変化を非連続的なものとしてとらえる説を，**発達の段階説**という．段階説では，質的に異なる特徴や性質が安定して持続する**期間**を仮定する．

段階説をとる理論は認知発達，言語発達，社会性の発達，自我の発達などさまざまな領域で見られるが，**段階**が意味するところは必ずしも一様ではない．たとえば，言葉の獲得における一語文期，二語文期のように，記述的な特徴を**発達段階**とすることもある．これに対し，より普遍的で本質的な変化の現れとしての発達段階を仮定する，いわば**厳密な発達段階理論**もある．厳密な発達段階理論に共通する特徴は，以下のようなものである[1]．

(1) 発達段階として捉えられる特徴は，**領域一般的**で本質的な特徴である：たとえば，ピアジェ（Piaget, J.）の理論における「形式的操作期」にある人は，論理的な課題において抽象的で形式的な推論が可能であるだけでなく，対人的な問題解決においても，社会的な意志決定においても，同様の思考を行うことができると仮定される．つまり，段階説では特定の課題に成功するか否かではなく，一般的な能力を獲得したか否かが問題となる．

(2) 段階の順序は普遍であり，ある段階から別の段階への移行が早まったり遅れたりすることはあっても，順序が入れ替わることはない：年齢との対応は絶対的なものではないが，多くの理論が「目安となる年齢」を挙げている．たとえば，ピアジェの理論では「感覚―運動期」は0〜2歳，「前操作期」は2歳〜7歳，「具体的操作期」は7，8歳〜11，

1) Crain, W. C. 1981 *Theories of Development : Concepts and applications.* New Jersey, US : Prentice-Hall.〔小林芳郎・中島実(訳) 1984 発達の理論 田研出版〕

2) エリクソンは北米インディアンのスー族の子育てを調査し，文化と発達段階のかかわりについて考察した．

3) Stanton, W. R. 2002 The dimensions of stage theories. *Current Psychology : Developmental, Learning, Personality, Social,* **21**, 176-198.

12歳，「形式的操作期」は11，12歳以降とされる．

　(3)　発達段階はどの文化においても普遍的に現われると仮定される：クレイン（Crain, W. C.）によれば，エリクソン（Erikson, E. H.）は文化差を認めながらも，それぞれの文化が発達課題をどのように扱っているかを問題にしたという．たとえば，スー族[2]の文化では信頼と寛大さが目標となる．西洋では他者に依存せず独立することが強調される．しかしエリクソンは，文化差はあっても，すべての文化が自律，勤勉，生殖性などの同じ発達課題に取り組んでいると考えた．クレインは，このような発達課題を解決しない文化（つまり，自律，勤勉，生殖性が奨励されない集団）は存続しにくいのではないかと考察している．

　以上の他，厳密な発達段階説の特徴として次の2点を追加できるだろう．第一は，発達段階は多かれ少なかれ生物学的な基盤をもつとされることである．特に(2)，(3)のような普遍性は，生物学的な変化を前提とするからこそ仮定され得る[3]．第二は，段階間の移行が生じるには，個体内の発達と環境との相互作用，特に葛藤とその解決が重要だとされる点である．ピアジェの理論では，既有の行動様式（シェマ）だけでは課題が解決できない時に，シェマの調節（変化）が生じる．フロイト（Freud, S.）やエリクソンの理論では，生物学的な発達とそれによって生じる環境との摩擦や葛藤が，課題解決の前提となる．また，コールバーグ（Kohlberg, L.）の理論では，他者との意見交換や討論によって体験される葛藤が，段階の移行の契機となる．

　発達段階は，発達の過程で生じる様々な変化を予測し，説明する．また，段階説における「人は何歳で〜ができるようになる」という仮説は，教育や政策決定の目安にもなる．しかし，どの理論でもそうだが，特定の理論は支持する証拠を追求し，矛盾する情報は棄却しがちである．段階説では個人差，文化差，多様性，領域固有性よりも一般性，普遍性が追求され，未熟な子どもが成熟した大人へと成長するという一方向的，一次元的な見方が強調されやすい．

　段階説が強調する領域一般性，普遍性，一方向的・一次元

4) Karmiloff-Smith, A. K. 1992 *Beyond modularity : A developmental perspective on cognitive science*. Cambridge : MIT Press.

5) 綿巻徹　1986　初期言語獲得　原野広太郎・小嶋秀夫・宮本美沙子・大村彰道・高橋恵子・湯川良三（日本児童研究所）（編）　児童心理学の進歩1986年版　金子書房　Pp. 79-109.

6) p.88の注参照.

7) Spelke, E. 1995 Initial knowledge : Six suggestions. In J. Mehler & S. Franck (Eds.), *Cognition on cognition*. Cambridge : MIT Press, Pp. 433-447.

8) Spelke, E. S. 2000 Core knowledge. *American Psychologist*, **55**, 1233-1243.

9) Carey, S. 1997 Do constraints on word meanings reflect prelinguistic cognitive architecture? 認知科学　**4**(1), 35-57.〔今井むつみ（編著）　2000　日本認知科学会（編）　心の生得性―言語・概念獲得に生得的制約は必要か　共立出版に邦訳がある.〕

的な見方に対し，発達の別の側面を強調する知見や考え方も蓄積されつつある．

(1) 領域固有の初期知識を重視する理論：領域一般性を強調する発達理論では，言語や社会性といった特定の領域の発達は，一般的な構造や処理の一事例だとされる．このような見方に立てば，たとえば主語と述語の獲得は，「誰が何をする」という感覚―運動知能の産物だということになる．また，言語の獲得はシンボル機能の始まりや統合と関連があるとされる[4)5)]．

しかし，乳幼児の研究が進み，領域固有の知識が発達の初期から備わっていることを示す知見も蓄積している．たとえば，スペルキー(Spelke, E. S.) らは**馴化・脱馴化法**[6)] を用い，6〜8か月の乳幼児が事物のふるまいに関する基本的な知識をもっていることを示した[7)8)]．また，ケアリー(Carey, S.) らによれば，6〜8か月の乳幼児でも，物体（砂，液体）と個物の違いや，個物の数を理解しているような振る舞いを見せるという[9)10)]．赤ん坊の生活経験は限られているので，こういった知識が経験から獲得されるとは考えにくい．

生得的とも考えられるこれらの知識は，世界を認識する際，**最初の推測**（first guess）としてうまく機能する．そのため修正されにくく，経験とともに強化される可能性が高い．スペルキーはこのような知識を**核となる知識**（core knowledge），**初期知識**（initial knowledge）と呼んでいる．初期知識を仮定する発達理論では，何歳で何ができるということよりも，人がどのような領域固有の初期知識をもって生まれてくるか，それが発達をどのように支えるかが大きな研究課題となる．

(2) 社会・文化的な文脈の中での熟達化を重視する理論：ピアジェは，年齢的には形式的操作期に達した人であっても，必ずしも形式的な課題解決ができない場合があること，青年期以降の知的発達は開いた扇のように多様であり得ることを認めている．しかし，あくまでも，一般的な知能の現れとしての多様性である[11)]．これに対し，社会・文化的なアプローチをとる研究者は，**能力**は一般的な知能の現れというよ

10) Huntley-Fenner, G., Carey, S., & Solimando, A. 2002 Objects are individuals but stuff doesn't count: Perceived rigidity and cohesiveness influence infants' representations of small groups of discrete entities. *Cognition*, **85**, 203-221.

11) Piaget, J. 1972 Intellectual evolution from adolescence to adulthood. *Human Development*, **15**, 1-12.

12) Mistry, J. 1997 The development of remembering in cultural context. In N. Cowan (Ed.) *The development of memory in childhood*. Hove, England: Psychology Press. Pp. 343-368.

13) 共同体においては，初心者は熟達者との相互交渉の中で周辺的な活動から出発し，徐々に中心的な活動へと向かう（たとえばテイラーの初心者はボタンつけなどの周辺的な活動から開始し，最終的には縫製や裁断を行うことになる）．初心者は常に意味のある仕事を行いながら，徐々に熟達していく．このような活動を通して

りも，特定の社会・文化的状況における特定の**目標**を達成するための**活動**の中にあると考える[12]．スワジ族の牛追い人は，牛の一頭一頭の性質や特徴をよく記憶しているという．また，ポリネシアの人々は星を読み，風や波を使いわけて船をたくみにあやつり，島から島へと移動する．こういった能力は高度に知的だが，ある認知的段階に達したからできるようになるというものではない．知を共有する共同体の中で，意味のある活動に参加する中で獲得されていくものだと考えられる[13]．

(3) 段階よりも方略を重視する理論：人は，ある課題には成功しても，別の類似した課題には失敗したり，同じ課題に対して異なるアプローチをとることがある．このような現象を説明するには，一般的な能力が段階的に向上すると考えるよりも，状況や文脈に応じて様々な方略が使い分けられるという見方の方が説明力があるかもしれない．シーグラー (Siegler, R. S.) らは，用いられる方略を重なる波に例えた (**重なる波理論**：overlapping waves theory)．彼らは，使用可能な方略は複数あるが，主たる方略は年齢とともに変化すると考え，九九や天秤などの課題において，子どもがより適切な方略をとるようになっていく過程を示している[14][15]．

発達の理論は，発達の現象そのものではない．また，それを抽象化したものでもない．そうではなく，発達をどのように見るか，どのような現象が重要だと考えるかを支える理念であり，視点である．一般性か特殊性か，単純さをとるか複雑さをとるか，普遍なのか多様なのか．私たちは理論というガイドにそって世界を見る．段階説は強固な理念であり，テーゼとしてもアンチテーゼとしても，研究の大きな原動力になっているといえるだろう．

〔仲真紀子〕

「技能をもった自己」が形成され，「知識の伝達と再生産」が可能となる．これを**正統的周辺参加** (legitimate peripheral participation) という．

Lave, J., & Wenger, E. 1991 *Situated learning : Legitimate peripheral participation.* New York : Cambridge University Press.〔佐伯胖(訳) 1993 状況に埋め込まれた学習―正統的周辺参加 産業図書〕

14) Siegler, R. S., & Chen, Z. 2002 Development of rules and strategies : Balancing the old and the new. *Journal of Experimental Child Psychology*, **81**, 446-457.

15) Siegler, R. S., & Svetina, M. 2002 A microgenetic/cross-sectional study of matrix completion : Comparing short-term and long-term change. *Child Development*, **73**, 793-809.

【参考文献】
クレイン，W. C. 小林芳郎・中島実(訳) 1984 発達の理論 田研出版
レイブ，J.・ウェンガー，E. 佐伯胖(訳) 1993 状況に埋め込まれた学習―正統的周辺参加 産業図書

知　能
intelligence

　人間の知能がどのように発達するかをめぐっては，さまざまな知能の理論がそれぞれの発達観を提供している．ここでは知能の因子分析（factor analysis）モデル，ピアジェの発生的認識論（genetic epistemology），スタンバーグの鼎立理論（triarchic theory），ガードナーの多重知能理論（multiple intelligence theory）の4理論を取り上げて検討しよう．

　知能に関する心理学的研究は，ビネー（Binet, A.）による**知能検査**に始まる一連の知能の心理測定的（psychometric）研究を抜きには考えられない．もともと通常の教育課程に適応しにくい子どもの教育のために，その客観的な診断の測定道具を開発しようとしたビネーの知能検査は，その目的からもわかるとおり，知能の個人差を測定する道具として開発されていた．すなわち各年齢級ごとの標準的な知的課題を多数用意し，それぞれの年齢級の問題をどのくらい正答できたかに応じて精神年齢を算出しようというものである．こうして算出された**精神年齢**（mental age：MA）というものは，知能の発達段階の尺度であると同時に，個人差の尺度でもあった．つまりそこには暗黙のうちに，知能の個人差も発達差も同じ1つの次元の上に量的に配置するというモデルが仮定されていることになる．

　この考えを推し進めたのがスピアマン（Spearman, C. E.）である．彼は因子分析の手法を開発し，互いに正の相関を持つさまざまな知的課題の得点が，そのすべてに共通する一般（g）因子と，個々の課題に特殊な固有（s）因子の和として表現できることを示した．これが**知能の2因子説**と呼ばれるものである．これは知能を一次元上で表現できる量的実体と

してとらえる経験的な根拠となった[1]．

その後，知能の因子分析的アプローチは，因子分析法自体の発展とともにさまざまなモデルを提供するが，基本的には知能が量的に測定可能であり，量的に増加・減少するものと考えるという点で共通であるといえる．例えばキャッテル（Cattell, R. B.）とホーン（Horn, J. L.）は，一般知能を発達曲線の異なる2つの二次因子，すなわち流動性知能（fluid intelligence：g_f）と結晶性知能（crystallized intelligence：g_c）からなるモデルでとらえている[2]．g_f は新しい問題場面に柔軟に適応し問題を解決する能力で，18—20歳をピークとしてその後減少するのに対して，g_c は言語的知識のように経験によって獲得・蓄積される能力で，生涯にわたって増加するとされる．

その後，こうした知能の量的実体性や一次元性に対する批判が，知能研究を押し進めることになる．

一時はビネーの助手をしながら，子どもの正答よりも誤答の方に関心を持ったというピアジェ（Piaget, J.）の**発生的認識論**では，外界を認識する認知的枠組み（シェマ：schema）の構造を，外界に適応させるべく同化（assimilation）と調節（accomodation）させながら段階的に発展させ，徐々に論理数学的に確固とした認識装置を発達させてゆくものと考えている．そして認識の構造は，身体運動に基づく**感覚―運動期**，表象の操作が可能となるが論理的には不完全な**前操作期**，具体的事物の論理的操作が可能となる**具体的操作期**，そして抽象的な論理操作が可能となる完成された**形式的操作期**の4段階を経て発達するという理論を作り上げた．発生的認識論では知能の発達を量的実体の増加としてではなく，シェマの構造の質的発展としてとらえる点が，知能の心理測定学的，因子分析的理論と異なる．しかしながら，基本的には知能の機能をすべて論理数学的な表象操作としてとらえていたという意味で，ある種の一次元性を維持していたといえる．

1960年代まで心理学の主流を占めていた行動主義に対する批判として，認知革命が起こり，人間の思考過程を情報処理的にモデル化することを目指した認知心理学が勢いを増すよ

---

1) サーストン（Thurstone, L. L.）は知能検査得点の変化が絶対尺度の上で年齢と直線関係にあることを示し，その線を外挿して，絶対ゼロ点がちょうど出生の直前にくることを明らかにしようとした．
Thurstone, L. L. 1928 The absolute zero in intelligence measurement. *Psychological Review*, **35**, 175-197.

2) Cattell, R. B., & Horn, J. L. 1966 Refinement and test of the theory of fluid and crystallized general intelligences. *Journal of Educational Psychology*, **57** (5), 253-270.

うになった．この認知革命は行動主義批判だけでなく，因子分析的アプローチのような知能の量的モデルに対する批判という要素も含んでいる．そこには，今述べたピアジェの影響も少なくないが，それに加えて，コンピュータのアナロジーを用いた問題解決プロセスの精緻なモデルづくり，そして知能の一般的・形式的理論化をめざす因子分析的モデルやピアジェ理論が軽視しがちだった**領域固有知識**（domain specific knowledge）の重視が特徴的である．例えば，外界からの情報は**感覚登録器**（sensory registry）で選択され，**符号化**（encode）されて，**短期記憶**（short term memory：STM）の中で処理・統合され，**長期記憶**（long term memory：LTM）に送られて，さまざまな領域に即した形で知識として蓄えられるというような具合である．

　このプロセスを実験的に細かく検討し，知的活動の全体をモデル化しようと試みている1人がスタンバーグ（Sternberg, R.）[3]である．例えば知能検査の推理課題（例　法律家：依頼人＝医者：？　(1)患者　(2)薬）を解くときには，情報の符号化，（「法律家」と「依頼人」の関係の）推理，（「法律家」と「医者」との）関係づけ，（その関係の「？」への）適用，（両辺の）比較，検証，反応など，一連のさまざまな下位の「パフォーマンス・コンポーネント」からなり，さらにこのような問題に出会ったときに，これをどのような問題と見なし，どのように解くべきかを考え，自分の思考をモニターする「メタコンポーネント」や「知識獲得コンポーネント」がある．こうした個人の中での知的行動を支えるメカニズムに関する理論としての「個人内世界（コンポーネント）理論」に加え，そうしたメカニズムを日常生活で使い外的環境に適応することに関する「個人外世界（文脈）理論」，そして個人の内と外との世界を橋渡しする「経験理論」の3理論からなる**知能の鼎立理論**を提唱している[4]．

　スタンバーグの鼎立理論は，幅広い知的プロセスをカバーする統一的な知能モデルをめざしているという意味で，因子分析モデルやピアジェ理論を乗り越えようとしている．しかしそれはあくまでも心理測定学的なアプローチに始まるこれ

3) Sternberg, R. 1985 *Beyond IQ: A triarchic theory of human intelligence.* NY: Cambridge University Press.

4) スタンバーグはこの鼎立理論に基づき，それぞれの理論的側面に対応する3種類の知的側面を測定するテスト（Sternberg Triar-

まで伝統的な諸理論をうまく利用し，これを発展させたものといえる。

それに対して，こうした伝統的な知能研究のアプローチ自体から訣別し，スタンバーグとは異なる立場で幅広い知的領域をカバーする知能モデルを構築しようとしているのがガードナー（Gardner, H.）[5]である。ガードナーは，知能測定的なアプローチの批判から，さまざまな文化的領域で発揮される才能についての考察などにより，複数の独立したモジュールからなる知能の構成体を考え，それを**多重知能**（MI）とよんでいる。そのモジュールは現在のところ①言語，②論理―数学，③音楽，④空間，⑤身体―運動，⑥個人内，⑦個人間，⑧博物学の8つの領域があげられている。

スタンバーグとガードナーに共通して特筆すべきことは，そのいずれも教育実践への応用まで射程に入れ，一側面に偏らない知能の発育を目指した教育実験の実施や教育実験校の設立に積極的にたずさわっており，単に現象説明のための理論ではなく，実践的な理論の構築を目指しているという点である。これも伝統的な心理測定的モデル，あるいはピアジェのモデルに対する批判的発展と言えよう。

ここで挙げた理論以外にも，計算モデルやコネクショニズムモデルなど，数々の新たな知能理論が生まれている。また因子分析モデルも共分散構造分析のような新たな手法によって発展しており，これら多様な理論によって，人間の知能という最も高度なシステムの理解が深まると言えよう。

〔安藤寿康〕

chic Ability Test：STAT）を開発した。すなわち分析的知能（分析，判断，比較，評価など），創造的知能（創造，発見，発明，開発など），実践的知能（応用，使用，施行など）の3つの側面を測定するものである。そしてこれら3つの知能がバランスよく発達することが，健全な知能の発達と考えている。

5) Gardner, H. 1983 *Frames of mind : The theory of multiple intelligences*. NY : Basic Books.

Gardner, H. 1998 Are there additional intelligence ? The case for naturalist, spiritual, and existential intelligences. In J. Kane (Ed.) *Education, information, and transformation.* Englewood Cliffs, NJ : Prentice Hall, Pp. 111-132.

【参考文献】
ガードナー，H. 松村暢隆（訳） 2001 MI：個性を生かす多重知能の理論 新曜社
スターンバーグ，R. J. 松村暢隆・比留間太白（訳） 2000 思考スタイル 新曜社

II-13

熟達化

expertise

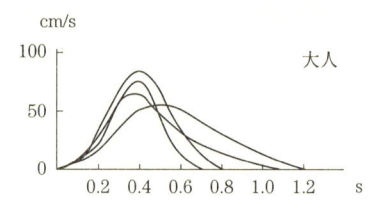

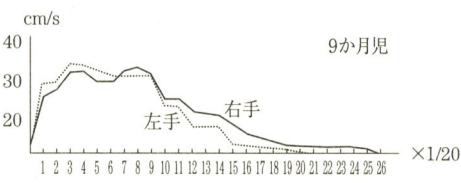

図 13-1　視覚対象に対する手伸ばし行動の発達差[1]

図13-1は9か月児と大人の視覚的に提示された対象までの手伸ばしの加速と減速の様子である．大人のパターンをみてみると，対象まで一度に加速して減速するという効率的な運動であることがわかる．これに対して，子どものそれはあたかも少しずつ確かめながら近づいているようである．大人は，対象の大きさや距離などを即座に判断して最も効率的な運動パターンをとることができるが，この手伸ばしの実行にはそれをプログラムするような特別な意識化は必要ではない．実際このような行動は無意識的にかつ効率的に実行されているのである．この自動化は，当該の行動を何度も繰り返すことによってフィードバックループが小さくなり，視覚と運動の協応動作が効率化することによって達成されると考えられる．

このような一般的な行動レベルでの漸進的な変化に対して，高度に専門的な技能を持つ科学者や医師，芸術家，作家，スポーツマン，将棋や囲碁のプレーヤーなどは，より高度な知識の集大成として，その領域での課題を総合的に解決する能力を有している[2]．このような，ある領域において長期にわたる経験や練習を積むことによって特殊な技術・技能を身につけ，自由に操れる人を**熟達者**（expert：**エキスパート**）とよぶ[3]．これに対して，経験のない者を**初心者**（novice：**ノービス**）とよぶ．**熟達化**（expertise）は熟達者の下位概念とも言えるもので，特定の領域における特別の訓練や経験を経ることによって特定の能力を形成することを意味している．

---

1) Kawai, M. 1991 Developmental change of adjustment behavior in reaching. *Japanese psychological Research*, **33**(4), 153-159.

2) 知るということには，「ものを知ること（宣言的知識）」と「方法を知ること（手続的知識）」がある．(Anderson, J. R. 1990 *Cognitive psychology and its implications* 3rd. edition. New York：Freeman and Company.)

3) エキスパートという用語は，ラテン語のexpertusから派生した，フランス語のexpertを英語に借用したものである．本来経験から得られた技術を有する者という意味を持っている．

熟練者が何かをするときにはほとんど努力なく，自然に行っているように見えるため，このような熟達者の能力はその個人の才能に帰属されることが多い。しかしながら，実際には熟達化には時間が必要であり，示されている特殊な能力はある領域における緩やかな学習の最終段階を示しているだけであると考えられている。また，熟達化の過程で習得される知識や技術は全般的な能力ではなく，領域に固有の能力であるようである。エリクソン（Ericsson, K. A.）とレーマン（Lehmann, A. C.）[4]はこのことについて次のようにまとめている。

(1) 一般的な能力は必ずしも特定の領域の能力を予測しない。

(2) 熟達者が示す優れた有能性はしばしば領域固有のものであり，他の領域への転移の可能性はおどろくほど低い[5]。

(3) 熟達者とそうでない者を分けるものは，その非常に長い訓練によるものと考えられる。

上述したように，熟達者は特定の領域に極めて特殊化した知識と技術を緩やかに習得しているようである[6]。

熟達者と初心者をわけているのは，知識の量と複雑さではなく，オーガナイズのしかた[7]であり，単純な時間の関数によって作られた記憶のトレースではないようである。彼らは適切な情報を選び，それを計画するための情報のコーディングを行い，そしてどれが一番よいのかを評価しているのである[8]。

このような熟達者の特徴をまとめてみると次のようになろう。

(1) 課題の遂行速度が要求されないような時には，初心者と同じくらい考えることがある。

(2) 課題遂行が正確である。

(3) 初心者がどのような課題解決に関しても同じ様な方略をとるのに対して，柔軟性を持っている。**トップダウン的アプローチ**をとる[9]。

(4) **セルフモニタリング**がよく行われている。熟達者は課題遂行時に，数分間隔で自分が遂行している課題の進行状況

4) 領域固有性（Domain specificity）：種々の技能の熟達化が，ある特定の領域の中でのみ有効なように展開され，他の領域では効果を持たないような現象をさして用いられる概念。
Ericsson, K. A., & Lehmann, A. C. 1996 Expert and exceptional performance: evidence on macimal adaptations on task constraints. *Annual Review of Psychology, 47,* 273-305.

5) エキスパートは，特定の領域の中で有能性を示すが，これには適応的熟達者と定型的熟達者がある。前者は構造化された知識と柔軟で適応的な技能を持っているのに対して，定型的な熟達者は情報を自動処理しているだけで，文脈が変わると持っている技能を適用できなくなる。
（波多野誼余夫 1988 珠算式暗算における習熟：定型的熟達化の一事例 認知科学の発展 講談社 Pp. 141-160.）

6) Ericsson, K. A., Krampe, R. T., & Tesch-Römer, C. 1993 The role of deliberate practice in the acquisition of expert performance. *Psychological Review,*

をモニタリングしたり，過去の問題と比較したりしているのに対して，初心者は単線的なアプローチをとり，一度課題を始めるとそのやり方に長い間とらわれてしまう．また，このモニタリングは遂行者の持つ課題の困難度の予測と関係している．

(5) 熟達者は物理法則のようなより上位の抽象的な特徴に従って課題を分類するのに対して，初心者は表面的な特徴で課題を分類している．このような特徴についてチー（Chi, M. T. H.）は，熟達者が問題の**スキーマ**[10]を持っているとしている．

(6) 熟達者は記憶，特に領域固有の**エピソード記憶**がよいとされている．実戦のチェスの駒の動きに関する熟達者の記憶はこれと関係しているとされている．

(7) 状況を意味のある1つのまとまりとして捉える**チャンク**[11]のセットを多く持っている．たとえば，初心者にはばらばらに見える碁盤上の碁石も，熟達者にはそれが有効なつながりであるのかどうかが，全体のまとまりとして，しかも多様な形として捉えられている．

(8) 優れた表象能力を持っている．

このような諸能力が熟達者と初心者を分けているのであるが，熟達化の過程についてアンダーソン[12]は次のようにまとめている．

(1) 技能を実行するための手続きの記述，つまり操作を加える具体的な対象物の理解や関係が学習される認知段階．

(2) 技能を実行するため，(1)で得た知識を実際の操作の中で自分に合うように調整し，さらに誤りを取り除いて要素間の連合が進む連合段階．

(3) 技能の実行がさらに速くなり，自動化してくる，自動化段階．

認知段階から連合段階に移るところで，宣言的知識は，手段的な知識へと変換される．また，連合段階と自動化段階の間に明確な区別はないとされている．

わが国におけるこのような熟達化研究としては，波多野[13]の珠算に関する研究が上げられる．珠算式暗算に関する一連

100, 363-406.

7) Chi, M. T. H., Glaser, R., & Rees, E. 1982 Expertise in problem solving. In R. S. Sternberg (Ed.) *Advances in the psychology of Human Intelligence*. Vol. 1. Hillsdale, NJ: Erlbaum, Pp. 1-75.

8) 注3)の文献参照．

9) **ボトムアップ的処理**と**トップダウン的処理**は，知覚研究の中で用いられてきた概念である．感覚情報という要素的な水準から，概念という高次の水準へ向かう処理をボトムアップ処理といい，概念や予期が先行して情報の処理を行うものをトップダウン処理という．

10) 対象の性質についての一般的知識のかたまりを言う．このようなスキーマの中でも行為のまとまりもしくは行動系列は，**スクリプト**とよばれている．

11) 状況や課題遂行に必要な行動を意味のある一つのまとまりとして捉えたものをチャンクという．例えば囲碁や将棋のエキスパートは，局面を石や駒の配置の集合（チャンク）で記憶している．これは，熟達するほど

の研究で，熟達化の過程を次のように示している．

　熟達化の前段階として，縮約化された特定の**プロダクション・ルール**（「〜ならば〜せよ」といった条件と行為の対）の獲得と自動化が進む．これにより計算速度が増すが，この速度をさらに高速化する，つまり熟達化するためには，演算のプロダクションの行為部分を，筋肉的運動から内的運動水準へ移行させるという心内化[14]と，表象系の**モジュール化**[15]が必要であるとする．このような過程の最後に，表象系と演算系のどちらもが鈍化することが必要であるとしている．鈍化とは，数の心的表象の貧弱化と，演算時のモニタリングの廃止であるとされている．

　近年，人工知能の領域で，専門家の知識体系をプログラミングしようとする**知識ベース・システム**（knowledge-based system）が考えられている．これは人工知能と異なり，ある領域に固有な知識の集積によって熟達者のシステムを再構築しようとしている点に特徴がある．この背景には，これまで述べてきたように，エキスパートはその総合的な知識のゆえにエキスパートなのであるとする考え方がある．ロボット工学の進歩により，人間の判断を機械に移植しようとする試みが急速に進んでいるが，その研究はその途についたばかりであると言えよう．

　これと関連して，人間の運動に見られるような複雑な行動がどのように制御されているのか，またオンとオフという単純な神経の興奮活動から人間の示す複雑な行動がどのように生まれてくるのかについても，複雑系などからアプローチされてきている．

〔河合優年〕

大きくなるとされている．

12）注1)の文献参照．

13）注4)の文献参照．

14）具体的な行動ではなく，イメージとしての活動に置き換えてゆく過程．

15）特定の処理を行うための標準化された機能単位をモジュールとよぶ．このように機能を個別化することにより，処理を円滑に進めることが可能となる．

【参考文献】
大浦容子　2000　創造的技能領域における熟達化の認知心理学的研究　風間書房
溝口文雄　1996　人間に近づくコンピュータ　情報フロンティアシリーズ：14　共立出版

II-14 コンピテンス
competence

図14-1 内発的動機づけの年齢的変化（桜井・高野，1985）[4]

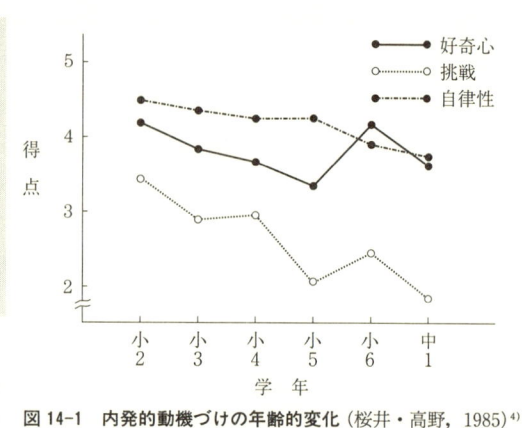

長い間，乳児は受動的で無力な存在と考えられてきた。しかし，ホワイト（White, R. W.）[1]がコンピテンスという考え方を提起して以来，能動的で「有能な赤ちゃん」（competent infant）というとらえ方がなされるようになった。**コンピテンス**（competence）とは，「環境と効果的に相互交渉する能力」である。乳児にもすでにそれが備わっており，自分の周囲の環境に働きかけて何らかの変化を生じさせることができたという喜び，有能感，効力感によって，それが持続されると考えられている。

ワトソン（Watson, J. S.）[2]は，枕に頭を押しつけると，頭の上に飾られているモビールが動くようなしかけをされた乳児とそうでない乳児との行動の比較を行っている。その結果，モビールが動くようになるしかけをされた乳児は，そうでない乳児に比べ，明らかにさかんに頭を押しつけるということが見出された。この結果は，乳児でも自分がまわりの環境に働きかけて周囲の状況に変化を及ぼすことができると，自分の有能さを感じて意欲的になることを示している。

このように生理的な基盤をもたないコンピテンスという概念は，動機づけの側面をもつものとして定義されている。この動機づけの側面は，コンピテンス動機づけ（competence motivation）あるいは**イフェクタンス動機づけ**（effectance motivation）といわれる。

ハーター（Harter, S.）[3]は，イフェクタンス動機づけを「反応の柔軟性」「新奇な刺激への好奇心」「有能さへの熟達」「挑戦と課題の選好」などの複数の要素から構成されるもの

1) White, R. W. 1959 Motivation reconsidered: The concept of competence. *Psychological Review*, **66**, 297-333.

2) Watson, J. S. 1966 The developmental and generalization of "contingency awareness" in early infancy: Some hypotheses. *Merrill-Parlmer Quarterly*, **12**, 123-130.
Watson, J. S. 1972 Smiling, cooing, and "the game." *Merrill-Parlmer Quarterly*, **18**, 323-339.

3) Harter, S. 1978 Effectance motivation reconsidered: Toward a developmental model. *Human Development*, **21**, 34-64.

表 14-1 ライフスパンの各時期における自己概念の領域 (Harter, 1999)[7]

児童期初期	児童期中・後期	青年期	大学生	成人期初期・中期	成人期後期
認知的コンピテンス	学業的コンピテンス	学業的コンピテンス	学業的コンピテンス 知的能力 創造性	知性	認知能力
		職務コンピテンス	職務コンピテンス	職務コンピテンス	職務コンピテンス
身体的コンピテンス	運動的コンピテンス	運動的コンピテンス	運動的コンピテンス	運動的コンピテンス	
身体的外観	身体的外観	身体的外観	身体的外観	身体的外観	身体的外観
仲間受容	仲間受容	仲間受容 親しい友人関係 恋愛関係	仲間受容 親しい友人関係 恋愛関係 両親との関係	社交性 親しい友人関係 親密な関係	友人との関係 家族関係
行動的ふるまい	行動的ふるまい	ふるまい/道徳性	道徳性 ユーモアのセンス	道徳性 ユーモアのセンス 養護性 家事の管理 扶養者としての適切性	道徳性 養護性 自分と家事の管理 扶養者としての適切性 余暇活動 健康状態 生活満足度 思い出話
全体的自己価値	全体的自己価値	全体的自己価値	全体的自己価値	全体的自己価値	全体的自己価値

としてとらえた．環境との相互作用について，年少児は正のフィードバック（社会的強化：ほめられるなど）が与えられることが重要であり，それがイフェクタンス動機づけを発達させるという．年齢とともに，自分の習熟や成功に対して自らが強化する「自己強化システム」と「社会の価値基準システム」の2つのシステムを内面化させ，社会的強化（外的強化）がなくても自発的に行動できるようになる．このシステムは負のフィードバック（罰や叱責など）では獲得されない．

桜井と高野[4]は，ハーターの研究にもとづいて，小学2年生から中学1年生を対象に，内発的動機づけの発達を検討している．内発的動機づけの得点に年齢による変化があり，好奇心や挑戦は学年があがるにつれ下降し，10歳から15歳にかけて内発的動機づけ傾向に大きな変化がある．これは，高学年になるほど評価が重視され，学習の過程よりも，結果として高い達成を遂げることに重点が移るとともに，失敗の経験が蓄積され自信を失うこと，本人の興味と必ずしも一致しない目標が設定されていることなどによると考えられている（図14-1）．小学5年生あたりで，自分なりの判断や基準をもつようになり，認知発達にともなう自己概念が形成され，自己の能力についての認知が可能になったことによるものと考えられる．

4) 桜井茂男・高野清純 1985 内発的―外発的動機づけ測定尺度の開発 筑波大学心理学研究, 7, 43-54.

さらにハーター[5]は，自己やパーソナリティの形成ならびにその維持においてコンピテンスが重要な要因であるとし，コンピテンスを認知・社会・運動の3領域に分け，さらに自己価値の尺度をつけ加えて，全部で4つの下位尺度からなる認知されたコンピテンス尺度を作成した（この尺度の日本版は桜井[6]によって作成されている）。そして，この認知されたコンピテンスがいくつかの領域に細分化され，**自己概念**（self-concept）は児童期・青年期・成人期へとしだいに分化していくことを示した（表14-1)[7]。こうした自己概念は，どの領域を重視するかによって全体的自己価値（global self-worth）への影響の仕方が変化するという。

　学習性無力感（learned helplessness）の説明にコンピテンスが用いられることがある。学習性無力感とは，紐でしばって逃げられないようにして電気ショックを与えられた犬が，しだいに逃げようとする努力をしなくなり，やがて紐をほどいて逃げられる状態にして電気ショックを与えても，もはや逃げようとしなくなったというセリグマン（Seligman, M. E. P.)[8]の実験結果を説明する概念として用いられた。つまり，失敗経験を繰り返すことによって，事態を自分の力では変化させられないという認識を学習してしまった状態といえる。これは，環境に働きかけても**効力感**（feeling of efficacy）を得られない経験が反復されたために，行動に対する動機づけ（コンピテンス動機づけ）が十分に生起しなくなったものと考えられる。

　コンピテンスと深いかかわりのある概念に**達成動機**（achievement motivation)[9]がある。ワイナー（Weiner, B.)[10]は，この達成動機のメカニズムの解明に**帰属**（attribution）研究の成果を応用した。成功・失敗という結果を得た時，その原因をどのような要因に帰属するかに関して，原因の次元は3つ設定されている（表14-2）。第1の次元は，原因の位置次元で，原因がその人の内部にあるのか外部にあるのかが問題となる。第2の次元は，安定性の次元で，原因が時間的に安定しているか，それとも不安定（変動する）かというものである。第3の次元は統制可能性の次元で，行為者にとって

5) Harter, S. 1982 The perceived competence scale for children. *Child development*, **53**, 87-97.

6) 桜井茂男 1983 認知されたコンピテンス測定尺度（日本語版）の作成 教育心理学研究, **31**, 245-249.

7) Harter, S. 1999 *The construction of the self : A developmental perspective*. New York : The Guilford Press.

8) Seligman, M. E. P. 1975 *Helplessness : On depression, development, and death*. Freeman.〔平井久・木村駿(監訳) 1985 うつ病の行動学—学習性絶望感とは何か　誠信書房〕

9) 達成動機とは，ごく簡単に定義すれば，ある優れた目標を立て，それを高い水準でやりとげようとする動機である。

10) Weiner, B. 1979 A theory of motivation for some classroom experiences. *Journal of Educational Psychology*, **71**, 3-25.

表14-2 原因帰属の次元と要因

統制可能性	内 的		外 的	
	安 定	不 安 定	安 定	不 安 定
統制不可能	能 力	気 分	課題の困難度	運
統 制 可 能	不断の努力	一時的な努力	教師の偏見	他者からの日常的でない援助

原因が統制できるかどうかである。これまでの結果を要約すると，①達成動機の高い人は，成功を内的要因（高い能力とか努力）に帰属し，失敗を努力の欠如に帰属する傾向が強い。失敗を努力に帰属することは，再び努力すれば成功するという見込みがもてるため，動機づけは低下しない。②達成動機の低い人は，成功を外的要因（課題の困難度や運など）に帰属し，失敗を能力の欠如に帰属する傾向が強い。失敗を能力に帰属することは，能力が比較的不変な要因であるため，ふたたび行っても無駄であるという認知が生じ，動機づけは低下してしまう。

アブラムソン（Abramson, L.）ら[11]は，この帰属理論を取り入れて，**無気力**を説明しようとした。統制可能性の次元にはふれず，すべての問題に関係するか否かという全体性の次元を取り上げ，位置次元で「内的要因」に，安定性の次元で「安定」に，すべての問題に関係するか特異かという次元で「全体的」に帰属をする者は，失敗や不幸事態で無力感に陥りやすいとしている。

堀野・森[12]は，達成動機を2つの側面からとらえている。1つは，他者や社会の評価にはとらわれず自分なりの達成基準への到達をめざす「自己充実的達成動機」である。もう1つは，他者をしのぎ，他者に勝つことで社会から評価されることをめざす「競争的達成動機」である。そして，①自己充実的達成動機が高い場合は，日常的な落ち込みを感じることがあっても，抑うつを形成しにくい，②競争的達成動機が高い場合は，落ち込みやすく，また抑うつを形成する場合もある，などを明らかにしている。〔二宮克美〕

11) Abramson, L. Y., Seligman, M. E. P., & Teasdale, J. 1978 Learned helplessness in humans: Critique and reformulation. *Journal of Abnormal Psychology*, **87**, 49-74.

12) 堀野緑・森和代 1991 ソーシャルサポートと抑うつに介在する達成動機の要因 教育心理学研究, **39**, 308-315.

【参考文献】
速水敏彦・橘良治・西田保・宇田光・丹羽洋子 1995 動機づけの発達心理学 有斐閣
宮本美沙子(編) 1993 ゆとりある「やる気」を育てる 大日本図書

II-15 社会化
socialization

　社会化とは，狭義には，純粋に"ヒト"という生物学的存在として生まれた個人が，将来的に，少なくとも一定期間，持続的にそこに所属し，その中で生きていくことになるであろう様々なレベルの生活単位（家族・近隣地域・学校・仲間集団・職場・国など）において望ましいあるいは重要かつ適切と考えられている信念・価値・行動などを獲得し，漸次的に社会・文化的存在としての"人間"へと移行していく過程を指していう[1]．時に，そうした個人内のプロセスというよりも，むしろ，その過程を進行させる，他者や社会からの種々の重要な働きかけ（親による**しつけ**など）を指す場合もある．この術語は，時に**"文化化（enculturation）"**という術語と相互互換的に用いられ，その成員たる個人がある特定文化の秩序を維持・継承したり，あるいはまた拡充・再生産したりしていくプロセスが含意されることもある．

　このように言うと，社会化とは個人を特定の文化的制約下に置き，その自己をある規定の鋳型にはめ込むことを意味し，自己固有の特性や可能性を十全に実現させていくこと，すなわち**"個性化（individualization）"** とは，全く逆方向のベクトルを有することになる．そして，現に，社会化と個性化を対概念として用いる向きも少なくはない．しかし，個人の視点から見れば，先にもふれたように私たちは常に複数の生活単位に所属し，多様なレベルの文化に多重にさらされる存在である．当然のことながら，個人が経験するそうした複数文化の組み合わせはきわめて多岐にわたり，その1人1人にユニークな組み合わせ状況の中で，個人は，他者にはない独自の個性を身につけ得るものと考えられる．また，元

[1] Shaffer, D. R. 1999 *Social and Personality Development.* London : Thomson Learning.

来，社会文化もすべての成員に常に画一的な行動をとることを期待するものではない．それは，性，年齢，社会経済的地位，能力などの個別的要因あるいは種々の状況要因などに応じて，様々な社会的役割を1人1人の個人に特異的に課すものと言える．そして結果的に個人が取得することになる，そうした役割の差異は，その個人に特有の環境を形成することにつながり，ひいてはその中で独自の個性化が実現し得るものと言えるだろう．つまり，社会化と個性化は一見正反対の方向性を有し相互独立的に働くものに見えながら，現実には常に表裏一体の関係をなして進行するものと考えられる．

こうした個性化の要素を本源的に含み持つ社会化のプロセスは具体的にいかに進行していくのだろうか．1つには当然，ある規範や行動などについて，直に教え込まれ強化されるという**直接的社会化**が考えられる[2]．

もう1つには，直接的な働きかけは受けないものの，個人が，自ら所属する集団や家族などの，他成員の行動や成員同士の相互作用にふれたり，また，その中で自分自身が成功したり失敗したりするなどの経験の蓄積を通して，そこに潜む暗黙のルールや価値などを徐々に体得する**間接的社会化**が考えられよう．それには，近年，従来型の学校教育に対するアンチテーゼとして注目度が高い，いわゆる"**正統的周辺参加**(legitimate peripheral participation)"のプロセスなども含まれると考えられる[3]．例えば，地域の伝統的な祭りに子どもが，山車の上で笛を吹くあるいは行列に加わるなど，何らかの役割を担わされながら，（少なくとも最初は）周辺的に参加するようなケースを考えてみよう．子どもは，その中で，大人の活動への具体的取り組みや大人同士のやりとりなどを観察し，大人が祭りに何を期待し何を重んじているのか，またそこでいかなる行動をとることが望ましくまた粋なのか，さらにはその地域社会の伝統を守ることにいかなる意味があるのかなどを日常感覚として会得していくことになる．

もっとも私たち人間は，直接教え込まれ，また間接的に観察するだけで，それをそのまま受動的に吸収するような"スポンジ"では当然ない．加齢に伴い，私たちは直接・間接に

2) 直接的社会化には，言語的説明を通した明示的なものばかりではなく，例えば，幼児がお漏らししたり他児の物を勝手に取ったりした際に，養育者が非言語的に怒りの表情や声をもってたしなめ，それらが非であることを子どもに伝達するようなケースも含まれると考えられる．

3) Lave, J., & Wenger, E. 1991 *Situated Learning : Legitimate Peripheral Participation*. Cambridge: Cambridge University Press.〔佐伯胖（訳） 1993 状況に埋め込まれた学習―正統的周辺参加 産業図書〕

収集した多様な情報に基づき，社会文化的に重要な種々の事柄について，スキーマなり表象モデルなりの**認知的構成体**を形成し始める．さらには，それら複数の認知的構成体を統合し，より上位の信念体系あるいは自己スキーマやアイデンティティなどを構成することになるだろう．そして，今度は，そうした認知的構成体を一種のフィルターとして情報の取捨選択を行い，能動的に，そしてより"**個人化された社会化**"を自ら実践していくことになると考えられる．

例えば，私たちは発達早期から，その生物学的性に従って，周りからいわゆる"**性の型づけ（sex-typing）**"[4]を受け，また身近な同性を観察学習しながら，社会文化的に期待される種々のステレオタイプ的な"**性役割行動**"を，多くの場合なぜそれがいいのかという主体的意識を持たないまま身につけていく．しかし，その過程を通して徐々に，それら個々の性役割行動を背後から支える，より抽象化された価値体系としての"**性役割観**"（女性／男性はこうあるべきだという信念）に気づき，またそれを内在化し，さらには，その個人特有の"**性役割同一性**"（自分は女性／男性としてこうあるべきだという信念）を確立するに至るのだろう[5]．そして，ここに到達すると，個人は社会化の能動的主体として，その性役割同一性に適う情報を集め，また相互作用する対象を選び，さらにその同一性を強化するようにふるまうと考えられる．社会化とは生涯を通して連続し得るものであるが，それはその主たる担い手が個人を取り巻く外部の様々なエージェントからその個人自身へと徐々に置き換わっていく過程であると言えるのかもしれない．

とは言っても，私たちの社会化がこの世に生を受けた段階から，様々なレベルの多くの他者によって支えられていることに変わりはない．特に，親は子どもに物理的にも時間的にも感情的にも最も密接に関わる存在であるがゆえに，子どもの社会化において，その役割が甚大なることは半ばアプリオリに当然視されてきたと言える．**アタッチメント理論**［→Ⅲ-21］に代表されるように，発達心理学の主たる理論の大半は，**ホスピタリズム**[6]や**母性的養育の剥奪**［→Ⅲ-21］など

4) 性の型づけとは，養育者などが，社会文化的にそれぞれの性にふさわしいとされる髪型・服装，遊び，言葉づかいなどを子どもが使うよう導くことを通して，暗黙裡に，子どもにステレオタイプ的性役割を負わせることを指していう．

5) Golombok, S., & Fivush, R. 1994 *Gender Development*. Cambridge : Cambridge University Press.〔小林芳郎・瀧野揚三（訳） 1997 ジェンダーの発達心理学 田研出版〕

6) ホスピタリズム（hospitalism）とは，子どもが幼少期に物理的にも社会的にもきわめて例外的に劣悪な施設等の環境下に置かれた時に，呈する心身発達障害を指していう．

7) Harris, J. R. 1995 Where is the child's environment? : A group socialization theory of development. *Psychological*

の諸事例を基に，親からの適切な保護そして社会化の実践がなければ，いかなる意味でも子どもの適応的な発達は成り立たないという認識を共有してきたのである．

しかし，近年，社会化，殊にその個性化の側面に関して，親の役割を見直そうとする向きが生じてきている．**行動遺伝学**によれば，私たちの知的機能やパーソナリティなどの個人差の大半は，遺伝と非共有環境の要因によって説明される割合が高く，共有環境によるそれは相対的に低いのだという［→Ⅰ-6］．ハリス（Harris, J. R.）などは，これを受けて，親は子どもの個性の形成に関して，その遺伝子の伝達を通して寄与しても，そのしつけや社会化の実践を通して寄与するところはほとんどないと言明する[7]．そして，個人が環境を通して社会化や個性化を進行させ得るのは，家庭外の同世代仲間集団における諸経験によるところがきわめて大きいと主張するのである［**集団社会化理論**］．現在，この理論の当否をめぐって激烈な議論が生じているが，社会化のエージェントとしてこれまであまり注目されてこなかった仲間集団に目を向けさせたことについては一定の評価をしておくべきだろう．

近年のもう1つの顕著な動向として，社会化に関する進化論的アプローチ［→Ⅰ-5］を挙げることができる．それは，社会化は環境次第でいかなる方向にも進み得るというものではなく，進化論的に規定された一定の生物学的制約下において，生涯にわたる個体の"適応度（fitness）"［→Ⅰ-5］を最大限に引き上げ得るよう生じることを仮定するものである．例えば，ベルスキー（Belsky, J.）はこうした立場から，子どもが乳幼児期の被養育環境からその後の人生における自らの生活環境の特質を占う手がかりを得，それに応じて自分自身の繁殖可能性を最大化するような対人関係，性的・配偶行動，養育パターンなどを身につけるという"**進化論的社会化理論**"を提唱している[8]．

〔遠藤利彦〕

【参考文献】
井上健治・久保ゆかり（編）　1997　子どもの社会的発達　東京大学出版会
斎藤耕二・菊池章夫　1990　社会化の心理学ハンドブック―人間形成と社会と文化　川島書店

Review, **102**, 458-489.

Harris, J. R.　1998　*The nurture assumption: Why children turn out the way they do.* Simon & Schuster.〔石田理恵（訳）2000　子育ての大誤解―子どもの性格を決定するものは何か　早川書房〕

8）この理論によれば，幼少期の被養育環境の質やストレスに応じて"量的繁殖戦略"（高ストレスの場合：早熟で複数異性と短期的に多くの配偶機会を持とうとするが，子どもの養育にはあまり力を注がない）か"質的繁殖戦略"（低ストレスの場合：晩熟で特定異性と緊密で持続的な配偶関係を持ち，かつ子どもの養育に積極的に参与しようとする）のいずれかをとるよう社会化されるのだという．

Belsky, J., Steinberg, L., & Draper, P.　1991　Childhood experience, interpersonal development and reproductive strategy: An evolutionary theory of socialization. *Child Development*, **62**, 647-670.

II-16 児童観

views of child

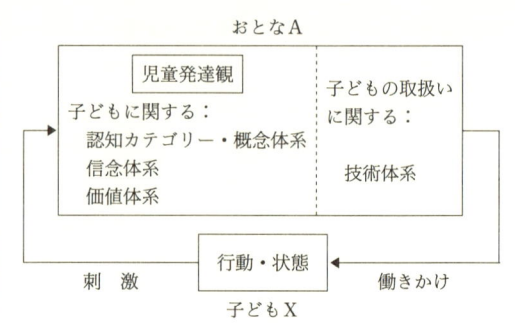

図16-1 子どもと相互作用をもつおとなと，その児童発達観の成分（小嶋秀夫，1985）[1]

子どもの発達が，彼らを取り巻く環境要因と独立に展開されるものではないことは本書においてもさまざまな形で述べられているとおりである．子どもは人間だけでなく，自然物，人工物などの多様な外的環境との相互作用を通して，彼らのまわりにある種々の法則性を学習してゆく[2]．このような環境の中でも，彼らと直接的に相互作用を持っている養育者の影響力はきわめて大きなものである．このようなことから，子どもの持つ個人差を養育者のそれとの関係から議論している研究はこれまでも数多く見られている．確かに，子どもを直接取り巻いている環境が果たす役割は大きいのであるが，たとえば母子間において生じる相互作用はそれのみで解釈可能なのだろうか．母親の養育態度と子どもの行動についての関係は，家庭という閉じられた空間の中だけで形成されたのだろうか[3]．

ブロンフェンブレナー[4]（Bronfenbrenner, U.）は，このような子どもを取り巻く環境を，システムとして有機的な相互関係性の中で捉えている．この考えによると，子どもと直接接している家族は，さらにそれを取り巻くシステムである**エクソシステム**，さらにそれを取り巻く**マクロシステム**などからの影響を受けているとされている．子どもをどのような存在として捉えているのかという**児童観**は，思想や法的な枠組みとならんで，彼のモデルでは最も外側で子どもを取り巻いているマクロシステムとして位置づけられている（Ⅰ-8の図8-1参照）．

私達が子どもに対して接するとき，そこには何らかの子

1) 小嶋秀夫 1985 展望・児童発達観の研究 教育心理学年報 24, 123-136.

2) このような何らかの経験によって作られる信念を扱おうとしたものが，**素朴心理学**（naive psychology）である．また，信念が行動の理解に及ぼす影響については，大人だけでなく，子どもについても研究されている．これらは，心の理論として近年注目を集めている．

3) 親の養育態度と子どもの性格に関するサイモンズの研究では，支配と服従，拒否と保護という親の養育態度に関する2軸が，子どもの社会性や依存性などの行動特性と関係していることを明らかにしている．

Simonds, M. P., & Simonds, J. F. 1981 Relationship of maternal parenting

もについての予測的な姿，あるべき姿が投影されている。言い方をかえると，子どもはこのような存在であるから，このように接する方がよいだろうというような，行動の基本的な枠組みに従って私たちは行動しているということになる。赤ん坊の有能性が明らかになるまで，私達は赤ん坊に話しかけることの効果を信じていなかったのではないだろうか。このことは，他のことがらについても同じである。子どもの発達に対して影響を及ぼしている要因は，時代，地域，文化などが持つ価値観や信念体系と無縁ではないのである[5]。

小嶋[6][7]は，このような「広い意味での子どもの発達と教育に関して，人が個人的にまたは集団的に抱いているある程度体系化された考え」を**児童観**とよんでいる。児童観は，子どもに対する概念体系，信念体系，価値体系という3つの要素から構成されており，これらが子どもの取り扱いに関する技術体系と結びついて具体的な関わりが形成されると考えられている。ただ，この体系は具体的な行動としては分離しにくく，包括的に捉えざるを得ないとされている。また，児童観には，文化によって形成された社会的な一般性を持ったものと個人的な経験に基づいた個人的水準のものがあるとされている。

子どもがどのような存在として捉えられてきたのかについて，小嶋[8]は近世日本の子育て書を分析して，次のような興味深い枠組みを明らかにしている。それによると，子どもの本性についての枠組みには，「(1)人間の本性は基本的によいものであるが，子どもの中に本来的に潜在するよさが，そのままで実現することはない。(2)少数の例外的な場合をのぞき，大多数の子どもは，道徳的資質に関しても知的能力に関しても，同じように生まれついている。(3)子どもは幼いときから，周囲の影響を取り入れて自律的に学習してゆく能動的な生活体である。(4)乳幼児は脆い存在であるが，敏感で，感覚面では相当に発達していて，初期から経験の影響を受けやすい存在である。(5)乳幼児の健康と発達にとって，養育者の応答性が決定的な役割を果たす。(6)子どもの行動や能力は内から発してくる。その変化の時期をとらえて，行動を社会的

behaviors to preschool children's temperament. *Child Psychiatry and Human Development*, **12**, 19-31.

4) Ⅰ-8参照

5) 1947年に制定された児童福祉法や1951年に制定された児童憲章において「人権を持つ存在」として認知された児童は，1990年の「子どもの権利に関する条約」では様々な権利を有する社会の構成員として位置づけられるに至っている．

6) 小嶋秀夫 1982 児童研究序説－児童観研究の意義と方法 三枝孝弘・田畑治(編) 現代の児童観と教育 Pp. 4-41.

7) 小嶋秀夫 1990 児童発達観と心理学 児童心理学の進歩 金子書房 216-234.

8) 小嶋秀夫 1989 子育ての伝統を訪ねて 新曜社

に望ましい方向に導いていくことが大切である．(7)子どもの行動変化の基礎として，身体の仕組みがかかわっている．」の7つのものがあるとしている．このような「子どもというものは，このような性質をもっているものである」という子ども観は，一般の人に対して子育てのエキスパートが「子どもをどのように取り扱えばよいのか」を説明する際に，「なぜ，そうしなければならないか」という理由づけを与える根拠として機能していると考えられている．小嶋が指摘するように，本来児童観は，実践者としての養育者に対するガイドラインであり，お墨付きでもあったのである．これは，直接子どもと接している養育者が自分の行動を評価するための基準を与えることになるのである．

　子どもの本性をどのように捉えるのかという，判断の基準枠が果たしている機能は今日においても大きくは変わっていない．「子どもはこのような存在である，だからこのように扱わなければこのようになる」という論理的な流れは，大人がどのように子どもに接するのか，子どもの行動をどのように評価するのか，発達のゴールをどこに置くのかという問題と密接に関係しているのである．つまり，子どもの捉え方が変わると，発達のゴールそのものが変化することとなる．2001年に改正された少年法では刑事罰の対象が16歳から14歳に引き下げられたが，このことによって少年に対する認識が変化したことはよく知られているとおりである．

　上述したような，社会が持つ公の理念的な枠組みである児童観に対して，個人が持つ児童観は，基本的にはその枠組みがその人の経験に依存していると考えられる．このような個人的水準での児童観は，自分の子どもに対する捉え方のように特定の子どもに関したものだけでなく，子ども一般にかかわるものまで含まれているが，その形成過程が個人的な経験に大きく依存している点に特徴が有ると言えよう．もちろん，ブロンフェンブレナーが述べているように，このような個人的な経験もまた，より大きな公の理念的な枠組みとしての児童観の影響を受けている．

　小嶋はこのような児童観を整理し，実証的な研究への指針

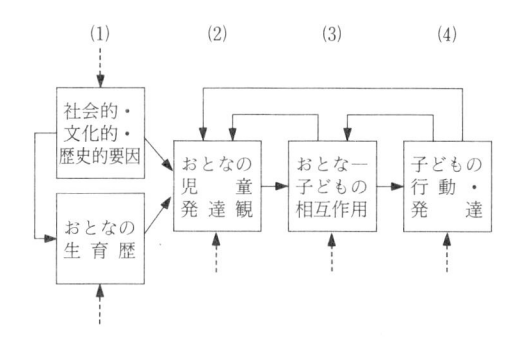

矢印は影響の方向性を示し，点線は他の要因の存在を示す．児童発達観の形成に関する研究は，(1)—(2)の関係を扱うものである．また，児童発達観とおとな―子どもの相互作用・子どもの扱いに関する研究は主として(2)—(3)の関係を扱っている．児童発達観・相互作用・子どもの発達は，(2)—(3)—(4)の関係を扱う研究となる．

図16-2　児童発達観に関する諸要因の相互規定的関係の図式 (小嶋, 1985)

を提唱している．本項の最初にあげている図16-1は児童観の成分を子どもとの相互作用をもつ大人について図示したものである．これによると大人の子どもに対する行動を規定している児童観は，認知カテゴリー・概念体系，信念体系，価値体系の3つの系によって構成されている．

認知カテゴリー・概念体系は，子どもの行動を枠組化し，切り取る際のバイアスとして信念や価値体系と相互に関連しながら内部過程を方向づけている．**信念体系**は，児童観の中心をなす部分で，子どもの本性，発達と学習過程の理論，環境が持つ性質，育て方とその結果についての期待図式などが含まれている．最後の**価値体系**には，発達と教育の目標や，子どもの理想像などが含まれている．これらの系が相互に関連しながら子どもとはかくあるものだという，児童観が構成されているとされている．また，児童観の後の技術体系は，子どもに対する大人の実際的な働きかけに関する部分である．この働きかけ自体もまた，社会的な影響を受けている．

ブロンフェンブレナーの生態学的な枠組みにみられるように，このような子ども観はさまざまなレベルでの環境要因と相互作用している．児童観は子どもに対する大人の接し方を方向づけるが，子どもの行動がまた児童観をつくりだしているのである．この双方向的な関係性の視点を含めた具体的研究とむすびついたモデルの構築が待たれている．〔河合優年〕

【参考文献】
小嶋秀夫　1993　保育における児童観の役割とその文化的基礎　森上史朗(編)　新・保育入門（別冊発達14）　ミネルヴァ書房　Pp.124-133

II-17 家族関係
family relations

　家族や家族関係に関する問題は，心理学，社会学，文化人類学，法学，経済学等，さまざまな分野で研究されてきた．**家族**とは，「夫婦を中核とし，親子，きょうだいなど少数の近親者を主要な構成員とする集団」であると定義される．したがって家族関係は，**夫婦関係，親子関係，きょうだい関係**，祖父母―孫関係，および全体としての家族関係など，さまざまな視点からとらえることができる．家族の形態も，夫婦と未婚の子どもからなる核家族，祖父母の世代を含む三世代からなる拡大家族などさまざまである．家族のあり方は，時代や社会の変化にともなって変容していくものである．

　家族の機能には，経済的，性的，生殖的および教育的機能などがある．また，パーソンズ（Parsons, T.）は，家族の機能として，社会化と安定化の2つをあげている[1]．パーソンズによれば，家族が集団として適切に機能していくためには，家族と外部環境との間を調整する**道具的役割**と，家族メンバー間の感情的な問題を調整する**表出的役割**が重要である．つまり前者は，訓練や統制，命令や賞罰などの執行者となり，自信をもって社会生活を営むことができるように子どもを指導するという役割であり，後者は愛情をもって子どもをはぐくみ養護し，父親やきょうだい間の調整役を担うことによって，子どもの情緒的安定を維持する役割である．これらは従来，前者が父親役割，後者が母親役割としてイメージされてきたが，この2つの特質をもつ役割は，父母の間で共同して遂行されていかねばならないものである．そして，これらの家族機能が達成されるためには，夫婦，親子等の家族関係が健全なものであることが求められる．

1) Parsons, T. 1955 Family structures and the socialization of the child. In T. Parsons & R. F. Bales (Eds.) *Family, socialization and the interaction process.* New York: Free Press.

(1) 夫婦関係　夫婦関係には，他の人間関係とは異なる次のような特徴が見られる：①社会的に承認された性関係，②生活経済，子どもの養育，情操の責任などさまざまな権利と義務をともなう関係，③永続性を前提とした関係，④包括的な全人格的な関係．したがって夫婦関係は，家族の中核をなす人間関係であり，そのあり方は家族関係全体に大きな影響を及ぼす．家族関係が健全であるためには，夫婦関係が信頼と愛情にもとづき，しっかりとしたものであることが，何よりも重要である．

(2) 親子関係　子どもは家族の中に生まれ，成長する．そのため親子関係のあり方は，子どもの発達に重大な影響を及ぼす．子どもの健全な発達として，①自己に対する肯定的な感情の獲得，②他者と肯定的，協力的，親密な関係を形成する力の形成，③自己の能力，目標を見極め，アイデンティティを達成すること等がある．これらは，乳幼児期から青年期までの親子関係の質が重要な意味をもつことが，数多く指摘されている．

　健康な家族とは，上に述べたような家族の役割・機能が適切に遂行されていることが，ひとつのめやすとなる．ビーバーズ（Beavers, W. R.）[2]は，**健康な家族の指標**として，次の5つの特徴をあげている．

　①　適度な柔軟性と堅固性を有した**家族構造**であること：夫婦を中心とした家族成員の情緒的結び付きがしっかりしていることが重要である．たとえば，健康な家族関係では，場合に応じて夫婦のいずれも，リーダーシップを取ることができ，それに柔軟に対応することができる．反対に病理的な家族においては，常にどちらかが専制的であり，他方が被抑圧的である．あるいは家族成員の誰もリーダーシップがとれず，混乱しているという特徴が見られる．

　②　**家族神話の柔軟性・現実性**：家族神話とは，その家族特有の価値基準，信念，タブーの体系を意味する．健康な家族では，その家族が全体として自分たち家族について持っているイメージと，第三者がその家族をみたイメージとの一致度が高い．

[2] Beavers, W. R. 1983 *Successful marriage*. New York: Norton.

表 17-1 家族発達プロセスにみられる課題と危機（岡堂，1978[6]）をもとに著者作表）

発達段階	主要な心理的課題	顕在しやすい夫婦間の危機
Ⅰ 新婚期 （結婚から第1子誕生まで）	1. 夫婦双方がそれぞれの出生家族から，物理的・心理的に分離し1つの統合体としての夫婦システムを構築する． 2. 性関係を通じて，夫婦間の親密性を深めるとともに，家族計画の面で，合意に達する． 3. 経済的に自立し，収支の責任を分担する．	・自立と依存，権利と義務の葛藤． （性的不適応，家庭内役割の不適応，職業的不適応など）
Ⅱ 出産・育児期 （第1子の誕生から第1子の就学まで）	1. 夫婦の2者関係から子どもを含めた3者関係へ家族システムを再編する． 2. 増大する経済的負担の調整． 3. 育児によって増大した家庭内役割の分担． 4. 親役割の受容．	・親役割の不適応． ・「思春期」的目標と現実目標との葛藤．
Ⅲ 拡大期 （子どもが学童期の時期）	1. 子どもの自立性と家族への所属感・忠誠心とのバランスが適切であるようにつとめる． 2. 子どもに期待し過ぎて重荷を感じさせることがないように，また何も期待しないことで悲しませることがないように，親子間のバランスを維持する． 3. 親として子どもとの心理的な分離にともなう不安や心配に対応する． 4. 家族システムにおける親子間の境界や親子のまわりの境界の変化に適応する．	・個々人の目標と家族目標の不一致と葛藤． ・妻の生活領域の拡大にともなう葛藤．
Ⅳ 充実期 （子どもが10代の時期）	1. 親子関係における自立と責任と制御の面で，基本的信頼感を損なわずに，親子関係を再規定する． 2. 夫婦がそれぞれのアイデンティティを見直し，老年期へ向けての心理的な準備を始める．	・夫婦関係の再確認にともなう葛藤． ・さまざまな次元での対象喪失にともなう不適応と葛藤． ・更年期の混乱にともなう葛藤． ・夫の「自己価値」の認識にともなう葛藤．
Ⅴ 子どもの巣立ち期 （第1子の自立から末子の自立まで）	1. 親子の絆を断つことなく，親と子が分離する． 2. 2人だけの夫婦システムの再構成．	・対象喪失にともなう葛藤． ・衰退への不安． ・老後の生活安定への志向をめぐる葛藤．
Ⅵ 加齢と配偶者の死の時期	1. これまでの生活体験を総括し，自分たちの生涯を意味深いものとして受容する． 2. いったん分離した子ども家族との再統合．	・子どもの家族との再統合をめぐる葛藤．

③　**対話の効率性**：家族メンバーの意見や見解が尊重され，対話が効率的に進む．
　④　**家族成員の自律性**：健康な家族においては，家族メンバーそれぞれが，相手に自分の気持ちをうまく伝えることができ，家族員が責任をもちながら，相手にかかわっており，相手への侵入のし方も適切である．
　⑤　**家族の情動性**：健康な家族では，家族員のふれあいが温かで友好的である．また感情表現が開放的であり，互いに共感的に受容する力を持ち合わせている[3]．
　一般に家族は，一組の男女の結婚によって成立し，配偶者の死によって消滅するが，その歳月の中で展開される家族関係は，時間の経過にともなって変化していくものである．これは**家族ライフサイクル**とよばれる．カーターとマクゴルドリック（Carter, E. A. & McGoldrick, M.）[4]，ローデス（Rhodes, S.）[5] などは，個人のライフサイクルと同様，家族ライフサイクルにも特徴的ないくつかの発達段階があり，それぞれの段階に発達的課題や危機が存在すると述べている．表17-1は，わが国の典型的な**家族発達段階**を示したものである[6]．このように子どもの誕生や巣立ち，配偶者の死といった家族システムが変化する時期は，家族関係も大きく変容する．
　単親家族とは，両親のいずれかが不在の家族を意味する．従来，単身家族は，「欠損家族」と呼ばれることもあり，形態的，機能的に欠陥や問題のある家族であるととらえられてきた．また外形的には欠損がなくとも，夫婦がいわゆる家庭内離婚のような状態にある家庭においては，夫婦間の葛藤や軋轢（あつれき）が，子どもにとっては深刻なストレスとして体験され，単親家庭よりも子どもの成長に望ましくない影響がある場合も少なくない[7]．

〔岡本祐子〕

【参考文献】
岡堂哲雄　1991　家族心理学講義　金子書房
柏木惠子（編）　1998　結婚・家族の心理学　ミネルヴァ書房
東洋・柏木惠子（編）　1999　社会と家族の心理学　ミネルヴァ書房

3) ビーバーズのこの見解は，統合失調症（精神分裂病），境界例，神経症などが見られる家族の特徴を分析した「家族システムの健康度」モデルから導き出されたものである．

4) Carter, E. A., & McGoldrick, M. (Eds.) 1980 *The family life cycle : A framework for family therapy*. New York : Gardner.

5) Rhodes, S. 1977 A developmental approach to the life cycle of the family. *Social Work*, **5**, 301-310.

6) 岡堂哲雄　1978　家族心理学　有斐閣

7) 鈴木乙史　1990　母子家庭の心理学的研究：その問題点と今後の展望　母子研究，**10**, 31-40.
　単親家族の問題を理解するためには，たとえば，①夫婦関係は悪いが離婚しない家庭と離婚家庭，②適応的な単親家族と不適応的な単親家族，③経済水準を一定にした場合の単親家庭と両親のそろった家庭，などの比較検討が必要である．

II-18
発達障害
developmental disability

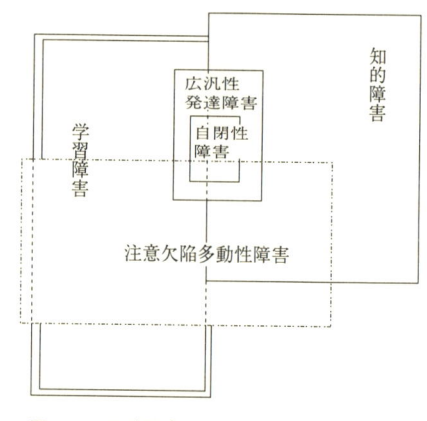

図18-1 発達障害の重なり（大六一志，2002）[1]

発達障害（developmental disability）とは，主に乳幼児期から児童期に至る心身の成長発達期に何らかの遅れや偏りが生じ，それが長期に持続する状態を意味する．その結果，学習や他者とのコミュニケーションといった領域における機能が制限され，援助的対応や特別な教育的処遇などの介入が必要となる場合もある．したがって，発達障害の特徴としては，①発達の早期に発見されることが多い，②その年齢ならば獲得されているはずの能力などが獲得されていないか，偏りがある，③その状態はある程度以上の長期にわたって持続し，予測がたちにくいなどがあげられる．発達障害を考えるにあたっては「障害とは何か」ということと「正常と異常」ということに注意しなければならない．

ところで，日本語の「障害」という用語の理解は，世界的に見て立ち遅れている．目下，「障害」の定義として世界標準と考えられるものとして，2001年にWHO（世界保健機構）が採択した国際生活機能分類（International Classification of Functioning, Disability and Health：ICF）がある．ICFにおいては，障害を区別してしまうのではなく，生活機能という連続線上で障害を扱っている．この点は，後述する「正常と異常」とも関連する．ICFでは人間の生活機能の障害を，心身機能・身体構造，と個人的・社会的活動という2つの視点から評価する．前者の心身機能と身体構造における障害は，①機能障害（Impairments）と称され，生理的・解剖学的な面での著しい変異や喪失による障害を指す．生理

1) 大六一志 2002 知的障害 下山晴彦・丹野義彦(編) 講座臨床心理学3 異常心理学Ⅰ 東京大学出版会 P.187.

的機能には脳とその機能である心も含まれることから，精神的・心理的機能の障害もここに含まれる[2]．一方で，後者の活動面における障害は更にその内容によって，②個人的活動における障害（活動制限，activity limitations），③社会的活動への参加の障害（参加制約，participation restrictions）に分けられるが，これらは日常生活における様々な活動（食べること，移動すること，住むこと，会話すること等）をこなすことに対して生じる困難を指す．②はその中でも個人の遂行能力の不全に由来する活動・実行レベルの問題[3]，③は個人のもつ特性や特異性への社会的な理解や配慮の不足から個人が受ける問題のことである．

ICFでは障害を正常な状態との連続線上で，多様な水準から捉えている点が特徴であるが，複数の水準が相互に関係しあっている点も重要なポイントである．例えば視覚障害という機能障害がもとで歩行困難という活動制限が生じたり，その活動制限に対する社会の理解不足から点字ブロックが違法駐輪で塞がれていて怪我を負ってしまうなどの社会的不利（参加制約）が生じる場合が考えられる．

ICFは医学モデルと社会モデルを統合する生物・心理・社会モデルの観点から作成されており，発達心理学領域においても従来中心的に扱われてきた②の活動面のみならず，①の観点から障害形成のメカニズムを明らかにしたり，③の観点については研究などから得られた知見を社会に対して情報提供していくこと，などが期待されるといえるだろう．

介入援助や情報提供といった臨床援助との関連で重要となるのが，「正常と異常」の判別基準である[4]．しばしば正常と異常という二分法が用いられるが，両者の判別基準は，実際には非常に多元的であり，相対的である．心理的な正常と異常を判断する場合には，少なくとも以下の4つの基準を考慮する必要がある．①適応的基準（適応－不適応），②価値的基準（規範－逸脱），③平均的基準（平均－偏り），④病理的基準（健康－疾病）．発達障害は「正常な発達」のコースから外れている状態を指す．しかし，その「正常」がどの基準における「正常」なのかを判断することが発達障害を理解

[2] たとえば先天的に四肢に麻痺がある，脳に微細な傷がある，染色体に異常がある，などの場合がこれに該当する．

[3] 四肢の麻痺ゆえに自力では歩けない，言葉をしゃべったり聴いたりできるが文字を書けないなどがこれに該当する．

[4] 正常と異常の判断基準については，下山晴彦 2002 臨床心理学における異常心理学の役割 下山晴彦・丹野義彦（編）2002 講座臨床心理学3 異常心理学Ⅰ 東京大学出版会，を参照のこと．

する上では不可欠となる．さまざまな基準がある中で，病理的基準で発達障害を捉えようとするのが，**発達精神病理**（developmental psychopathology）である．ただし，すべての発達障害が，精神病理として理解できるものではないことに留意しなければならない．例えば，後述する知的障害は，知能の平均的基準では平均から外れており，社会的な不適応を起す場合もあるが，疾病とはいえない．その点で知的障害は，病理とはいえない．したがって，発達障害への介入を行う上では，さまざまな基準から発達障害を理解し，個々人のライフスタイルをより豊かにしていくように援助することが大切となる[5)6)]．

次に，発達障害の代表例として，広汎性発達障害として臨床症状を示す自閉性障害，各種能力に全般的遅れを示す知的障害，特定領域の能力の習得および活用に困難を示す学習障害をみていくことにする[7)]．

自閉性障害（autistic disorder）は，自閉症（autism）を中心として，ある程度類似する障害をゆるやかにまとめる概念である．自閉症を最初に報告したのはカナー（Kanner, L.）である．カナーは，自閉症の中心的特徴が「対人関係における極端な孤立」にあるとみなした．しかし，その後，ラター（Rutter, M.）は「認知・言語面での障害」を中心的特徴とする考え方を提案している．さらに，1歳半から2歳のごっこ遊びが可能となることに示されるメタ表象能力[8)]の獲得の背景として成立する「心の理論」（IV-32）を欠いているといった見解や，対象に関する注意を他者と共有する行動である共同注意の障害であるとする見解なども提案され，議論されている．このようにさまざまな見解がみられるが，その症状としては，①対人相互交渉，②対人意思伝達に用いられる言語，③象徴的または想像的遊びの，3領域における機能の障害があり，しかもそれが3歳以前に始まっていることが特徴である．また，行動のレパートリーが限られ，事物や手順への固執性が強く，同じ行為を繰り返すなどの常同行動が目立つことも特徴である．なお，自閉性障害では，知的障害を伴う事例が多いが，なかには知的発達の遅れをもたない高機

5) 発達障害への臨床心理学的援助については，次良丸睦子・五十嵐一枝 2002 発達障害の臨床心理学 北大路書房，小池敏英・北島善夫 2001 知的障害の心理学：発達支援からの理解 北大路書房，を参照のこと．

6) 発達援助の理論と方法については，下山晴彦（編）1998 教育心理学II 発達と臨床援助の心理学 東京大学出版会，下山晴彦・丹野義彦（編）2001 講座臨床心理学5 発達臨床心理学 東京大学出版会，を参照のこと．

7) 自閉性障害，知的障害，学習障害の最新の研究動向については，下山晴彦・丹野義彦（編）2002 講座臨床心理学3 異常心理学I 東京大学出版会，を参照のこと．

8) 他者の抱いた表象についての表象能力，「あの人はこういうふうに思っているだろう」と推論する能力などのこと．

能自閉症と呼ばれるタイプや，言語発達の遅れがあまり認められないアスペルガー障害と呼ばれるタイプもみられる．こうした自閉性障害の周辺に位置する障害も含めて広汎性発達障害（pervasive developmental disorders）と呼ぶ．

次は，知的障害（intellectual disability）[9]である．知的障害は，「発達期に現れ，平均水準以下の一般的知的機能と適応行動の障害を同時に伴うもの」と定義される[10]．このように知能の障害が判定の基準となっており，1905年にビネー（Binet, A.）が知能検査を開発したのも，知的障害を示す子どもを見分けるためであった．知的機能の基準としては，**知能指数**（IQ）が用いられる[11]．IQ が大体70を下回ることが1つの基準とされている[12]．知的障害を持つ子どもへの心理援助は，知的な側面に対する教育的支援と，適応的行動の形成に向けての生活スキル訓練が考えられる．

学習障害（learning disorder）は，英語名頭文字をとってLDと略されることがある．基本的には全般的な知的発達に遅れはないが，聞く，話す，読む，書く，計算する，推論するなどの特定能力の習得と使用に著しい困難を示す，さまざまな障害を指す．その背景として，中枢神経系に何らかの機能障害があり，その結果，感覚情報を整理したり関連付けたりする認知機能の障害が生じていると推定される．学習の基礎となる能力の障害とともに，情緒障害，行動の自己調整の困難，対人関係の問題などを併発することもある．そのため，**注意欠陥多動性障害**（ADHD）[13]や知的障害と重なる面も多く，判別に注意を要する（図18-1）．学習障害を示す子どもへの介入においては，アセスメントによって対象となる子どもの認知パターンの特徴を把握し，それに基づいて適切な教材教具，教授内容や方法，指導の形態などを選択した個別教育が必要となる．また，障害が本人の努力不足や家庭の躾の問題でないことを周囲の教師，保護者，周囲の子どもに伝える心理教育も必要である． 〔下山晴彦〕

【参考文献】
下山晴彦・丹野義彦（編）　2002　講座臨床心理学3　異常心理学Ｉ　東京大学出版会
下山晴彦（編）　1998　教育心理学Ⅱ―発達と臨床援助の心理学　東京大学出版会

[9] この障害は，精神遅滞（mental retardation）と呼ばれていたが，今日では知的障害という語が用いられるようになってきている．

[10] 米国精神遅滞学会（AAMR）の定義を援用．

[11] 知能検査の結果として得られる知能指数は，多くの場合，平均が100で標準偏差（SD）が15になるように作られている．つまり，IQ が70ということは，平均から2SD離れていることになる．70以下（あるいは130以上）という条件を満たす割合は，約2.3％である．

[12] 定義に特徴的なのは適応技能における問題も見られるときのみ知的障害と判定される点である．仮に知的水準が平均より低くても，適応的に行動できていれば知的障害とはみなされないわけである．

[13] ADHD: Attention Deficit Hyperactivity Disorder の略．

II-19

発達臨床

developmental clinical psychology

　誕生から死に至る人生の発達過程を扱う学問が**発達心理学**である．また，人生の過程で生じる困難な出来事に対して心理援助を行うための理論や方法に関する学問としては，**臨床心理学**がある．発達心理学と臨床心理学という2つの学問はともに，「ライフサイクル（life cycle）」で生じる出来事を学問の対象としているという点では共通している．ところが，両者は，今日までそれほど活発に交流してはこなかった．

　しかし，近年の社会の急激な変化に伴い，出生前診断・児童虐待・不登校・青年犯罪・中年期危機・高齢化社会など，ライフサイクルにおける新たな問題が生じてきている．そして社会から心理学に対して，そうした問題の発達的状況の解明と，問題の解決とが要求されるようになってきている．このような社会的要請を受けて，発達心理学と臨床心理学が協働して，発達援助を行うべく提案されたのが**発達臨床心理学**である[1]．発達臨床の活動では，発達心理学の研究知見を参照とし，臨床心理学の実践方法を活用して発達援助を行う．具体的には，乳幼児期における発達診断・発達支援，学童期・思春期におけるスクールカウンセリング，青年犯罪や中年期危機に対する家族臨床的介入，高齢者やその家族に対するサポートなどの領域において発達臨床の活動が行われている．

　発達臨床としての発達診断・発達支援を考える場合，そこで用いられる「発達」の概念は，従来の発達心理学で用いられた発達概念とは意味合いが異なってくる．従来の発達研究者は，研究の対象を子どもに限局し，しかも能力発達，すな

1）下山晴彦（編）1998　教育心理学II：発達と臨床援助の心理学　東京大学出版

わち身体・運動機能や認知・認識機能の発達を科学的に解明することに関心を限局する傾向が強かった．そのため，完成態に至る非可逆的な定向変化という見方に立っていた．そこでは，「発達」は，常に進歩・向上・増大・充実といった肯定的イメージをもつものとして位置付けられてきた[2]．

このような「発達」概念に基づく場合，障害などをもつ個人は，平均的発達像から外れ，統計的な誤差範囲内に入るものとみなされることになる．また，個人の能力などを客観的に測定することが目標となるために，人生を生きている個人の主観的世界や他者との相互主観的な関係を取り込むことができなくなる．さらに，実験室や調査場面における発達だけが注目され，現実の生活場面における発達が排除されがちとなる．このように測定可能な諸機能や能力に還元された抽象的な個体としての子どもを捉える「発達」観では，人が生活の場面で自己の人生を生きるのを援助する発達臨床の活動を遂行することができない[3]．

そこで，発達臨床においては，単に成長という一元的基準で発達を捉えるのではなく，生体としての衰退も発達に含むものとする．また，障害を抱えて生きることを含めて発達の多様なあり方が前提となる．さらに個人としての発達だけでなく，結婚し，子どもを育て家庭を運営し，次世代に文化を引き継いでいくことも発達の重要な側面となる[4]．発達臨床とは，このような発達観に基づき，個々人それぞれの発達の過程を援助する活動である[5]．

発達診断（developmental diagnosis）は，発達過程に問題があるか，問題があるならば，それはどのような内容や程度なのかを明らかにし，その対処の方向を考えるため，あるいは問題の予防や早期発見のために行われる．ただし，診断というのは医学的概念であり，医師が病理に対して下す専門的判断を意味する．心理学の専門家が行う判断は，単に病理についての医学的判断をするのではなく，障害を含めて発達のさまざまな在り方や関連要因を明らかにする査定（アセスメント）作業である[6]．

発達査定においては，発達過程において生じている病理的

2) 鯨岡峻 2001 発達と心理臨床：発達心理学から 下山晴彦・丹野義彦（編） 講座臨床心理学5：発達臨床心理学 東京大学出版会

3) むしろ，このような「発達」観に立つ場合には，逆に，その人の機能や能力を限定してしまうだけでなく，その人らしい人生の在り方を発展させる可能性を狭め，自尊心や自己効力感を減じることにつながりかねない．

4) このような発達観では，発達過程は，単線的な上昇イメージではなく，衰退や障害を含み，さらには家族などの他者との関係に基づき，世代が重なりつつ続く複線的で循環的なイメージとなる．

5) 下山晴彦・丹野義彦（編） 2001 講座臨床心理学5：発達臨床心理学 東京大学出版会

状態とともに、個人の発達状態を理解するために、心理社会的な観点からの判断も必要となる。そこで、発達査定においては、その中に(1)医学的・生物学的診断と(2)心理・社会的査定の2種類を含めて行うことが重要となる。

(1)医学的・生物学的診断は、先述した狭義の発達診断ということになる。先天性の障害や、ライフサイクルのごく早期から問題が健在化してくる障害（脳神経系の障害とされるてんかんや自閉症など）については、生物学的検査（血液検査、脳波検査など）、神経心理学的検査、動作検査などによって早期に発見することが可能である。また、そのような診断に基づいて医学的な対処や治療を施すことで、二次的な障害を防ぐことができる場合もある[7]。

(2)心理・社会的査定においては、基本的に心理学におけるデータ収集の方法が用いられる。つまり、面接・検査・観察の3つである。対象となる子どもの親に対して面接法によって生育歴・日常生活での様子などを聴取し、子ども自身に対して種々の心理検査を行い、さらには観察室や日常場面での子どもの様子を観察することで多面的なデータを収集し、査定を行う。面接法においては、家族構成・生育歴・発育の様子・既往歴などを含めて多様なことを訊いていく。その際に、子どもをとりまく対人環境にも注意を向ける。たとえば、子どもの状態を母親・父親・きょうだい、あるいは同居の祖父母などがどのように捉えているのかという認知的側面に加えて、家族形態や生活リズムなどにも着目する。検査法では、さまざまな心理検査が利用される[8]。運動や言語など、さまざまな領域ごとの機能を査定するための「発達検査」、知能を測るための「知能検査」、パーソナリティの特徴を調べるための「性格検査」、無意識的な部分にも焦点をあてる「投影法検査」などが開発されている[9]。これらの検査は、必ず背景となる理論、厳格な使用基準、評価基準などが定められている。また測定できる対象も明確にされているので、検査同士を互いに足りないところを補い合うような組み合わせで用いることもできる。このようなテストの組み合わせを**テスト・バッテリー**という。一見、客観的な結果が数字

6) したがって、厳密には、発達診断ではなく、発達の状態を査定するという意味で発達査定（developmental assessment）という語のほうが適切である。

7) 3か月や1歳などの時点で乳幼児の健康診断を行うのは、誕生の時点でははっきりとわからなかった障害を見分けるためなのである。また、生物学的診断を巡っては出生前に遺伝子的診断を行う出生前診断が近年では技術的に可能になり、倫理的観点から問題になっている。
玉井真理子 2001 胎児期―出生前診断 下山晴彦・丹野義彦（編）講座臨床心理学5：発達臨床心理学 東京大学出版会

8) 歴史上初めての心理検査は、ビネー（Binet, A.）の知能検査といわれる。1905年に開発されたこの検査は、就学時に勉強についてこられない子どもを見分けるためのものであった。

9) 岡堂哲雄（編）1993 心理検査学：臨

表 19-1　障害をもった子どもへの発達支援の方法

① その子自身に対して社会的機能訓練（SST）や言語訓練，動作訓練などを専門家（臨床心理士，作業療法士，言語聴覚士）が行う．投薬や手術を施す（医師）．
② その子の両親に対して，カウンセリングやコンサルテーションを行う．親の会のような自助団体を薦める（社会福祉士や保健師）．
③ 学校や園に対して説明を行う．
④ 社会に対して心理学的知識を訴えることで差別や偏見・誤解を取り除く．

などの形で得られるため，安易に用いられれば差別などを招くことにつながる危険性もある．したがって，検査の実施・解釈に当たっては，十分にその目的などを考慮することが不可欠である．観察については，検査時に乳幼児の様子を観察することもできるし，場合によっては実際に専門家が日常場面での乳幼児の行動を観察することが必要になる場合もある．

以上，発達査定における2つの要素をみてきたが，そこで重要になるのは，多角的に判断することである．たとえば，観察できる異常はないが，脳波に若干の乱れがあるなら将来的な障害の可能性があるかもしれない．また，検査をしていて課題が解けないとしても，それが難しいから解けないのか，「新奇な状況に弱い」ために解けないのか，母親と離されているから集中できないのか，などを観察や面接のデータとあわせて包括的に判断することが重要になる．

発達支援（developmental support）は，こうした発達査定の結果に基づいて行われる心理援助の活動である．ここで重要となるのは，査定と支援は車の両輪のような関係にあるということである[10]．具体的な発達支援にはさまざまな形がある．発達臨床の観点から発達支援を行う際には，表19-1に示したように支援の直接的対象となる個人だけに焦点を当てるのではなく，その人が生活している環境を含めて支援していくことが重要となる．

〔下山晴彦〕

床心理査定の基本　日本評論社

10）専門的な支援とは，善意に基づいて行き当たりばったりで行われるべきではない．また，査定は支援のために有効な情報を提供できないのであれば，それは，むやみに診断名という名のレッテルを貼ることになりかねないのである．

【参考文献】
下山晴彦（編）　1998　教育心理学II―発達と臨床援助の心理学　東京大学出版会
下山晴彦・丹野義彦（編）　2001　講座臨床心理学5　発達臨床心理学　東京大学出版会

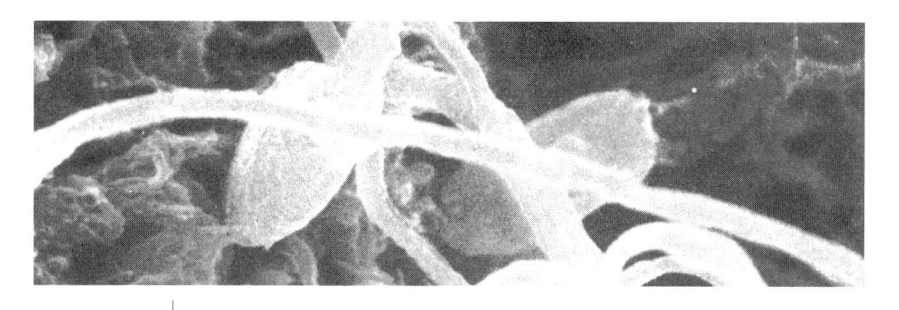

III 誕生から幼児期まで

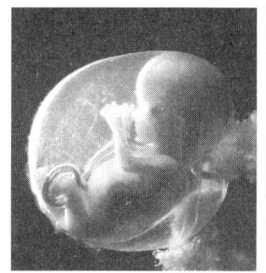

III-20
出生前心理学
prenatal psychology

人間は時間軸に沿った一方向的な変化をしている．**発達心理学**は，このような時間軸に沿った変化のコースを記述すると同時に，その変化のメカニズムを解明しようとする学問領域である．この変化は，個体を取り巻く環境との相互作用を通じた適応的な，つまりうまく生きるための変化であり，生理的なものから社会的なものまでを含んでいる．当然のことであるが，心理学は人間の観察可能な行動を対象とした行動科学として成立しているわけで，発達心理学の対象が観察可能な誕生後に集中していたことは特におどろくべきことではなかった．実際問題として，胎児期の様々な能力について報告がなされるようになった今日においても，胎児の行動を研究することが可能な研究環境はごく限られた場所である．そのような意味からすると，**出生前心理学**はまだその緒に付いたばかりと言えよう．

胎児期[1]の発達像について最も多くの情報を与えているのが，**早期産児**を対象とした研究である．本来であれば胎内にいる在胎週数の児を対象として，赤ん坊に用いられるような**選好注視法**や**馴化・脱馴化法**[2]などを用いてその能力を検証しようとするのである．しかしながら，このような児は多くの場合 NICU[3] などの特殊な医療環境にあることが多く，その結果には限定条件がつくことが多い．このような場合を除いた胎児行動についての研究はそれほど簡単ではない．

胎児の行動は直接観察することができないので特殊な方法が用いられる．動作などを観察するために用いられるのが**超音波断層法**である．これは，超音波を腹腔内に当て，そのエコーで胎児の様子を捉えようとするものである．これによっ

1) 胎児期とよばれているのは，受精後9～40週の期間である．受精後2週までは卵体期，そこから8週までは胎芽期とよばれる．胎芽期に胎児組織器官の基（原基）がつくられる．外界との相互作用をする感覚・運動系の機能が働きはじめるのは，胎児期に入ってからである（II-10参照）．

2) 乳児の機能を研究するためには，非言語的でかつ客観性のある方法が必要である．選好注視法は，視覚機能を調べるために用いられる方法であるが，2つの刺激を同時的に見せて，どちらの刺激を頻回もしくは長い時間見るのかによって，両者が区別されているのかどうかが明らかになる．馴化・脱馴化法は，同じ刺激を継続的に提示して慣れを起こした後に，別の刺激を提示し，注意が回復するかどうかを指標として，2つの刺激が区別されているかどうかを

表 20-1　感覚・知覚運動の在胎週数別にみた初期発達

	受精	20週	25週	30週	35週	40週
視覚			強い光に反応	瞳孔収縮	視力は.25〜1c/deg	
色						赤や緑に反応
						（モノトーンという説もある）
形						コントラストのつよい部分を注視
聴覚		内耳感覚器完成	音に反応	音刺激の区別		音韻の区別
味覚			溶液（蔗糖液）	濃度の区別が可能		
嗅覚						臭いの弁別可能
触覚						口唇周辺が敏感

注）視力の単位は，視覚1°（degree；deg）あたりの輝度交替の周期（cycle；c）の数すなわち，c/degによって表されている．

て全身性の運動や眼球運動，四肢の動きなどを観察することができる．このような行動の観察に加えて，**脳波**を使った胎児研究もなされている．胎児の脳波は直接記録できないので，母親の腹壁ごしに光や音を提示してその時の脳波を同じく腹壁ごしに測定することになる．脳波研究では，加算脳波[4]などを用いて，刺激に対応した胎児の活動があることが明らかにされてきている．

聴覚領域に関するものが多いが，心理学的方法論を用いた研究もなされている．これは，出産前に外部から音楽や言葉などを繰り返し聞かせ（聴覚が機能しているという前提ではあるが），誕生後にその音や言葉を再度聞かせた時の反応をもとに，胎児期における感覚機能の様子を明らかにしようとするものである．

誕生によってせまられる胎外環境への適応のためには，胎児は様々な能力を準備しなければならない．これらの中には，自発呼吸や体温調節など生存そのものを保証するための生理学的なものと，養育者や環境との相互作用を行うための感覚・運動機能のように心理的な結びつきを行うためのものがある．このような機能がいつから働き始めるのかという問題は，生物学的な存在としての「ヒト」と，社会的な存在としての「人」を切り分ける重要な問題と関係している．ヒトはいつから人になるのだろうか，またいつから外界と相互作用するようになるのだろうか．表20-1は種々の機能が働き出すおよその時期を在胎週数で示したものである．

感覚器はおおむね胎児期に機能し始めていることがわか

明らかにするものである．これらの結果は，刺激を区別していることを明らかにしてくれるが，その刺激が私たちが見ているものと同じかどうかは保証していない．

3）新生児集中治療室（Neonatal Intensive Care Unit）

4）脳波の特徴を明確にするために，特定の刺激の後の脳波を繰り返し加算し安定した波形を得ようとするもの．これ以外にも，刺激の時点からの特定の反応波の頂点までの時間（peak latency）を求めて反応との関係をみる誘発電位などの方法がとられている．

る．視覚は，腹壁からの光刺激に対する誘発電位による確認であるが，光に対する反応は24週で引き出すことは可能である．ただ，黄斑部の成熟が誕生後になることなどを考え合わせると，形態の知覚などが可能であるとは考えられない．後述するように，在胎34週齢の児が外的な視覚刺激に対する模倣行動をすることから，この前後に視覚系が機能し始めると考えられる．視力は，コントラストを持った縞模様とそれと等しい平均輝度を持つ無地の領域を対提示し，それに対する選好注視を指標として測定されている．研究者によって違いはあるが，誕生時の視力はおよそ0.25～1c/deg.である．

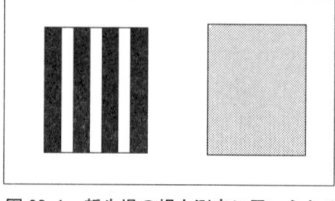

図20-1 新生児の視力測定に用いられる刺激図版の例
左右の刺激は同じ輝度になるように作られている．ストライプが，視覚1°に対して何回繰り返されているか (c/deg) によって新生児の視覚的な分解能力を定義している．新生児の視力は0.5～1 c/degとされている（Ⅲ-25参照）．

　主要な感覚器である聴覚はより早くから機能している．在胎20週には内耳が完成しており，神経の成熟を示す髄鞘化もその直後には終わっている．26週齢になると音刺激に対して，明瞭な脳幹反応が得られる．このように，胎児は比較的週数の早い時期から聴覚機能を有している．スペンス[5]らは，在胎34週齢ころから1日に2回子守歌の本を音読させ，その子どもが誕生後48時間以内に同じ本と初めての本を再度読み聞かせるという実験を行っている．赤ん坊が乳首を吸う強さを指標として両者を比較した結果，赤ん坊が胎内で聞いていた本とそうでないものを区別していることが明らかとなった．同様の結果はその後も多く報告されており，胎児の聴覚が働いているだけでなく，その音を記憶していることが示唆されている．

　触覚や味覚などの他の感覚器についての研究はそれほど多くないが，これらの感覚器の形成が比較的早い段階に生じることが報告されている．また，触覚刺激に対する回避的な反応が在胎8週で存在するとする報告もあるが，これが触知覚によるかどうかは疑問が残る．

　運動機能は統合されたものではないがきわめて早い時期から生じている．すでに在胎8週で緩やかな動きやビクリとした全身性の動きなどが観察されている．14週をすぎると要素

5) Spence, M. J., & DeCasper, A. J. 1982 Human fetuses perceive maternal speech. Paper presented at the meeting of the International Conference on Infant Studies, Austin, Texas.

6) 池上貴美子 2002 胎児と早産児の発達 河合優年(編) 改訂看護実践の心理学 メディカ出版

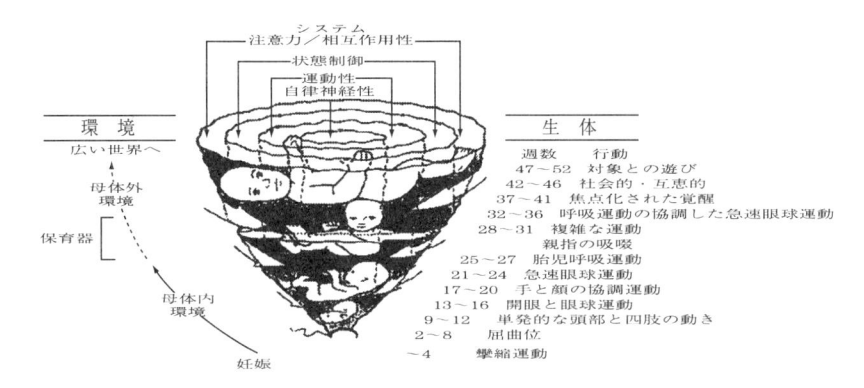

図20-2 アルスの行動発達組織化についての共作用モデル（桑原，2002）[7]

的な動きから全身性の統合された運動が観察されるようになる．このような運動はさらに視覚などと統合されることになる．池上[6]は，34週齢の早期産児に対して図版にかかれた舌をのばす（人が舌出しをするように）と，それを模倣することが可能であると報告している．このことの意味は重大である．つまり，胎児期にあたる週齢ですでに，自分の身体に関する情報を外部と照合できるのである．これは単なる反射ではなく，きわめて高度な感覚と運動の統合動作なのである．胎児は高度な処理を行っているのかもしれない[8]．

胎児がどの程度有能なのかについては，まだ研究が始められたばかりであるが，これまでの研究結果を見る限りでは，かなり高度な感覚運動能力を有していることが推察される．このようなことから，胎児期における教育（胎教）が取りざたされるようになってきている[9]．しかし，胎児に対して何らかの知識の伝達が可能かどうかは不明である．出世前（胎児）心理学は，医学と心理学の学際領域として，胎児の行動にもっぱら注意が向けられてきたが，胎児と母親・父親との相互作用の研究もなされなければならないだろう．これからの研究が待たれている領域である． 〔河合優年〕

7) 桑原里見他　2002　触覚の発達　周産期医学, **32**, 473-475.

8) 胎児の記憶能力については現在でも議論のあるところであるが，誕生にまつわる記憶が残っているとする考えもある．チェンバレン，D. 片山陽子(訳)誕生を記憶する子どもたち　春秋社　1991

9) 本来の胎教とは，妊娠中の過ごし方を説いたものである．具体的な活動としては，妊婦の緊張を解くような音楽などを聴かせ，リラックスさせることにより，母子の安定を図ったりしている．従って，胎児に対して何らかの教育を行うということを意味するものではない．

【参考文献】
高橋道子(編)　1992　胎児・乳児期の発達　新児童心理学講座2巻　金子書房
周産期医学編集委員会(編)　2002　楽しくお産楽しく子育て―周産期医学から出産・育児を考える　周産期医学**32**　増刊号　東京医学社

III-21 アタッチメント
attachment

アタッチメントとは，一般的に人が特定の他者との間に築く緊密な「情緒的絆（emotional bond）」のことを指している．もっとも，アタッチメント理論の提唱者であるボウルビィ（Bowlby, J.）が示したその原義は，より限定的なものであり，危機的な状況に際して，あるいは潜在的な危機に備えて，特定対象との近接を求め，またこれを維持あるいは回復しようとする生物個体の傾性というものであった[1]．ボウルビィは，こうした近接関係の確立・維持・回復を通して，自らが**安全であるという感覚**（felt security）を絶えず確保しようとするところに多くの生物個体，とりわけ人間の本性があるのだと考えた．別の言い方をすれば，アタッチメントとは**心理行動的な安全制御システム**とも言うべきものであり，それは，体温や血圧などを適正な一定範囲内に保持・調整する生理的システムと同じように，他個体との近接関係をホメオスタティックにコントロールしているのだという[2]．

こうしたアタッチメントの重要性を，ボウルビィは１つには，戦争などで親を失った施設児に対する彼自身の児童精神科医としての臨床経験および体系的調査を通して認識するに至ったと言われている．すなわち，乳幼児期に養育者との関係を十分に享受できなかった，いわゆる**母性的養育の剥奪**（maternal deprivation）にさらされた子どもに，様々な心身発達の遅滞や歪曲が多く認められたことから，誰かとの間に緊密な関係性を取り結ぶこと，それ自体の心理生物学的意味の大きさを悟ったのである[2,3]．また，彼はその一方で，比較行動学における**生得的解発機構**や**刷り込み**（imprinting）などの諸概念[4]からも示唆を得，ヒトの乳児が養育者

1) Bowlby, J. 1969 *Attachment and Loss : Vol. 1, Attachment.* New York : Basic Books. (revised edition 1982)

2) Bowlby, J. 1951 *Maternal care and mental health.* New York : Columbia University Press.

3) 母性的養育の剥奪という概念は，当時，かなりセンセーショナルに受け止められ，その是非や功罪をめぐって様々な物議を醸すことになった．特に，生物学的母親による養育の絶対的重要性や早期経験の臨界期的性質をめぐって激烈な批判が相次いだ．もっとも，この概念が，当時の劣悪な施設環境の改善や孤児に対する社会政策等について一定の貢献をなしたことは評価すべきところであろう．

4) カモやガンなどの

などの特定他者に選択的になつく傾向が，学習性のものではなく，長い人類の歴史の中で個体の生存可能性を高度に保障すべく進化してきた生得的メカニズムであるという認識を形成した[5]．そして，彼は，このような本源的な欲求としてあるアタッチメントが十分に満たされ，養育者などの特定他者を**安全基地**（secure base）として安心して多様な探索活動をすることが可能である時，子どもの様々な学習が効率的かつ適切に行われ，心身健やかな成長が保証されると考えたのである．

こうして見てくると，アタッチメントという概念は，相対的に無力・未熟で，絶対的な保護を必要とする乳幼児期あるいはせいぜい児童期のみに適用され得るもののように思われるかもしれない．しかし，ボウルビィは，アタッチメントを，個人が自律性を獲得した後でも，形を変え，一生涯を通じて存続するものだと仮定している．彼によれば，近接関係を維持するということは，文字通り距離的に近い位置にい続けるということのみを意味するわけではない．それは，たとえ物理的には離れていても，特定対象との間に相互信頼に満ちた関係を築き，そして危急の際にはその対象から助力してもらえるという期待などを絶えず抱いていられるということをも意味するという．こうしたことからすると，アタッチメントの発達とは，「行動」レベルの近接から「表象」レベル（気持ちの上での）の近接へと徐々に移行していく過程であると言うことができるかもしれない．

この表象レベルのアタッチメントへの漸次的移行ということに関連して，とりわけ重要な意味を持つのが**内的作業モデル**（internal working model）という概念である[6]．ボウルビィは，発達早期の養育者との具体的な相互作用の特質が，徐々に自己や他者および対人関係に関する一般化されたイメージや主観的確信（＝内的作業モデル）として取り込まれ，それが，個人のその後の人生における一貫した対人関係スタイルやパーソナリティを持続的に支える機能を果たすと仮定したのである．

ボウルビィの理論化は，人一般に共通に当てはまる「**標準**

鳥の雛が，生後間もない時期に，最初に出会った対象の後追いを，その後一貫して行い続ける現象は広く知られている．ボウルビィはこれに類するメカニズムがヒトの乳児にも備わっていると考えた．

5) ボウルビィ以前においては，特定他者との緊密な関係性が，乳児が飢えや渇きなど，自らの基本的欲求の充足（一次的動因の低減）を求めて，繰り返し他者に依存するようになる結果，あくまで"二次的に学習される"と理解されていた（二次的動因説）．

6) Bowlby, J. 1973 *Attachment and Loss : Vol. 2, Separation.* New York : Basic Books.

的要素（normative component）」に関わるものが相対的に多かったと言える．しかし，アタッチメントには発達早期から広範な個人差が認められることも事実である．こうしたアタッチメントの「**個別的要素（individual component）**」について体系的な理論を打ち立て，それを具体的に測定する道を切り開いたのがエインズワース（Ainsworth, M. D. S.）である[7]．より具体的に言えば，彼女は，乳児を新奇な実験室に導き入れ，見知らぬ人に対面させたり，養育者と分離させたりすることによってマイルドなストレスを与え（すなわち潜在的にアタッチメントを活性化させる状態を作り），そこでの乳児の行動を組織的に観察する**ストレンジ・シチュエーション法**（strange situation procedure：SSP）を開発した．そして，特にそこにおける養育者との分離時および再会時の反応に現れる乳児の個人差を，大きくA（回避型），B（安定型），C（アンビバレント型）の3タイプに分類する枠組みを作り上げたのである．なお，これらの3タイプは今なおアタッチメント研究の基本枠としてあり続けているが，近年，これらに収まりきれないDタイプ（無秩序・無方向型）の存在がにわかに注目を集めている[8]．

ボウルビィおよびエインズワース以来のアタッチメント理論の本流では，こうした個人差が個々の子どもが置かれた養育環境，とりわけ主要なアタッチメント対象である養育者の感受性や応答性の違いによって分岐してくると仮定されている．ここで重要なのは，少なくともA，B，Cの3タイプについてはいずれも，「特定の養育環境に対する特異的な適応」と見ることができ，少なくとも近接関係の確立・維持という究極のゴールからすればそれぞれ有効に機能している可能性が高いということである．もっともDタイプについては親の抑うつや親からの虐待など，やや例外的な養育環境の存在が想定されており，臨床的な方向性も含め，今後の研究知見の蓄積が大いに期待されるところとなっている．

なお，アタッチメントの個人差に関しては，養育環境の他に子どもの生得的個性，すなわち**気質**の役割を重視する見方もあり，今では両要因の**相互規定的作用**という観点からこれ

7) Ainsworth, M. D. S., Blehar, M. C., Waters, E., & Wall, S. 1978 *Patterns of attachment : A psychological study of the Strange Situation.* Hillsdale, NJ: Erlbaum.

8) Aタイプ：親との分離に混乱をあまり示さない．
　Bタイプ：分離に混乱を示すが親とスムーズに再会できる．
　Cタイプ：分離時の混乱が強く，また再会時に親に怒りを向け，ぐずってなかなか立ち直らない．
　Dタイプ：行動全般が不自然でぎこちなく，突然おびえすくむようなことがある．

9) 成人愛着面接は，成人の被面接者に，幼い時期における養育者および養育者との関係などについて問う半構造化された面接であ

を捉えようとする向きが一般的になってきている．

現在，アタッチメントの研究は，ボウルビィが予示した方向性，すなわちその生涯発達過程を縦断的デザインをもって現実に明らかにする方向へと展開してきている．その具体的な研究は乳幼児期のアタッチメント・タイプが，各発達期の各種社会情緒的な特質あるいはアタッチメントそのものといかなる連関を示すかを検討するという形で行われている．特に最近は，青年期・成人期のアタッチメントを**成人愛着面接**（adult attachment interview：AAI）[9]をもって測定することが盛んになってきており，ある研究は乳幼児期にSSPで測定されたアタッチメントと20歳時にAAIで測定されたそれとが，理論的に想定される通りの連続性を有意に示したことを報告している[10]．しかしながら，ハイリスク・サンプルではこうした連続性は必ずしも十分に見出されておらず，ボウルビィが仮定したほどに発達早期の親子関係およびそれを内在化した内的作業モデルの影響が絶対的ではなく，様々なライフイベントや新たな対人関係の構築によってかなり大きな変化を被る可能性があることが指摘されている．この他に，いわゆるアタッチメントの世代間伝達を扱う研究も日本を含め世界各地で盛んに行われている．それは，AAIによって測定される養育者のアタッチメントと，その子どものアタッチメントにどれだけ理論通りの一致が見られるかを問うものであり，多くの研究で有意な結果が得られている[11]．もっとも統計的に有意であるとは言っても，少なくとも約3割程度の親子で予測とは一致しない結果が認められることが知られており，それが何に起因するのかを明らかにすることが現今の大きな検証課題となっている．

〔遠藤利彦〕

り，その語りの内容以上に，語りの整合一貫性や記憶の想起に対する拒絶的態度などから，成人のアタッチメントを4タイプに振り分けるものである．
Hesse, E. 1999 The Adult Attachment Interview: Historical and current perspectives. In J. Cassidy & P. R. Shaver (Eds.), *Handbook of attachment*. New York: Guilford, Pp. 395-433.

10） Waters, E., Merrick, S., Trebroux, D., Crowell, J., & Albeisheim, L. 2000 Attachment security in infancy and early adulthood: A twenty-year longitudinal study. *Child Development*, **71**, 684-689.

11） 日本人を対象とした世代間伝達研究に以下のものがある．
数井みゆき・遠藤利彦・田中亜希子・坂上裕子・菅沼真樹 2000 日本人母子における愛着の世代間伝達 教育心理学研究，**48**, 323-332.

【参考文献】

遠藤利彦 2001 関係性とパーソナリティ発達の理論：愛着理論の現在 中島義明（編） 現代心理学理論事典 朝倉書店 Pp. 488-521.

数井みゆき・遠藤利彦（編著）（印刷中：2004） アタッチメント：生涯にわたっての絆 ミネルヴァ書房

III-22

移行対象
transitional object

　移行対象とは，具体的に言えば，乳幼児が特別な愛着を寄せ，しばしばそれを持ち続けることに強く拘泥(こうでい)するようになる特定の物的対象を指して言う[1]．一般的に，それは，毛布，ガーゼ，ハンカチなどの布類あるいはぬいぐるみや比較的柔らかい素材でできた玩具などであることが多い．また，それは大概他のものに取り替えのきかない，まさに唯一の「それでなければならないもの」としてあり，たとえいかに汚れ破れかけていても，また異臭を発していても，子どもはそれを容易に手離そうとはしない．

　その発現時期には広範な個人差が存在するが，早い場合には生後半年前から既に認められることが知られている．もっとも，子どもが移行対象を持ち始める時期には，1歳前後と2歳前後という2つのピークがあるらしい[2]．前者は柔らかい布類が主で，一方，後者はぬいぐるみや玩具であることが一般的であると言われている．ある研究者らはこれらを順に**一次性移行対象，二次性移行対象**と呼び，その機能および発達的意味の違いを仮定している[3]．放棄の時期についても個人差が大きいが，大概は遅くとも子どもが就学する頃までには，自然に放されるようである[4]．なお，スヌーピーで知られている漫画『ピーナッツ』にライナスといういつも毛布を引きずりながら，指しゃぶりをしている男の子が登場するが，まさに移行対象を使用している子どもの典型例であると言えるだろう．

　移行対象という術語を初めて用い，その重要性を指摘したのは，著名な小児科医であり精神分析家（対象関係論者）でもあったウィニコット（Winnicott, D. W.）である[5]．彼は，

1) 移行対象という術語は一般的に無生の物的対象に限定して用い，特定の人物やペットなどを含めない場合が多い．また，指しゃぶりやおしゃぶりなどとの機能的同一性を仮定する向きもない訳ではないが，移行対象が，口唇的欲求を直接的に充足する以上のものであることから，それらとは峻別して考えることがより一般的である．さらに，就眠時などに特定の喃語や発声あるいは一種の儀式的行為・くせなどが認められる場合があるが，時にそれらを移行現象と呼び，移行対象と同様の機能を有すると考える向きもある．

2) 遠藤利彦　1990　移行対象の発生因的解明：移行対象と母性的関わり　発達心理学研究, 1, 59-69.

3) 主にぬいぐるみや玩具などからなる二次性移行対象については「遊びの対象」として意味をより強く有して

乳幼児期に「最初の私ではない所有物」を持つ経験が，子どもの健常な情緒的および認知的発達において不可欠な役割を果たすと仮定した。彼によれば，それは，特に子どもにとってストレスフルな状況，例えば養育者との分離，就眠，旅行，見知らぬ人との遭遇時などに，養育者，特に母親とその乳房を象徴的に代理し，子ども自らが，不安や恐れなどのネガティヴな感情に適切に対処することを可能にするのだという。ある研究は，日頃から移行対象（毛布）を有する子どもを，それがある条件とない条件に振り分け，前者の条件において有意に，子どもの困惑や不安の度が低減し，遊びおよび積極的な探索活動や学習が多く生じることを実験的に確かめている[6]。

　もっとも，こうした外的に把捉される現象面だけの特徴および機能に着目して言うならば，むしろこれをただ愛着物（attachment objects）と呼ぶ方がより正鵠を射ているだろう。当然のことながら，ウィニコットが，なぜあえて「移行」対象という言葉を選択したのかということを問う必要がある。彼は，発達早期の乳児が未だ外的現実を客観的に認識することができず，もっぱら，自らの欲求や感情中心の内的主観的世界に生きていると仮定していた。例えば，乳児の潜在的な欲求に合わせて時機よく差し出される乳房は，むろん，乳児とは独立した母親のものであり，本来，子どもの意のままにはならない「外的現実」として在る。しかし，最早期段階の乳児は，それを自分の思い通りになるもの，あるいは自らの一部そのものであると**錯覚**しているのだという（**魔術的全能感**）。しかし，乳児は，日々，急速に，心身のあらゆる側面において成長し，また，その覚醒水準や活動性を増大させていく。また，その欲求を多方向的に分化させ，また強めていく。その一方で養育者の側も子どもとの相互作用に「原初的に没頭」していた状態から，徐々に親としてではない自分自身の本来の生活を取り戻し，時に子どもから注意をそらし始める。これらのことは，子どもが様々な状況でフラストレーションを次第に多く経験するようになることを意味する。換言するならば，子どもは徐々に必ずしも自分の欲求

いることが想定される。移行対象とは独立に，一定割合の幼児が2〜3歳頃から**想像上の仲間**（imaginary companion）を有することが近年多くの研究者の関心を呼んでいるが，二次性移行対象はその想像上の仲間の一種とされる「人格化された対象（personified object）」と概念的に大きな重なりを持つことが考えられる。

4) 移行対象を青年期あるいは成人期まで持続的に用いたり，あるいは青年期以降になって初めて用いたりする場合に，種々の臨床的問題を呈する確率が相対的に高いことが知られている。

5) ウィニコット，D. W. 橋本雅雄（訳）1979 遊ぶことと現実　岩崎学術出版社

6) Passmann, R. H., & Adams, R. E. 1981. Preferences for mothers and security blankets and their effectiveness as reinforcers for young children's Behaviors. *Journal of Child Psychology and Psychiatry*, 23, 223-236.

通りには運ばない外的現実を客観的に受け入れ，また自らが決して全能ではないことを認識しなくてはならない．つまりは，**脱錯覚**することを余儀なくされるということである．

しかし，こうした錯覚から脱錯覚への移行は，一足飛びに成し遂げられるものではない．ウィニコットは，そのスムーズな移行を支え促すものとして毛布やぬいぐるみなどの特別な働きを強調したのだと言える．すなわち，徐々に，半ば必然的に苦痛なフラストレーションを経験するようになりながらも，未だそれらに対して完全には自律的な感情調節が不可能な「中間段階」にあって，移行対象は，特に養育者との充足的な関係性に付随していた種々の感覚的要素（触感，温み，匂いなど）を子どもに確実にもたらすことを通して，養育者の代理的機能を果たし，子どもの感情状態を静穏化させる役割を果たすというのである．それは見方を換えれば，移行対象が，内的主観的世界と外的客観的世界との橋渡しをし，また自他未分化な，ある意味「自」しかない**一者関係**から，独立分化した「自」と「他」から成り立つ**二者関係**への移行を促しているのだと言えるだろう．

ウィニコットは，移行対象を，ほぼすべての子どもが，その健常な精神発達過程において必然的に経験するものと考えていた．その有無を左右するのは，唯一，彼が**ほどよい**（good-enough）と形容する，通常の環境下ならばごく普通に具現されるであろう平均的な親子の関係性を，現に子どもが享受し得るか否かということであった．このことを裏付けるかのように，欧米圏においては軒並み，乳幼児期に移行対象を経験する子どもの比率が60〜90％とかなり高率になることが明らかにされている．また，施設環境などにおいて乳幼児期に十分な養護的関係性を経験できなかった子どもに，移行対象を欠くケースが相対的に多いということも報告されている．さらに，乳幼児における移行対象経験が，その後の個人の多側面での精神的健康を長期的に予測するというような知見も得られている[7]．

しかし，こうしたウィニコットの仮定およびそれに連関する諸知見については慎重な受け止め方が必要である．それと

7）確かに欧米圏のデータには，乳幼児期に移行対象を有していた場合により心理社会的適応性が高くなることを示した研究が少なからずあるが，それは欧米圏のある種特異な文化的事情を反映したものと考えられる．欧米圏以外のデータもすべて総括して考えると，移行対象経験の有無が直接的に適応性や精神病理に関係するようなことはまずあり得ないと言える．

いうのは，欧米圏以外のデータにおいては，移行対象の発現率が相対的に低率に止まるからである．現に，日本における移行対象の発現率は30～40%であることが知られている．もし，ウィニコットの仮定を単純に欧米圏以外の文化にも一般化して考えるならば，移行対象を欠いた，その文化の半数以上の子どもがほぼよいとは言えない，やや歪んだ養育者との関係性を経験し，その状況下において健常な精神発達の基を揺るがされていることになる．しかし，これは常識的に考えてあまりにも受け入れがたいことと言える．

　もともと，移行対象の発現率の文化間差に関しては，文化による**就眠様式**や**授乳様式**の違いあるいはまた全般的な身体接触の多少などの要因の介在が想定されていた．例えば，日本では相対的に狭小な住環境ということも関係してか，親子が同じ部屋で**川の字**の形をなして眠ることが，あるいは少なくとも子どもが寝付くまで親が**添い寝**をすることが伝統的に多いと言われている．それに対して，欧米圏においては幼少の頃から子どもが親とは独立の**子ども部屋**を有し，基本的に就眠の際には親と離れて1人で夜を過ごさなくてはならないという．つまり，欧米圏ではこのような事情を反映して乳幼児が日常経験するストレスが全般的に高くなっており，そのことが移行対象の高い発現率に通じ，そしてウィニコットに，移行対象を健常な発達過程における普遍的な現象であるとの見方をとらせたのだと考えられるのである．

　先述したように，移行対象は高い感情調節機能を果たすと仮定されており，その意味からしても，本来，その有無は1人1人の子どもが日々経験するストレスの相対的な多少によって規定されると考えるのが妥当であろう．現に遠藤は，日本の子どもにおいてこれに合致するデータを得ている[2)8)9)]．　　　　　　　　　　　　〔遠藤利彦〕

8) 遠藤利彦　1991　移行対象と母子間ストレス　教育心理学研究，**39**，243-252．

9) この研究では，比較的早くに離乳を強いられたり，日常的に人工乳でかつ非欲求充足型の授乳を施されたりする場合に，また早くから添い寝などが少なく，独り寝の就眠状況などに置かれる場合に，移行対象の発現率が高率になることが示されている．また，きょうだい間の出生間隔が近く，親の養育負担が比較的重い（子どもの側からすれば養育者の注意を相対的に集めにくい）場合に，次子の移行対象発現率が高くなることも明らかにされている．さらに，子ども自身の**気質的敏感さ**の関与も示されており，子どもは親との関係性の中で相対的に多くの外的ストレッサーにさらされたり，あるいは自ら高いストレス感受性を有する時に，移行対象を持つに至り，それを自らの感情状態を調整する術として活用し得るようになるのだと考えられる．

【参考文献】

遠藤利彦　1990　移行対象に関する理論的考察：特にその発現の機序をめぐって　東京大学教育学部紀要，**29**，229-241．

井原成男　1996　ぬいぐるみの心理学：子どもの発達と臨床心理学への招待　日本小児医事出版

III-23 ジョイント・アテンション
joint attention

ジョイント・アテンション（以下 JA）とは，広義には，複数の生物個体が，同一の対象に対して同時に注意を向けている状態のことを指していう．もっとも，これを**同時注意**（simultaneous attention）とし，JA という術語には，より限定的な意味を付与する場合もある．すなわち，個体 A と B の外側に対象 O が在るという状況を想定した場合，同時注意においては，A と B がともに O に注意を向けていることのみがその成立の要件となるが，より狭義の意味においては，これに加えて，A と B が相互に，相手が自らと同様に，O に注意を向けていることを何らかの形で「覚知」あるいは「理解」していることが要件となる[1]．

発達心理学の文脈において特に問題にされる JA は一般的により狭義の意味の方であり，特に子どもと養育者との，意図性あるいは何らかの心的状態のやりとりにおいて革命的な意味を有すると目されるものである．その成立は，子どもと養育者との非言語的コミュニケーションが，交互発声や模倣等の純粋にその二者内に閉じた相互作用（**二項関係コミュニケーション**）から，二者外のあるトピックを挟んでの複雑な相互作用（**三項関係コミュニケーション**）[2]へと広がり，子どもの中にいわゆる**心の理論の先駆体**[3]が形成されつつあることを意味するものと考えられている．

視覚モードの JA[4] に関して，上で述べたような，明確に意図性の相互理解を伴うものが現れ始めるのは，一般的に生後 9 か月くらいからと考えられている[1]．もっとも，その原初的な形態はより早期段階から見られることが，また，生後 9 か月頃の JA が決して完成体として在るわけではなく，そ

1) Tomasello, M. 1995 Joint attention as social cognition. In C. Moore & P. Dunham (Eds.), *Joint attention: Its origins and role in development*. Hillsdale, NJ: Erlbaum, Pp. 103-130.

2) Trevarthen, C. 1993 The self born in intersubjectivity: The psychology of an infant communicating. In U. Neisser (Ed.), *The perceived self: Ecological and interpersonal sources of self-knowledge*. Cambridge: Cambridge University Press, Pp. 121-173.

3) Baron-Cohen, S. 1995 *Mindblindness*. Cambridge: MIT Press. 〔長野敬他（訳）1997 自閉症とマインド・ブラインドネス 青土社〕

4) JA には原理的に，視覚の他，聴覚，

の後も一定の発達的変化を示すことが知られている[5]．

　早期段階からその発達プロセスを順に見ていくと，ヒトの乳児は少なくとも生後2か月頃から対面する他者と頻繁にアイコンタクトを交わし，2つの眼およびその向きや動きに強く反応するようである．しかし，早期段階の乳児は視覚刺激としての眼には反応しても，それを即，JAには結びつけ得ないようである．確かに乳児は早いケースでは生後3か月頃から，他者に明確な首の回転などがあり，なおかつ自分の視野内に他者が注意を向ける顕在的な対象が存在する場合には，時に他者との間で，同一対象に対する注意を共有することができる．しかし，例えば，他者が首を動かした方向にはっきりと目立つ2つの物体XとYが比較的近接して存在するような場合，子どもは，たとえ他者の視線が注がれている物体が現実にYであったしても，自分が眼や首を動かして最初に視野内に入るのがXである時，そのXに注意を固着させてしまう．つまり，他者の視線からその先に在る対象を正確に読み取り，同定することがいまだできない．バターワース（Butterworth, G.）は，この段階のJAを，頭部回転や明瞭な物体といった知覚的に顕著な生態学的手がかりに半ば反射的に引きずられる形で生じたものであるという意味において**生態学的JA**と呼んでいる[5]．

　こうしたJAは，子どもの外部にある刺激によって，いわば**外生的**（exogenous）に引き起こされるものであり，いまだ子どもが自発的に起こすいわゆる**内生的**（endogenous）なJAとは言えないものである．こうした内生的JAの萌芽が認められるのがだいたい生後9か月頃からであり，そしてこのことがとりもなおさず，先述した意図性の相互理解という要素がJAに加わるということを意味する．この頃になると乳児は，たとえ顕在的な対象が存在していなくとも，養育者の頭部回転および眼の動きを凝視した上で，それらが止まったところに自らの視線を素早く合わせようとし始める．また，そこに目立った対象が探せない時には再び，養育者の方を振り返るようなことも生じてくる．このことは，子どもが他者の視線の先に何かおもしろそうなものがあることを予

嗅覚，触覚，味覚など，様々な感覚モードのものが想定できる．しかし，特に視覚的JAに関心が集中している背景には，発達心理学における基本的関心が，（個体間のコミュニケーションということを必ずしも問わない）同時注意ではなく，あくまで個体間の意図性の共有にあり，そして，また他者の意図性が何に注がれているか，その所在を特定したり確認したりする上で，頭部回転や眼球運動などより顕在的な手がかりを利用できる視覚的JAが他に比してより高精度でかつ効率的という認識があるためであると考えられる（例えば，特定の聴覚刺激や触覚刺激に対して，自己と他者が自分と同じく注意を向けていることは現実に多く存在し得るが，そのことを相互に確認する術は視覚的JAに比して乏しいと言わざるを得ない）．

5) Butterworth, G. E. 1991 The ontogeny and phylogeny of joint attention. In A. Whiten (Ed.), *Natural theories of mind*. Oxford : Blackwell, Pp. 223-232.

め期待して，それを自発的に探し求める行為であると解釈できる．バターワースはこの頃のJAを，他者の頭や眼という「点」とその先にある対象という「点」との間に見えない「線」を覚知することができるようになっているという意味において**幾何学的JA**と呼んでいる[5]．

もっともこの頃のJAはまだ，手がかりとして他者の眼の動きだけではなく，その他の身体部位の動きにも依存するところが大きいようである．また，子どもは，養育者の視線の行き先が自分の背後などの視野外にある場合に，後ろを振り返ってその対象を探すようなことをしない．純粋に眼の微細な動きだけを手がかりに，しかも自らの視野外も含めて，他者の視線を確実に追い，対象を同定することが可能になるのは生後18か月頃からと言われている．バターワースは，こうしたJAが，直接的には知覚できないところも含めた空間の表象が明確に成り立ってこそ初めて生じ得るという意味において，それを**空間表象的JA**と呼んでいる[5]．

以上のように視覚的JAの発達には大きく3つの段階が存在し，子どもは他者の眼をただ「見る」段階から出発し，一定の時間を経て漸次的に，視線の先の対象を「察し」，そしてやがてその裏に隠された意図・欲求・信念といった様々な心的状態を「読む」段階へと移行していくものと考えられる．もっとも，こうした発達的移行がなぜ生じるのか，そのメカニズムについては論者の見解が分かれている．1つの立場は，それが個体の成熟とともに，進化論的基礎を有する生得的プログラムに従って進行するというものである[6]．もう1つの立場は，早期の偶発的なJAの蓄積ならびに子どもの注視点に配慮し，それを操作したり，またそこに自らの注意を合わせようとしたりする養育者の働きかけが，一定程度，こうした発達的移行に寄与していると見なすものである．

現段階においてどちらを是とすべきか決定的な証左はないが，いずれの立場も，JAの発達によって，子どもが他者との広くて深いコミュニケーション・ネットワークに参入し，また他者の視線およびそれと同時に発せられる表情や発話を活用することで社会的・物理的世界に関する様々な知識を実

6) ヒトの眼が他生物種のそれと比較して，きわめて特異な構造をなしていることが進化論的に着目されている．それは相対的に横長であり，また瞳孔・虹彩に比して強膜（白目）の面積が際立って大きいという．このことは，他者から見た時に視線の動きがはっきりと検知されやすいことを意味し，ヒトの眼が単に見るためだけではなく，見られまた読まれるものとして進化してきた可能性を示唆する．
小林洋美・幸島司郎 1999 コミュニケーション装置としてのヒトの目の進化 電子情報通信学会誌, **82**, 601-603.
Kobayashi, H., & Kohshima, S. 1997 Unique morphology of the human eye. *Nature*, **387** (6635), 767-768.

7) 例えば見知らぬ人に対する養育者の表情がポジティヴなものであれば子どもはその人に近接し，逆にネガティヴなものであれば回避的行動をとるようなことが見られる．視線は他者の意図性の所在を示すものであるとすれば，表情はその内実を示すものだと言える．子どもは視線と表情の組み合わせを通して，様々な事象の意味

に効率よく獲得可能になることの意義を強調している．例えば，生後9か月頃から子どもは見知らぬ人やものなどに遭遇した際に，他者の視線が自分と同じくそれらに注がれていることを確認した上で，他者の表情を手がかりに，それらのものの意味を判断したり学習したりして，それらに対する自らの行動を調整するようなふるまいを示し始める（**社会的参照**：social referencing）[7]．またJAが，言語発達にきわめて重要な意味を持つことも古くから指摘されるところである[8]．JAは子どもが注視する対象と養育者が発することばとの素早く正確な対応づけを可能にし，語彙の獲得を効率よく進行させると考えられる[9]．

さらに，JAの発達を基礎に成り立つ興味深い現象として子どもの**指さし**（pointing）の理解および産出がある．一般的にバターワースが言うところの幾何学的JAが可能になる生後1年目の終わりくらいから徐々に，子どもは他者の指さす方向および対象を理解し，そこに自らの注意を振り向けることができるようになる．逆にそれ以前には指さす指には注意を向けてもその方向に視線を移さないような場合が多い．指さしの産出については，指さしに似た手の形態や他者を意識しない純然たる対象への指さしは比較的早くから認められるが，他者への何らかの伝達を意図した指さしとなると，一般的に生後12か月頃にならないと現れないと言われている．しかし，生後2年目に入ってからは，子どもはこの指さしを頻繁に用いて他者の注意を操作し，またその他者の注意が確実に自らが意図するものに向いているかをしばしば確認するようになる．この頃になると，この指さしに徐々に様々な発声を伴わせることが増えるが，多くの論者がこれを言語産出の予兆であると解釈しているようである．

〔遠藤利彦〕

【参考文献】

ムーア，C.・ダナム，P.J.　大神英裕(監訳)　1999　ジョイント・アテンション：心の起源とその発達を探る　ナカニシヤ出版

を急速に学習していくものと考えられる．

遠藤利彦・小沢哲史　2000　乳幼児期における社会的参照の発達的意味およびその発達プロセスに関する理論的検討　心理学研究，**71**，498-514．

8) Bruner, J. 1983 *Child's talk : Learning to use language.* New York : Academic Press.

9) 現在までに自閉症児がJAに種々の困難を示すことが明らかにされているが，彼らが示す言語発達の遅れや歪み，そしてまた他者の心の理解の特異性も，もとをたどればこのJAの困難さに至り着くのではないかという学説が近年とみに注目を集めている．

III-24
児童虐待
child abuse

　児童虐待は，親または親に代わる養育者によって子どもに加えられた行為で，子どもの心身を傷つけ，成長や発達を損なうことである．1989年の国連総会において子どもの権利条約が採択され，2000年5月には日本においても議員立法によって「児童虐待の防止等に関する法律」が制定され，同年11月から施行されている．これらに基づく行政の取り組みもあって，それまで潜在的に存在した児童虐待が徐々に明るみにでてきているといえる．こうした流れの背景には，子どもを産み・育てる環境の激変が指摘されている．つまり，核家族，単親家族の増加，親族関係・近隣関係の希薄化や崩壊によって，従来存在したインフォーマルな支援・援助関係が失われ，現代の家族は各々が孤立した状態で存在することの問題が指摘されている[1]．

　虐待と一口に言っても，その内容はさまざまである．先述の児童虐待防止法による定義では，①身体的虐待（暴行を加える），②性的虐待，③ネグレクト（養育者としての義務の放棄，子どもの正常な心身の発達を妨げるような減食・放置），④心理的虐待（精神的に傷つけるような発言をする）という4つのいずれかがあることを児童虐待としている．

　児童虐待は，さまざまな要因が重なって発生する．第一に考えなければならないのが，虐待する側の要因である．この点に関してしばしば言われるのが児童虐待の連鎖，つまり世代間伝達である．これは，幼い頃に親から虐待を受けていた子が成長し親となったとき，自分自身もまたわが子を虐待するようになってしまう現象である．ある行為が世代間で繰り返されるという世代間伝達の現象を説明する心理学理論とし

1) 髙橋重弘（編）2001 子ども虐待 有斐閣

ては，アタッチメント理論がある（Ⅲ-21参照）．その理論では，乳幼児は，養育者との原初的な関係を通じて人や世界に対するイメージや確信を形成するとみなす．そのため，発達のごく早期に虐待体験を持った子どもは，親やその他の養育者に対して，まず「虐待する存在」というイメージを身につけてしまう．その結果，自分が親になったとき，「親とは虐待するものだ」ということが根底にあるために，自らも虐待を繰り返してしまうことになるというのが，アタッチメント理論の見解である．

　また，世代間伝達の心理的要因に関連する概念として，精神分析学に関連している**トラウマ**（trauma）[2]という考え方がある．これは，人間があまりに強い精神的な傷を負った場合，それは，無意識の中に抑圧され，自我に統合されずに解離した状態で存在することになるという見解である．この見解に従うならば，幼少期に虐待という強い精神的な傷を負った子どもは，そのショックを無意識のうちに押し込めて見て見ぬ振りをすることになる．しかし，負ってしまった傷は残っているため，そうした人格を分離しようとして**解離性同一性障害**（いわゆる多重人格）などの心理的障害に至るか，あるいは自分の子どもを目にしたときにそれが甦ってしまい，結果として虐待の連鎖が起こる場合が生じることになるというのである[3]．

　世代間連鎖という考え方に象徴的に示されているように虐待は，個人内の問題として理解できない現象である．実際，虐待の定義の中にもあるネグレクト（neglect）に関しては，最初期の適切な養育経験の重要性が子どもの心身の発達に対する影響の大きさなどについての知見が得られている．したがって，虐待については，常に，親子・家族・社会などのあり方との関連で理解することが不可欠になる．そこで，虐待の要因として次に考えなければならないのが，家族の状況や社会文化的背景である．虐待の問題をもつ家族には，夫婦間の関係がうまくいっていない場合や相談できる人がいない孤立した家庭である場合が多くなっている．

　ただし，養育環境について考える際には，単親だからとい

[2] 心的外傷．自分自身の力では癒すことが困難な心の傷．

[3] Schaffer, H. R. 1998 *Making Decisions about Children.* 2nd. edition, Blackwell Publishers.〔無藤隆・佐藤恵理子(訳) 2001 子どもの養育に心理学がいえること 新曜社〕

って両親が揃っている家庭に劣るとは言えないこと，母親の就労は必ずしも子どもの養育に有害ではないこと，離婚よりも夫婦間で諍(いさか)いが繰り返されることの方がより悪影響を及ぼすこと，個人ではなく家族システムとして捉えるべきであることなどに注意する必要がある[4]．

このように虐待に関しては，養育環境の影響を受けた世代間伝達が重要な役割を果たしている．これと関連して，近年注目されているのが，**アダルト・チルドレン**（adult children，以下，AC）という概念である．非機能的な家庭で育った子どもは，通常であれば親が果たすべき家族内での役割を肩代わりして大人になりやすい．たとえば，アルコール依存の親の場合は，もう一方の親や子どもに暴力をふるったり，精神的苦痛を与えたりすることがある．また，もう一方の親の方も，アルコール依存の配偶者の世話をすることでしか自分の存在価値を見出せない共依存という状態に陥ることが多くなる．このような養育者が非機能的な家庭にあっては，親が養育者として子どもに提供するはずの環境（たとえば愛情など）が提供されないままに子どもが発達していくことになる．家族外においても発達によい影響を与えるような人間関係を築く資源がなかった場合には，子どもは自分自身が生きていく価値のある人間だと思えないようになり，他者との関係形成などが苦手になる．そこで，子どもも，他者の世話をすることでしか自分の存在価値を見出せないという，親の共依存のあり方を取り入れてしまう．これがACである．

近年，核家族化や近隣との関係の希薄化も相まって，親が子育てをする上で以前よりも困難な要素が増えている．このような社会文化的背景も，児童虐待が増加している要因と考えられている．さらに，虐待される子どもの側の特徴としては，未熟児のために育児に手がかかる，泣きやまないなどがしばしば報告されている．したがって，虐待のアセスメントをする際には，単なる虐待の事実のみではなく，虐待が起こった状況を理解し，家族にとって何が必要な援助であるのかを判断することが大切となる．表24-1に，虐待のハイリスク家庭の特徴を示す[5]．

4) 西澤哲 2001 幼児童期―虐待 下山晴彦・丹野義彦（編） 講座臨床心理学5：発達臨床心理学 東京大学出版

5) 虐待のアセスメン

表 24-1　虐待のハイリスク要因

（妊娠）	①望まぬ妊娠，②望まぬ出産（子ども），③多胎，④先天性異常・未熟児，⑤精神発達遅滞，⑥家庭外養育後
（親）	⑦知的障害，精神疾患，アル中・薬物中毒，⑧性格障害，人間嫌い，⑨育児無知や育児姿勢
（家庭）	⑩孤立家庭（外国籍，実家・人との関係拒否），⑪病人などで育児過大，⑫経済的に不安定，⑬子どもが未入籍，⑭反社会的生活（暴力団員，刑務所入所中）

　上述したように虐待にはさまざまな要因が複雑に関与している．そこで，虐待の問題に介入する際には，さまざまな職種が協働して関わっていくことが不可欠である．早期発見ということでは，近隣・小児科・保育園・幼稚園・学校などとの連携が重要になる．発見や疑いがある場合の初動に関しては，福祉事務所や地域の児童委員が関わる．しかし，明確な虐待がみられる場合には，児童相談所が中心的な役割を果たす．児童相談所は各都道府県や指定都市に設置が義務付けられており，2001年1月の段階で全国に174か所ある．18歳未満の児童のあらゆる相談に応じており，所長以下，児童福祉司（ソーシャルワーカー），心理判定員，精神科医，小児科医，児童指導員，保育士などが配置されている．児童相談所には，一時保護などの権限も与えられており緊急対応も可能となっている．ただし，最終的な判断・措置などについては法的な部分として家庭裁判所が関わることもある．このような体制の中で，心理職の専門的な役割としては，虐待に関連する心理判定を行うことがある．それに加えて，遊戯療法や心理療法，親への指導，家族療法などの臨床心理学的介入においても重要な役割を果たす[6]．さらに，虐待をとりまく要因についての研究を進め，発生のメカニズムを公表することで社会に貢献することも，心理学の専門職の重要な役割である．

〔下山晴彦〕

トを行う場合，まず大切なことは，子どもに安心感を与え，援助者との間に信頼関係を確立することである．虐待を受けた子どもは，強い不安や，時には罪悪感すら感じている場合があるからである．したがって，親による虐待が疑われる場合には，できるだけ親子別の面接を行うことが望ましい．特に親による虐待の場合，虐待の事実が隠されて，別の理由で来談する場合が多い．したがって，援助者は，親や子どもの態度や表情に注意する必要がある．

6) 西澤哲　1994　子どもの虐待：子どもと家族への治療的アプローチ　誠信書房

【参考文献】
西澤哲　1994　子どもの虐待─子どもと家族への治療的アプローチ　誠信書房
岡田隆介（編）　2001　児童虐待と児童相談所　金剛出版

III-25
視覚的断崖
visual cliff

乳児（1歳半までの赤ちゃん）の発達心理学的研究は，1960年代以後急速に進展した．その一つの契機は，乳児の**視知覚の発達**についての実験的研究が進み，乳児が決して無力ではなく，有能（competent）な存在であり，能動的に外界を認識し，生後6か月頃までに大人と同じような視力と，図形知覚や**奥行き知覚**などの能力を発達させていくことが明らかにされたことによる．

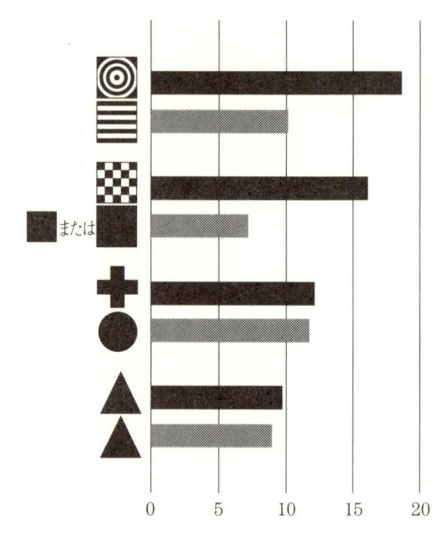

この出発点の一つは，アメリカの心理学者ファンツ（Fantz, R. L.）の研究である[1]．ファンツは，上を向いて横たわっている乳児の顔の上から二つの図形を提示し，それぞれの**注視時間**（fixation time）を測定することができるルッキング・チェンバー（looking chamber）という装置を考案した．ファンツがこの装置を用いて生後すぐから6か月くらいまでの乳児を対象に実験を行ってわかったことは，「乳児は複雑な図形を好む」ということである．すなわち，図25-1に示されるように，蛇の目（bull's eye）や市松模様（pane）などの図形の注視時間は相対的に長かったのである．その後の研究では，同じ市松模様でも，図柄のより細かな方に対する注視時間が長いことも明らかにされた．

さて，このような研究が成り立つためには，乳児が一定の視力を持っていることを前提とする．人間は，母胎内という真っ暗な環境で育ったため，生まれて直後は黄斑部中心窩が解剖学的に未熟であり，視力は大変弱い．しかし，新生児や

図25-1　図形別注視時間の結果
（Fantz, 1961）
正方形は大小が交互に提示された

[1] Fantz, R. L. 1961 The origins of form perception. In *Readings from Scientific American : Physiological Psychology.* W. H. Freeman & Co., 1972, Pp. 71-77.

乳児が母親の胸に抱かれたとき，母親の顔や表情を見分ける程度の視力はある．ファンツは，生後6か月ま

図25-2　乳児の「視力検査」に用いられた縦縞
実際の縞の太さは左から1/8，1/16，1/32，1/64インチ

でに視力がかなり調整されることも明らかにした．

　それでは，ファンツは言葉を話さない乳児の視力をいったいどのようにして測ったのだろうか．視力測定の単位には国際標準があり，**ランドルト環**（Landolt ring）と呼ばれるCの字に似た図形の切れ目が上下左右のどこにあるかを見わける能力として測定される．ランドルト環は，たとえば「こ，し，に，と，り，…」などという文字の読み取りによる視力検査の場合とは異なり，文字を知らない幼児の視力を検査する場合にも検査図形の違いがわかってよいのであるが，「上下左右」のどれかを言語的に示すことは，幼児にはかなり負荷が高い．そこで，幼児の場合には，ランドルト環を大きくした自動車のハンドルのようなものを両手に持たせ，検査図形と同じ方向に切れ目がくるようにそのハンドルのようなものを回して動かすことによって，動作的に答えさせるのである．この方法によると4歳児，あるいは3歳児くらいまでは視力測定が可能となる．しかし，乳児にはそのような方法が使えるはずもない．

　ファンツの「視力測定」の方法は，「乳児は複雑な図形を好む」という原理を応用したものである．具体的には，図25-2に示されるような縦縞の図形が用いられた．この縦縞は黒と白の割合が1対1である．その割合で黒と白を混ぜて作られた灰色の図形は，表面の明るさが同じとなる．この縦縞と灰色の正方形を同時に乳児に見せたとき，両者が乳児の視力の範囲内にあれば，乳児は（より複雑な）縦縞の方を長く見るが，両者が視力の範囲外に置かれれば，どちらも灰色に見えるので，注視時間は共に短くなるはずである．実験の結果，生後1か月の乳児は10インチ（25.4cm）離れた1/8インチ（0.32mm）の縦縞を見わけるのがやっとだが，6か月

では同じ距離から1/32インチ（0.08mm）の縦縞を見わけるようになった．すなわち，生後6か月の間に視力がかなり調整されることが示されたのである（Ⅲ-20参照）．

ファンツの研究で明らかになったもう一つの重要な点がある．それは，乳児が複雑な図形の中でもとりわけ「顔」という図形を好むということである．円形の枠の中に「人の顔」，「印刷された文字」，「蛇の目」，「赤色」，「黄色」，「白色」が描き入れられた図形の中で，最も注視時間が長かったのは「人の顔」であった．

なお，ファンツは指摘していないが，図25-1において「蛇の目」の注視時間が最も長かったのは，これが人の「目」をも表しているからと解することができる．乳児は，顔という図形の中でも「目」という図形に対する注目度が高いことが知られている．

以上のようなファンツの実験と並んで重要な研究に，アメリカの発達心理学者エレナー・ギブソン（Gibson, E.）とウォーク（Walk, R. D.）の視覚的断崖（visual cliff）の実験がある[2]．ハイハイができるようになった生後6か月ごろの乳児を図25-3のような台の真ん中の小高い場所に乗せる．この台の床には，市松模様が貼られている．片方は「浅い側」で，母親にそちらから「おいでおいで」をされると，乳児は喜んで母親の方に行く．しかし，もう片方は「深い側」で，床面に透明のガラスが貼られ，ガラス越しに市松模様の台の底が見えている．乳児は，この深い側から母親に「おいでおいで」をされると，母親のところに行きたいのだが行けなくて，ガラスを手でたたいたり，泣き出したりしてしまう．すなわち，生後6か月の乳児は，すでに奥行きの知覚が可能なのである．

この実験の共同研究者のリチャード・ウォークは，第二次大戦中，落下傘の降下訓練部隊で仕事をしていた．降下訓練を始めたばかりの兵士は，いかにも屈強そうな男たちでさえ，シミュレーターで落下する直前に下方の地上を見て強い

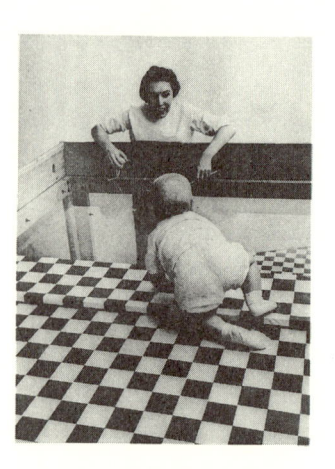

図25-3 視覚的断崖の実験場面
(Gibson & Walk, 1960)[2]

[2] Gibson, E., & Walk, R. D. 1960 The "visual cliff". In *Readings from Scientific American : Contemporary Psychology*. W. H. Freeman & Co., 1971. Pp. 77-84.

恐怖心を示すことに，ウォークは強い印象を受けた．そのような高さへの恐怖心がいつから生ずるのかを調べるために，この視覚的断崖の実験を思いついたのだという．

ファンツやギブソンらの先駆的研究の後，イギリスの心理学者バウアー（Bower, T. G. R.）は，『乳幼児の知覚世界』の中で，乳幼児の知覚能力が大人の知覚能力の基本的な部分を共有していることを，多くの実験で示した[3]．

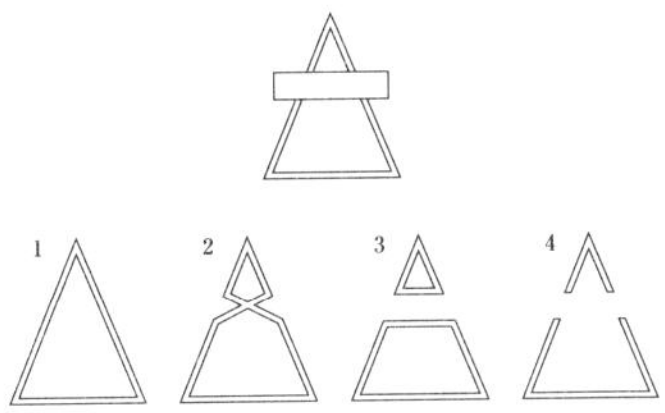

図25-4 バウアーの視覚的補完の実験
（バウアー，1979）

3) Bower, T. 1977 *The perceptual world of the child*. Open Books.〔古崎愛子（訳）1979 乳幼児の知覚世界 サイエンス社〕

たとえば，乳児の目の前に物を近づけると，手を顔の前に持ってくる防御反応を示す．バウアーは，この反応が物の動きにともなう空気の移動によるのではなく，視覚的変化によるものであることを示すために，スクリーンに物の影を映してその変化にどう対応するかを調べた．物の影が直進して近づいてくるように見えるときには手の防御反応が見られたが，物の影が左右どちらかに振れるようにして近づくときには防御反応は見られなかった．すなわち，奥行き知覚は運動視の場合にも見られたのである．

また，生後8週の乳児は，三角形の一部が長方形によって分断されて隠されている図形に反応するよう学習をした後，4種類の図形が順次提示されたが，完全な三角形（図25-4の1）に対してのみに反応し，その他の図形には反応しなかった．すなわち，見えない部分を想像でおぎなう補完という心のはたらきは，すでに乳児にも見られるのである．

以上のように，1960〜1970年代の乳児の視知覚の発達についての研究は，乳児の有能さ（コンピテンス）を明らかにし，1980年代以後の乳児の推論・問題解決能力についての研究に道を開いたのである．

〔子安増生〕

【参考文献】
ブレムナー，G. 渡部雅之（訳）1999 乳児の発達 ミネルヴァ書房
ゴスワミ，U. 岩男卓実・上淵寿・古池若葉・富山尚子・中島伸子（訳）2003 子どもの認知発達 新曜社

III-26
一語文と言語的制約

holograph, one word sentence, linguistic constraints

　幼児は，1歳を過ぎる頃から言葉を話すようになる．「マンマ」，「ニャンニャン」など，この時期に見られる一単語から成る発話を**一語文**[1]という．ここではまず，一語文の特徴について説明し，併せて初期の**語彙獲得**にかかわる**言語的制約**についても述べる．

　最初の言葉（**初語**）が出るまでの期間は長く，1年かかる．しかし，ひとたび言葉が出ると，その数は最初はゆっくりと，そして2, 3歳以降は速度を増して着実に増加していく．一語文の後には**二語文**が出現する（「パパ　イッタ」等．1歳半～2歳頃）．2歳半を過ぎると多語文や従属文が発せられるようになる．その頃から語彙が爆発的に増加し（**語彙の爆発**），就学前の語彙数は3,000にも達する．一語文は言葉のない時期とある時期とを橋渡しする，画期的な発話だといえるだろう．

　音韻的に見ると，一語文は**喃語**（babbling）とよく似ている．河野[2]は1歳7か月の女児の喃語と一語文を6週にわたって記録した．収集した2,848発話について音節やリズムの分析を行ったところ，一語文の出現が近づくと喃語の音韻的特徴に変化が生じること，特に音節間の間隔が長くなること，また同じ音節の繰り返し（「タタタター」）に比べ2音節の繰り返し（「ボコバコバコバー」）が増えることなどが見出された．喃語は一語文の基礎練習の役割を果たしているのかもしれない．

　ただし，音韻が意味を担い意図を伝えるという点では，一語文は喃語と異なる．一語文は単語でありながら，いわば文としての機能をもっている．幼児が「マンマ！」と言えば，

1) 一語文（holograph）のholoは全体，graphは表現を意味する．

2) 河野守夫　2001 音声言語の認識と生成のメカニズム：ことばの時間制御機構とその役割　金星堂

3) 喜多壯太郎　1997 身ぶりとことば　小林春美・佐々木正人（編）子どもたちの言語獲得　大修館　Pp. 67-84．

4) 岡本夏木　1982 子どもとことば　岩波新書

5) Nelson, K. 1973 Structure and strategy in learning to talk. *Monographs of the Society for Research in Child Development*, **38**, (1-2), Serial No. 149, 136.

養育者は文脈に応じて「マンマちょうだい」,「マンマ見て」などと解釈するだろう。

喜多[3]によれば,一語文期は**指さし**の出現時期とほぼ一致する。特に,およそ16か月以降とされる指さし期の後期では,一語文と身ぶりによる表現が組になった発話の頻度が増加するのだという。この時期には,たとえば,「犬」と言いながら犬のぬいぐるみを指さしたり(種類同定タイプ),「クッキー」と言いながら手のひらを差し出す(述語タイプ)などの発話が見られる。このような一語文発話は,明らかに意味を担い(有意味性),意図をもって用いられ(意図性),それが社会的にも共有されている(協約性)。これらはまさに言葉が成立する条件である[4]。

一語文期に習得される単語には,どのような特徴があるのだろうか。ネルソン[5]は1,2歳児を対象に,初期に獲得される50語について,文法形式,内容,意味構造などを分析した。その結果,幼児は事物に名称(ネーム)をつけることで語彙を習得すること,対象となる事物は形や動きに変化があるボールや自動車などが多いこと,動詞,形容詞など様々な文法カテゴリーの言葉を習得するが,名詞が大半を占めることなどを見出している。このように名詞から習得されるという傾向は普遍的に見られ,様々な説明が試みられている。

マークマン[6]によれば,名詞は以下のような理由によって,動詞やその他の文法カテゴリーよりも習得しやすいのだという。まず,乳幼児は発達のごく初期から事物に注目する傾向がある(Ⅱ-11の初期知識を参照)。また,事物は境界線が明確で,全体として知覚されやすく,概念的にも一貫性がある。これに対し動詞は境界線が不明瞭であり,その概念も抽象的で一貫性が低い。しかも,名詞はどの言語にも見られる普遍的なカテゴリーであり,安定している[7]。このため,名詞を習得するには事物と名称(ラベル)とをマッピングするだけでよいが,動詞を習得するにはラベルをマッピングすべき成分を発見する必要があり,名詞の習得が先行するのだという。

こういった,事物や名詞が注目を引きやすいという説明の

6) Markman, E. M. 1992 Constraints on word learning : Speculations about their nature, origins, and domain specificity. In M. R. Gunnar & M. Maratos (Eds.), *Modularity and constraints in language and cognition*. Hillsdale : Lawrence Erlbaum Associates. Pp. 59-101.

7) このことは,たとえば,ある文を他言語に翻訳した際,動詞よりも名詞の方が意味が維持されやすいことや,形容詞+名詞,名詞+動詞の句においては名詞の方が意味の修正を受けにくい(good man と good knife では,man や knife よりも good の意味が修正される)ことからも示唆される(Markman, 1992)。

8) Baldwin, D. A., & Markman, E. M. 1989 Establishing word-object relations : A first step. *Child Development*, 60, 381-398.

9) Baldwin, D. A., Markman, E. M., Bill, B., Desjardins, R. N., & Irwin, J. M. 1996 Infants' reliance on a social criterion for establishing word-

他に，**言語的制約**による説明もある．たとえば，幼児は十分な認知能力がないので，負荷の高い**分析方略**よりも**全体方略**を取りやすい．そのため色や材質ではなく，事物全体に注意がいくのだという（Less is More 仮説）．

さらに，近年の研究は，幼児が新奇な音韻ラベルを事物の名称（ラベル）として解釈する傾向があることを示している．ボールドウィンら[8]は10～14か月児を対象に，新奇なおもちゃを提示する実験を行った．おもちゃを提示する際，新奇なラベルと共に示す「ラベル有り条件」とラベルなしで示す「ラベル無し条件」を比較したところ，幼児は「ラベル有り条件」において，事物をよりよく見たという．事物が与えられるとそのラベルを探すのではなく，ラベルがあるとそれに対応する事物を探すという点が注目される．また，彼らは15～20か月児が新奇なおもちゃを見ている時，大人がそのおもちゃを見ながらラベルを提示する「（視線による）参照有り条件」と，大人が別のバケツの中を見ながらラベルを提示する「参照無し条件」を比較した．その結果，「参照有り条件」ではどの幼児もラベルをおもちゃの名称として解釈したが，「参照無し条件」の18～20か月児は，ラベルをバケツの中にある事物の名称として解釈した[9]．

ラベルを事物の名称として解釈する傾向は，2，3歳児でさらに顕著になる．マークマンは1歳後半～3歳の幼児を対象に数多くの実験を行い，幼児は新奇な音韻ラベルを以下のような仮説にそって解釈していると結論した[10]．第一に，ラベルは事物の属性や部分ではなく，事物全体を指す（**事物全体仮説**）；第二に，事物に付与されたラベルは同じカテゴリに属す事物に拡張される（**分類仮説**）；第三に，1つの事物は1つのラベルをもつ（言い換えると，新奇なラベルはすでにラベルをもつ既知の事物ではなく，未知の事物に付与される）（**相互排他性仮説**）[11]．これらの仮説は新奇なラベルを解釈する範囲に「制約」を与え，幼児がラベルの意味を迅速に効率的に習得することを可能にする．言語的制約は語彙の爆発を可能にする要件の1つだと考えられている．

一語文期を過ぎると，二語文，そして多語文と，子どもは

object relations. *Child Development*, **67**, 3135-3153.

10) 典型的な実験は以下のようなものである．幼児に事物を示し，「これはdaxです」とラベルを与える．次に，daxとして示された事物と同一の事物や属性（模様，材質），形状，大きさの異なる事物，事物の部分を提示し「daxを取って」と教示する．幼児は一般に，同一の事物，および大きさの異なる事物（属性は違っても形状は同じ）を選択し，事物の一部分を選択することはない．このことから，ラベルは①事物全体を指すものと解釈されていること（事物全体仮説）；②同じ形状カテゴリの事物に拡張されること（分類仮説）が示唆される．また，既知の事物（たとえばリンゴ）と未知の事物を対提示し，「daxを取って」と教示すると，幼児は一般に，未知の事物を選択する．このことから，幼児はラベルが未知の事物を指すと解釈していること（相互排他性仮説）が示唆される．

11) Markman, E. M. 1994 Constraints on word meaning in early language acquisition. *Lingua*, **92**, 199-227.

さらに広い範囲の語彙を獲得していく．言語的制約は**最初の推測**（first guess）として強固に働くが，年齢とともに他の手がかりも利用されるようになる．

　今井・ゲントナー・内田[12]は，3，5歳児が語のラベルをどのように拡張するのかを調べた．ある事物（細長いニンジン）に新奇なラベル「フェップ」をつける．次に，そのラベルが他のどのような事物にまで拡張されるのかを，類似した形状の事物（細長い釘）や同じカテゴリーの事物（豆）などを用いて調べた．その結果，3，5歳児とも類似した形状の事物（細長い釘）に対し，「フェップ」を拡張して用いる（つまり，「フェップ」と呼ぶ）ことが多かった．しかし5歳児では，同じカテゴリーの事物（豆）に対して「フェップ」を用いる例も増えたという．

　針生[13]は3，4歳児を対象に，外国語の知識（赤くて丸い果物に「リンゴ」と「apple」のラベルがあるように，1つの事物に複数のラベルがあってもよいという知識）が相互排他性の棄却に影響があるかどうかを調べた．外国語の知識のある4歳児は，相互排他性仮説を使用せずに新奇なラベルの解釈を行うことができた．

　小林[14]は2，4歳児を対象に，事物の材質に目を向けさせる行為の影響を調べている．まず，実験者が卵型のガラス製の事物に「ムタ」という名前をつける．透かして見るなどの行為がなければ，「ムタ」は同じ形状の事物の名称として拡張される（事物全体仮説）．しかし，透かしてみる行為は事物全体仮説を抑制し，幼児は「ムタ」を事物の材質名として解釈した．この傾向は2歳よりも4歳でさらに強くなる．

　言葉の獲得が生得的なメカニズムによるのか経験によるのかは，古くて新しい問題である．これらの知見は言葉が生得性だけでも経験だけでも学べないことを示唆している．

〔仲真紀子〕

12) Imai, M., Gentner, D., & Uchida, N. 1994 Children's theories of word meaning: The role of shape similarity in early acquisition. *Cognitive Development*, **9**, 45-75.

13) Haryu, E. 1998 Effects of knowledge about cross-language equivalents on children's use of mutual exclusivity in interpreting novel labels. *Japanese Psychological Research*, **40**, 82-91.

14) Kobayashi, H. 1999 The influence of adults' actions on children's inferences about word meanings. *Japanese Psychological Research*, **41**, 35-49.

【参考文献】
今井むつみ(編著)　日本認知科学会(編)　2000　心の生得性―言語・概念獲得に生得的制約は必要か　共立出版
小林春美・佐々木正人(編)　1997　子どもたちの言語獲得　大修館

III-27 頭足人

tadpole figures

表題の頭足人（tadpole figures）は，幼児期の子どもが描く人物画に典型的に見られる表現の一種であり，頭部と思われるところから直接腕と脚が出ていて，一見胴部がないように見えるものを言う．この項では，この頭足人を中心に，**児童画**（children's drawing）の発達について見てみよう．

言葉が表現の手段として十分に発達していない乳幼児にとって，絵（picture）は重要な表現の媒体である．英語では，鉛筆などを使って線画で描かれた絵を意味する**描画**（drawing）と，絵の具を用いて色を重ね合わせて描かれた**彩色画**（painting）とを区別する．乳幼児が彩色画を描く機会は限られているので，児童画の分析の中心は描画である．

児童画の研究は，19世紀後半に始まる．イタリアのコラド・リッチ（Ricci, C.）が1887年にボローニャの出版社から出した『子どもたちの芸術（*L'arte dei bambini*）』がその最初とされる．

次いで，フランスのリュケ（Luquet, G. H.）が1913年と1927年に児童画の研究書を書いた．後者の『子どもの絵（*Les dessins enfantin*）』は，現在の児童画研究の出発点となった書物と言ってよい[1]．リュケの残した言葉で最も有名なものは**知的リアリズム**（intellectual realism）というものである．ものをそれが見えるままに描くことを「視覚的リアリズム（visual realism）」というのに対し，ものを自分が知っているように描くことを知的リアリズムという．たとえば，取っ手のついたコップを取っ手が見えない位置から描くように求められたとき，幼児は「このコップには取っ手があ

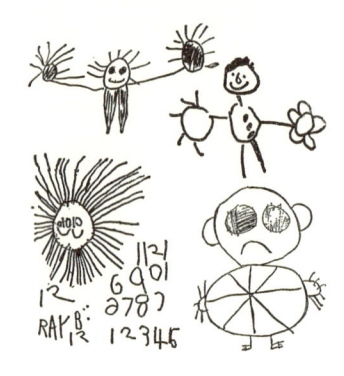

図 27-1 幼児の絵（グッドナウ，1979 p. 35）

1) Luquet, G.H. 1927/1977 *Les dessins enfantin*. Acran/Delachaux et Niestle. 〔須賀哲夫（監訳）1979 子どもの絵 金子書房〕

る」という知識を活用し，コップに取っ手をつけてしまう．

次に，子どもの絵についてのリュケ以後の研究（Cox, M.[2]; Goodnow, J.[3]; Kellogg, R.[4]）から，幼児期までの描画の発達過程をまとめてみる．

子どもは1歳頃から，エンピツやボールペンやマーカーなど，書くものがあればそれを握り，机であれ，畳であれ，襖であれ，放っておけば何にでも書きつける．最初それは，筆記具を対象物に叩きつけたり，ぐるぐる回したりしてできる線のかたまりにすぎない．それは，子どもが何かを描こうという意図をもって描いたものというよりも，いわば勝手気ままな腕の動きが残した軌跡であり，**なぐりがき**（scribble）と呼ばれている．

やがて，幼児期になると，大人の目から見て何らかの形が現れ始める．大人が絵に対して「これは何？」とか「何をかいたの？」と聞くと，子どもは「ワンワン（犬）」，「ブーブー（自動車）」などという意味づけを行うようになる．描き始めたときには特に何かを描こうという意図がなかったのに，描いている途中から，線のかたまりがあたかも鳥のように見えてきたので「トリ」と言ったりする．このように子ども自身によって絵に意味づけが行われたとき，そのような絵のことを**象徴的描画**（symbolic drawing）という．

象徴的描画を行う際に，幼児は自分が好きで得意な幾つかの図形を描画のレパートリーとして持つようになる．たとえば，円から放射状に線が出ている図形や，マンダラと呼ばれる図形や，花びら型の図形などである（図27-1参照）．そのような図形は，ある時期に頻繁に描かれるだけでなく，同じ図形が「顔」にも「手のひら」にも「花」にも使われたりする．このような個人に特徴的な定型的表現を**図式**（schema）という．人物画で描かれる頭足人も図式表現の一つと言ってよい．

幼児期から児童期の初期にかけての子どもの絵は，幾つかの共通した特徴を持っている．

(1)多視点性：1枚の絵がただ1つの視点から描かれているのでなく，多くの視点から描かれるという「多視点性」の特

[2] Cox, M. 1992 *Children's drawings*. Penguin Books.〔子安増生(訳) 1999 子どもの絵と心の発達 有斐閣〕

[3] Goodnow, J. 1977 *Children's drawings*. Harvard University Press.〔須賀哲夫(訳) 1979 子どもの絵の世界 サイエンス社〕

[4] Kellogg, R. 1969 *Amazing children's arts*.〔深田尚彦(訳) 1971 児童画の発達過程 黎明書房〕

徴がある．具体的には，お互いに関係のない図柄を1枚の絵の中に幾つも描く「ならべ描き (side-by-side)」，1つの図柄の上から別の無関係な図柄が重なって描かれる「重ね描き (superimposition)」，外から見た身体と身体の内部，あるいは家の外観と家の内部の様子が同時に描かれる「レントゲン画 (transparency drawing)」，家の絵を描くときに見えないはずの壁面までくっつけたり，横から見た電車の絵の屋根の上に向こう側の車輪まで描いたりする「展開画 (folding-over drawing)」などは，多視点的な絵の代表例である．

(2)サイズ・フリー：**遠近画法** (perspective drawing) では，近くのものは大きく，遠くのものは小さくあらわすという原則によって描かれる．しかし，幼児の絵では，ものの大きさは，実際のものの大きさや，ものとものとの大小関係をほとんど反映しないのが普通である．したがって，人が家よりもずっと巨大なものとして描かれていて，なおかつ人の方が家の後ろにいるということは，ガリバー物語の巨人国の話ではなく，ごく普通の場面で見られる．

幼児の絵が対象物の大きさにこだわらないということは，模写課題からも理解できる．ビネー式検査の下位項目である正方形の模写は，見本の正方形を白紙に模写する課題である．幼児期の早い時期に正方形の模写課題に通過する子どもが少なくない．しかし，その正答の基準は，「4つのほぼ等しい長さの線（辺）がほぼ直角に組み合わさっていること」であって，線の長さ，すなわちできあがった正方形の大きさは問われない．そして，見本図形に近い大きさの正方形を模写図形として描く子どもは極めて少ないのである．

以上のような特徴は人物画にもあてはまるが，人物画においては複雑な形と動きをする人物像をどのように表現するかという固有の難しい問題がある．

3歳頃に現れるごく初期の人物画は，大人の目には奇妙で幼稚なものに映るだろう．その人物画では，頭の部分をさすと考えられるほぼ円形の線が，脚をあらわす2本の線の上に置かれ，腕はあったりなかったりするが，腕がある場合には，それは顔らしきものから直接に出ることもある（図27-2）．

| 1984年5月 | 1984年6月 | 1984年8月 | 1984年10月 | 1985年2月 |

図27-2　3歳男児の人物画の経年変化（コックス，1999, p.61）

　このような人物画は世界中の子どもたちが幼児期のある段階で描くもので，日本の研究者は**頭足人**と読んでいるが，英語ではおたまじゃくし（tadpoles），フランス語でも「おたまじゃくし人間」を意味するオム・テタール（hommes-têtards），ドイツ語でも「頭足人」という意味のコップフュッスラー（Kopffüssler）と呼ばれている．

　前述の頭足人の説明で「頭の部分をさすと考えられる」，「顔らしきもの」というまわりくどい表現を用いたが，これは頭足人にどの身体パーツが含まれているのかについて研究者の間でも意見の相違があったからである．「頭足人には，頭はあるが，胴体は欠けている」と考える研究者もいるが，他方，頭足人画の中に胴体は含まれているが，他の身体パーツとわかれておらず，「頭」の輪郭線が実際には頭と胴体の両方を含んでいると主張する研究者もいる．この論争は一見些細な問題について論じているように思えるかもしれないが，幼児が世界をどのように認識し表現しているかを知る上で重要な手がかりを与えてくれるかもしれない．

　コックス[2]は，できあがった頭足人に「おへそ」を描くように求める実験を行った．幼児の大多数がおへそを描きいれたが，半数は「頭」の内部の下方に置き，半数は「脚」の間に置くことが分かった．このほか幾つかの研究の結果から，幼児は胴やおへその存在を知らないのではなく，胴が人物画に絶対に必要なパーツとは考えていないということが示唆された．このことは，腕が欠けている絵の場合についても同様である．このような認識と表現の違いは，幼児の心理を理解する上で常に重要な問題である．　　　〔子安増生〕

【参考文献】
コックス，M.　子安増生（訳）　1999　子どもの絵と心の発達　有斐閣

III-28 ファンタジー
fantasy

子どもの**ファンタジー**は子どもらしさの象徴としてよく言及される．太陽を命あるものと思い，またチューリップが笑うと感じ，またお話をする．子どもは本当に夢が豊かであり，また現実と想像を混同して生きているのだと言われることもある．だが，それらは，発達心理学の研究からは否定される．子どもは本気でチューリップが話せるなどと思ってはいない．本当にチューリップが返事をしたら，目を丸くして驚くことだろう．

だが，その一方で，満3歳くらいだと，テレビのヒーローが本当にいて，遊園地でショーをやってくれているとも思う．想像を信じやすいようにも思える．クリスマスのサンタクロースのプレゼントをもらい，本当にいると思っている子どもは小学生なら決して珍しくない．

では，子どものファンタジー，あるいは想像は，どのように発達するのだろうか．まず，1歳半ば以降，ものを見立てる力が発達する．小さな積み木を動かして，電車に見立てる．そこでは，もちろん，本物の電車だと思っているわけではない．食べ物として見立てても，それを本当に口に入れて，かみついたりはまずしない．認知心理学的なとらえ方を導入すると，ここには二重の**表象**が成り立っている．1つは目の前のものを積み木と認識することである．もう1つは電車の表象である．それがともに喚起され，同じものに重ねられることで見立てが可能となる．

さらに，ものをしかるべき動作で動かすとか，本物に似ているとか（電車の模型の方が電車ごっこを誘発しやすい）の条件が加わる．相手の応対も重要である．親子のやりとりで

さらに見立ての活動は広がる．

　満4歳前後に「心の理論」課題の習得（IV-32参照）が可能になってくる[1]．ここでは，見かけの行為とその背後にあるその人の考え・信念の食い違いがあることが分かるようになる．キャンディの箱でもキャンディが入っているとは限らず，自分が宝ものの在処を知っていても，そのものを移したときに見ていなければ，今どこにあるかについて相手は現実とは異なった誤った考えを抱く．

　つまり，現実とは離れた**想像**というものの存在について自覚することの始まりがここにある．見立ての場合には，積み木が現にあり，動かして「電車」と言う演技も双方が現実に展開され，見えている．心の理論の理解が進むと，目に見えない行為の背後にある意図や考えがその行為と対応しないこともあることが分かるようになるのである．次第に**現実と信念**とが切り離されるようになる．それでも，たとえば，5歳くらいの子どもに箱を見せて中に何もないことを確認させてから，中にモンスターがいると想像させると，その後は，箱にさわりたがらないで，怖がるようになることが見いだされている．想像は現実に確かに干渉するのである．もっとも，大人でもその傾向は多少はある．ホラー映画を見た後，夜中のトイレを怖く感じることは誰にでも多少はあるだろう．想像は強く感じると，現実にある程度は当てはめられるのである．

　いわば臨場感といった感覚が人間にはあるのだろう．それが喚起され，また種々の連想を生み出すと，あたかもそれが実在しているかのような感覚に襲われる．だが，その感覚は通常長続きせず，物語や映像の連想に支えられた臨場感が消えていくにつれて，普段の現実理解に戻る[2]．

　サンタクロースの存在をいつまでも信じている子どもの場合，普段子どもをだますことのない親が子どもをだまし，しかもしらを切る．実際に誰があげたとも分からないプレゼントが現にクリスマスの朝に置いてある．鍵を閉めたり，様々なチャックをしても，なおかつそれをかいくぐって置いてある（ように見える）．といった物理的な証拠により信じることが継続するようである．それでもさすがに，中学生以降は

1) ミッチェル，P. 菊野春雄他(訳) 2000 心の理論への招待 ミネルヴァ書房

2) 麻生武 1996 ファンタジーと現実 金子書房

まず信じていないのだから，より現実チェックが厳格にできるようになるのであろう．

その頃になると，単なる見立て以上に，想像力の問題としてとらえることができる[3]．人間は想像の世界において経験することで現実の経験を豊かにしていくことができるらしい．また現実から逃避することもできる．たとえば，ヒーローものを見る子どもはそのヒーローに同一視して，その物語を生きることを通して，勇気ということを学ぶのかもしれない．現実の自分は卑小であっても，困難にぶつからざるを得ない．そのときにあえて立ち向かう勇気のあり方を感じられるかもしれない．しかし，他方で，現実の自分を忘れて，友達とうまくいかない自分を忘れて解放感を味わっていて，現実への対処は改善されないのかもしれない．

想像の世界が実際の行動を直接に改善することはすぐに期待はできない．だが，種々の想像の物語を経験することで，いわば行動のレパートリーが広がり，現実の多様な解釈と多様な対処に役立つことは十分に考えられる．

このような現実にはあり得ないことの想像に対して，もしかしたら現実に起こりうる想像もその働きを広げていく．自分の知り合いや出会った人について，どのような人なのかを述べてみると，確かなことは分からないという限定があれば，次第に「こうかもしれない」という可能性を展開できる．それは，他者についての理解を広げることにつながる．誰であれ，現実に見ること・聞くことだけでは，人の理解は完成せず，未知の点は適宜埋めなければならない．その役を想像力が果たすようになる．想像力の広がりと現実の種々の手がかりによるチェックの同時進行が他者理解を構成していく．

その想像はしばしば**ステレオタイプ**的な理解ともなる．こういった手がかりがあるのなら，こういった人柄だろうという予想が成り立つからである．子どもが成長するとは，そういったステレオタイプ的な知識を多数獲得することでもある．その一方で，微妙なまた多様な理解も広がっていく．ステレオタイプでは理解しにくい手がかりが生じていることに敏感になり，それを元に想像を広げるのである．**想像力**はそ

[3) シンガー，D.G.・シンガー，J.L. 高橋たまき他(訳) 1997 遊びがひらく想像力―創造的人間への道筋 新曜社]

の意味では，ステレオタイプから脱却する際に重要な役割を果たす．

　思春期に入ると，メディアに現れるアイドルに熱中するといった現象がよく見られる．ただでさえ，リアルな動的映像は現実感を強める．その上，面と向かって，1対1の感覚をアイドルの正面を向いた笑顔は喚起する．また，おそらく，身の回りの人間関係にはあり得ない理想化もなされるのであろう．理想化を妨げる手がかりは提示されないからなおさらである[4]．

　思春期から青年期においては，想像において万能感を持ちやすい時期でもあるようだ．自分がたとえば世界的なスポーツ選手になり，あこがれの的となることを想像する．たとえば，部活動で活躍するなどといったことよりも想像されやすいようである．現実的制約が特にないところでの想像だからであろう．だからこそ，現実との落差も大きく，抑うつを起こしやすい時期でもある．

　想像力は，成人期に入ると次第に枯渇するのだろうか．確たる証拠は今のところない．物語の消費は，青年期に最も盛んであるようだ．小説や映画の消費はその時期にピークを迎える．その道の専門家になり，技量の鑑賞に進む人たちは別として，この時期こそ物語を楽しむ．それは，青年期から成人期に掛けて，自分の「ライフストーリー」[5]を構成していくようになることと関連しているのかもしれない．自らの人生を振り返り，また今後を展望して，1つの物語を生きるように再構成して，人生を理解しようとする．

　恋愛・結婚・子育てなどにより，その関係や家族の歴史を振り返り，ストーリーとすることもよくなされている．それもまた，想像力を駆使して，自分の生き方を意味づけ，了解する試みなのであろう．繰り返し大事な人生のモーメントを思いだし，反芻し，物語に組み入れていくのである．

〔無藤　隆〕

4）その熱中ぶりはしばしば人生の他の時期にはあり得ないような激しさを帯びる．想像力が人間にとってどれほど強い意味を持ちうるかを如実に示している．

5）「ライフストーリー」については，「Ⅰ-3 フィールド研究」の項を参照．

【参考文献】
シンガー，D.G.・シンガー，J.L.　高橋たまき他（訳）　1997　遊びがひらく想像力―創造的人間への道筋　新曜社

III-29 遊び
play

遊びほど様々に語られ，しかもその記述を逃れていくものはないのかもしれない．それほど，きちんと定義することは難しい．どの定義も何かの遊びのタイプを含めなくしてしまう．だが，暫定的に，いくつかの特徴を持つものとしては定義できる．

- 楽しいもの．
- 内発的な動機による．それ自体をしたいからする．
- 型に収まらない．
- 笑いが起こる．

しかし，遊びでサッカーをしていても，笑いは起きない．ルールある遊びは型がある．報酬をほしくて始めても，やっている内に遊びになることもある．遊びはファジーで多元的なものとして見なすべきであろう．一律の定義ではうまくとらえられない．

乳児期の遊びの始まりは，**探索**と遊びの交代の現象に見られる．ゼロ歳の後半以降，子どもは新奇なものを渡されると，警戒した後，おずおずとそれに触り，叩いたり，なめたりして，探索する．一通りそれがなされると，次第に繰り返しの動きが出てくる．何度も叩きつけて音を出すといったことをする．それとともに，笑い声が出たり，はしゃぐ感じになる．つまり，探索から遊びへと転換したと見なせよう．遊びは対象の正体が分かり，安心したときに現れる．また，同じことを繰り返すということが特徴的である．遊びは楽しく，笑顔を伴う．

その後，1歳半から3歳くらいの時期に，**ふりをする遊び**が出てくる．何かを見立て，動かし，またそれにふさわしい

動きを自らも行うのである．多くは身の回りに見られる事柄を模倣しているので，延滞模倣（ピアジェの命名）からの発展である．だが同時に，楽しさが表われ，繰り返しも多く，遊びと見なすこともできる[1]．

　この時期に，探索と発見の遊びも出てくる．たとえば，家の中なり，散歩の折りなどに，細々としたものを見つけて，拾って喜ぶ．小石や木の枝，何でも小さな変わったものや光るものなどを拾う．この行動は幼児期の終わり頃から同じものを拾い集めるという**コレクション**の行動に発展していく．

　また，積み木などを使って組み立てる**構成遊び**も出てくる．2歳前後になると，積み木を使い，高く積んだり，横に長くしていったりを毎日のように繰り返す．できあがると喜びの表情を示すが，それまでは真剣に取り組んでいるようだ．これもまた，次第に大がかりに家を作ったり，「基地」を作ったりすることに広がっていく．さらに，ある種のブロックを使って，精巧な実物の模型に近いものを作り出すようにもなる．これが，児童期以降の**模型作り**へと発展するとも見なせよう．

　3歳以降，**ふり遊び**は次第に物語性が加わっていく．つまり，**ごっこ遊び**らしくなっていく．それ以前から，特に，親と子が遊ぶというところで，親の発言や促しや代弁などにより，子ども1人なら**見立て**てふりをするだけの遊びがごっことして成り立っているように見えるが，主として子どもの力で遊びが展開できる時期が3歳から4歳であろう．

　ごっこ遊びでは，役割が参加者に付与される[2]．「おかあさん役」，「おとうさん役」，「赤ちゃん役」，「猫の役」などが与えられる．場が作られる．家がたとえば積み木で作られ，玄関や居間やお風呂場・台所などが見立てられる．せりふが役にふさわしく述べられる．せりふ以外のごっこを進行させるやりとりとは調子を変えられる．「ねえ，……と言って」と相手のせりふを指定することもある．せりふと動きは流れを形成する．ままごとだと，料理をして，食べるとかの日常を再現する．冒険ものだと，敵をやっつけるなどの筋が生まれる．多くの場合，絵本などの物語と異なり，起承転結がき

1) ピアジェ，J. 谷村覚(訳) 1983 知能の誕生 ミネルヴァ書房

2) ガーヴェイ，C. 高橋たまき(訳) 1980 「ごっこ」の構造 サイエンス社

ちんとあることは少ない．あらかじめ台本があるわけでなく，基本的にその場の即興で進行するから，それがうまく思いつけなかったり，もっと面白そうな遊びがほかに見えれば，そちらに向かってしまう．

このごっこ遊びは，児童期に入ると，女児の場合，リアルな人形を使った遊びに転換していく．1人でまた数名でごっこ遊びをするのは小学校半ばあたりまで続くようである．

男児がよく行う（女児も「セーラームーンごっこ」などをする）**ヒーロー遊び**は，テレビのヒーローものを模した遊びである．ヒーローを思い起こす衣装を付け，ヒーローの特徴的な身振りやポーズを取り，互いに戦い，勝利した気になる．誰も悪者や負ける方にはなりたくないので，しばしば弱い子どもや先生や部外者が見立てられ，また目に見えない存在をそれに見立てたりすることもある．実際に叩くと痛いので，次第に叩く手前で止めることを覚えるようにもなる．

幼児期の終わり近くになり，ルールのある遊びのおもしろさが分かるようになる．鬼ごっこも，「高鬼」，「氷鬼」というルールが多少複雑な遊びに発展できる[3]．幼児期から児童期にかけて，**スポーツ**が導入され，ドッジボールのようなルールと運動や機敏性を楽しむようになる．トランプなどの遊びもルールを覚えて，何度も取り組むようになる．特に，この種の遊びでは，衝動や感情的激発を抑え，ルールに従いつつ，戦略を駆使して，勝とうとしなければならない．情動統制と密接に関連するのである．

一人遊びと**共同遊び**の区別もこの時期に重要である．1人で遊ぶしかうまくできない段階（2・3歳）から**並行遊び**（同様の遊びを傍らで行うが相互交渉がない），**共同遊び**（一緒に同じ遊びをする），**協同遊び**（互いに役割や動きが相互補完して全体としての遊びを実現する）へと幼児期に進んでいく[4]．

現代の子どもの遊びでは，テレビ，特にテレビゲームの比重が高くなった．**テレビゲーム**は，操作に対して必ず応答があること，自分のレベルに合ったところから徐々に難しくなること，キャラクターや物語性を持っていること，などのた

3)「高鬼」は高いところに触っていれば鬼に捕まらない．「氷鬼」では捕まるとその場で動けなくなる．

4) なお，1人遊びがレベルが常に低いというわけではないことは大人でもそれをすることで分かる．やりたいときに協力できるかど

めに面白い．インターネットを介した他者との協同によるゲームにまで広がりつつある．

　遊びはそもそも何のために存在するのか．簡単な働きがないからこそ，遊びは遊びとして見なされうる．どう役に立つかが分かっているなら，遊びではなく，学習とか練習と呼ばれる．もちろん，気晴らしになり，リラックスすることだろう．そのような解放感に浸り，安らぐことを越えて，特に，子どもの場合に遊びの意義はどこにあるのだろうか．

　遊びには様々なものがあるから，そのどこかを探せば，将来に役立つような芽は見いだせる．人間関係，道徳性，ものの操作の技術，感情調節（IV-33参照），物事の詳細な理解，等である．また，能動的な関わりを遊びはしばしば必要とするために，そういった関わりの面白さや意味を分からせるという意味もあるかもしれない．

　だが，遊びを多くすれば，特定の知識や技能や態度が伸びるという直接的な証明は乏しい．特に，現代の豊かな社会では，遊びは遊びのためそのものとなり，何かの準備という面をあまり持っていないように思える．

　では，たとえば，小さい時期に遊びをせずに，何かの練習とか勉強などをしていてよいということになるのだろうか．単純に遊びたい気持ちを抑えることが問題だということを別として，その結果，何が発達上不足しているかはよく分からない．ただ，多種多様な遊びに比べ，練習や勉強は人間の能力のある面だけしか使わないことが多いから，発達の全面性を考えると，具合が悪そうに思える．遊びでも1種類の遊びばかりに偏っていては同じ問題が生じるかもしれないが．

　なお，遊びは，遊び対仕事・勉強と対比されることが多い．当人の感じ方としても，社会的な定義としても，その対比はおおむね正しい．だが，もしかしたら，遊びの意義は，その対立を乗り越え，仕事や勉強に遊びのある面を入れ込んでいくことにあるかもしれない．仕事のある局面で楽しく熱中することはあってよいからである．　　　　〔無藤　隆〕

うかが発達の要である．

【参考文献】
無藤隆(編)　1991　新・児童心理学講座第11巻―子どもの遊びと生活　金子書房

III-30
リテラシー/ニュメラシー
literacy / numeracy

リテラシー

　近代の学校教育，あるいはそれ以前の近世の教育においても，初等教育の目標は，「**読み書き計算（そろばん）**」である．英語圏では，同じことを"three R's"（スリー・アールズ）という．この語は，ロンドン市長のカーティス（Curtis, W.）という人が"writing, reading, and arithmetic"のことをまとめてこのように呼んだことから始まるとされる．

　西欧における「読み書き計算」の教育を振り返ると，イタリアを中心としてヨーロッパ諸国に興ったルネサンスは，ギリシア語とラテン語による古典研究を活発にさせ，主としてラテン語を教えるグラマー・スクール（文法学校）の開設を促した．15世紀中頃にドイツのJ．グーテンベルクによって金属活字印刷術が発明され，これによって印刷された聖書が広まったが，聖書の理解に基づく信仰の確立をめざすプロテスタント教会は，母国語に翻訳された聖書を読ませるために民衆教育の普及に積極的に取り組んだ．この動きに呼応して，カトリック派も学校の開設に努めた．19世紀になると，国民国家の形成による教育の**世俗化**（secularization）——教育の宗教からの分離——へと向かう大きな流れが生じ，公教育の中で「読み書き計算」の教育が行われるようになった．

　わが国では，主として江戸時代中期以降，僧侶・武士・神官などの知識人が師匠となり，一般民衆の子どもに「読み書き計算」を教える**寺子屋**が増加した．読み書きについては，往来物（手紙文）などを手本とする，手習い学習が行われた．明治維新後，1872年（明治5年）に「学制」が公布され，公教育において「読み書き計算」の教育が始まり，広く

普及していった．

「読み書き能力」を表す**リテラシー**（literacy）の語の定着もまた，公教育が普及し始めた19世紀後半以後のこととされる．リテラシーとその反対語のイリテラシー（illiteracy）は，それぞれ「識字」，「非識字」と訳される．国が近代化する過程で，あるいは経済・社会の発展のために，国民のリテラシーの向上は枢要の課題である．しかしながら，リテラシーがどの範囲までのことをいうのかについては，その国の教育・文化の発展状況によって，かなり内容が異なる．

第二次世界大戦後は，国際連合を中心とする国際機関の協力によって非識字者をなくす努力が続けられてきた．国連教育科学文化機関（ユネスコ）は，学校教育だけに限らず，成人教育の領域でも識字教育運動を展開している．国際連合は1990年を「国際識字年」とし，「2000年までにすべての人々に文字を」というスローガンのもとに識字教育の充実を目ざしてきたが，残念ながらこのことは，世界全体では達成とは程遠い状況にある．

リテラシーを発達心理学から考える際に重要な問題の一つに，**難読症**（dyslexia）または**読書障害**（reading disability）がある．これは，視覚・聴覚などの感覚障害や運動機能の障害などはみられず，また全般的な知的発達にも殆どあるいはまったく遅れがないにもかかわらず，文章を読むときに文字や行の読み飛ばし，読み誤りが生じ，その結果，学習にも著しい困難が生ずる障害をいう．

英語圏では，日本よりも難読症の問題が深刻であるようだ．たとえば，イギリスでは難読症研究の学術専門誌『ディスレクシア』[1]が刊行され，子どもだけでなく成人の難読症をも対象に研究が積み重ねられている．英語圏で難読症がより深刻なのは，英語がもともとの住民のケルト人の言葉やその後に入ってきたアングロ・サクソンの言葉だけでなく，ギリシア語，ラテン語，フランス語など，さまざまな系統の言語を取り入れ，その結果，現在の英語は綴り字と発音の関係がきわめて不規則になっているからである．たとえば，"gh" の綴りは，"ghost" では g 音で「ゴースト」，"enough" で

1) イギリス難読症協会（British Dyslexia Association）は難読症の科学的研究と教育実践のための専門誌 *"Dyslexia: An International Journal of Research and Practice"* を1995年に創刊している．

はf音で「イナフ」，"though"では無音で「ゾウ」と，かなり無原則に変化する．この不規則性に悩まされるのは，日本の中高生だけではないのである．

電球や蓄音機を発明したアメリカのエジソン（Edison, T. A.; 1847-1931）は，一説によれば，難読症のために学校に適応できず，先生から「もう来なくてよい」と言い渡されたとされる．学校に行かなくなったエジソン少年を，母親は本の「読み聞かせ」をして育てたという．このエピソードは，書き言葉（文字言語）の獲得に困難を抱える子どもたちの教育に必要なものを示唆している．

エジソンの例からもわかるように，難読症は言語能力の問題であり，他の能力は障害されていない，あるいは他の高い能力で補償されているというケースが少なくない．スウェーデンのヨーテボリ大学の心理学者ヴォルフ（Wolff, U.）とルンドベリ（Lundberg, I.）によると，同大学の芸術系（美術学科と写真学科）の学生74人と経済・法律系学生80人を比較すると，難読症傾向を調べる質問紙では芸術系学生が強い難読症傾向を示し，単語再認テスト（スペースなしに書かれた3語を鉛筆の線で区切る検査）でも芸術系学生が有意に低い得点であった[2]．

放浪の画家山下清（1922-1977）は，小学校の途中までは普通学級に在籍したが，書き言葉の能力の低さもあって「低能児」とみなされ，障害児施設に送られた．しかし，そこで先生から画才を伸ばしてもらい，心理学者・戸川行男の目にもとまり，世の中に認められた．個性の尊重と伸長は，リテラシー教育においても重視されなければならない．

ニュメラシー

ニュメラシーという言葉は，「読み書き計算（three R's）」のうちの基本的計算能力の部分をあらわすもので，元来は"numeral literacy"がつづまってできた造語である．

前述のように「リテラシー」が意味するものも多様であるが，「ニュメラシー」がどこまでの能力を意味するかを規定することは容易ではない．四則計算（加減乗除の計算）くらいは必要という考え方に対してすら，そんなことを知らなく

[2] Wolff, U., & Lundberg, I. 2002 The prevalence of dyslexia among art students. *Dyslexia*, 8, 34-42.

ても，電卓やレジ（自動金銭登録機）が発達した現代社会では十分生きていけるという反論もあるだろう．

　学校教育とニュメラシーの関わりについて示唆的な研究として，ブラジルの路上で物売りをするストリート・チルドレンのニュメラシーを調べたキャラハー（Carraher, T. N.）らの**ストリート算数**（mathematics in the streets）についての調査がある[3]．

　キャラハーらの研究では，ブラジル北東部のレシフェ市でほとんど学校に通わずにココナッツ売りなどをしている9歳から15歳の子どもたち（男子4人，女子1人）が調査対象とされた．調査者は，はじめ客の姿をよそおい「（1個35クルゼイロの）ココナッツを10個ほしいが，いくらか」などの質問をした．すると子どもたちは「3個で105，もう3個で210．もう4個いる．だから……315……350です」というような計算をして，正しく答えた．このようなストリート算数の正答率は98.2パーセントであった．その後，ストリート算数に含まれていたものと同じ計算を別の文章題または計算問題として解かせた．すると，文章題では73.7パーセント，計算問題では36.8パーセントに正答率が低下したのである．

　この結果は，ニュメラシーの教育において，子どもの生活経験の中で算数や数学がどのような意味をもつかを理解させることの重要性を示唆するものと考えられた．この点は，2002年度から実施された新学習指導要領の「総合的学習の時間」などともつながる示唆的な結果である．

　しかし，このことが過大に評価されてはならない．ニュメラシーの教育は，簡単なつり銭の計算にとどまるのでなく，子どもたちが大人になった時，高度に情報化された現代社会で生きていけるためのものでなくてはならない．たとえば，金融工学の複雑な仕組みそのものは理解できなくとも，その知識を悪用した金融詐欺に簡単にひっかからない程度の批判的思考力を養うためのニュメラシーの教育が必要とされているのである．経済学者が核となって，数学力を中心とする学力低下に警鐘を鳴らしている（たとえば戸瀬・西村[4] 参照）ことにも耳を傾けるべきであろう．　　　　　　〔子安増生〕

3) Carraher, T. N., Carraher, D. W., & Schliemann, A. D. 1985 Mathematics in the streets and in schools. *British Journal of Developmental Psychology*, **3**, 21-29.

4) 戸瀬信之・西村和雄　2001　大学生の学力を診断する　岩波新書

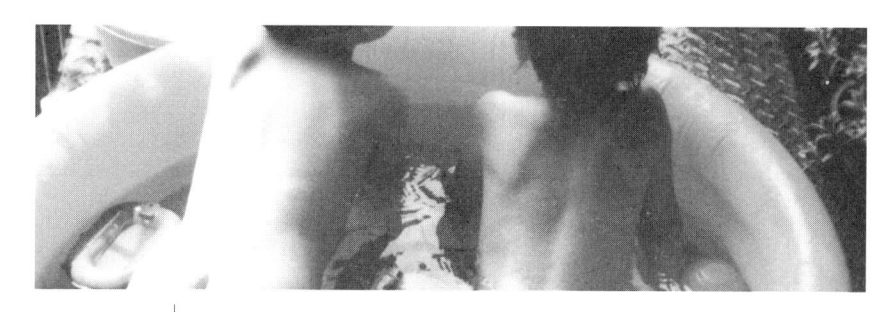

IV 児童期

IV-31

目撃証言

eye-witness

事故や事件の状況，出来事，そこでの活動，発話などについての目撃者の供述を**目撃証言**[1]という．

目撃者が子どもである場合，しばしばその**証言能力**が問題となる．証言能力についてよく引き合いに出されるのは「フィーラー対合衆国」の最高裁判決である[2]．1895年，フィーラーは合衆国テキサス南部の巡回法廷で，殺人により絞首刑を言い渡された．彼はこれを不服として上告したが，その論拠の1つは5歳児が法廷で自分に不利な証言をしたというものであった．しかし，最高裁の考えは以下のようなものであった．「（証言）能力の有無に年齢的な制限はない．それ（子どもの証言能力）は子どもの能力，知性，真実と偽りの区別，真実を述べる義務の理解にかかっている」(p.524-525)．そして，裁判官は証言能力の有無を一律に定めるのではなく，裁判官自身が子どもの振るまいや知性の有無に注意をはらい，宣誓義務を理解しているかどうか質問を行い，個別に判断するのがよいとしている．上の裁判における5歳児の証言も問題はないという判断であった．

わが国でも同様の判断が行われており，4歳児や6歳児が証言台に立った事例もある．ただし，証言能力は認められても証言の信頼性が認められるとは限らない．供述の変遷や誤りが指摘され，最終的には信頼性が否定された事例も多い．

子どもの証言の特徴や問題点を指摘する前に，まず，証言の信頼性に関わる変数について見てみよう．表31-1は，**目撃記憶**や目撃証言の信頼性にかかわる変数を「記銘，保持，想起」という記憶のプロセスに沿って整理したものである．一般に，目撃者は目撃した事態を一定の時間が経過した後に

---

1) 狭義には法廷での宣誓証言を指し，法廷外での目撃供述と区別する．

2) Wheeler v. U.S., 159 U.S. 523, 1895.

3) Wells, G. L. 1978 Applied eyewitness-testimony research: System variables and estimator variables. *Journal of Personality & Social Psychology*, 36, 1546-1557.

4) 目撃者の特性の1つに被暗示性（迎合性）がある．

5) ターゲット（被疑者）同一性識別の方法の1つ．複数の人物からターゲットを見つけるラインアップ，複数の写真からターゲットを見つける写真ラインアップなどがある．

6) 特に事後に与えられる誤情報が問題である．誤情報はメディア報道や，捜査中の質問

表31-1 目撃記憶に関わる要因

記銘（目撃）	保　　持	想起（事情聴取，同一性識別）
視認条件 　距離，明るさ，目撃時間 対象の特性 　特異性，親近性 目撃者の特性 　有意的注意の有無， 　ストレス，凶器注目効果， 　処理時間，処理の深さ，方略 　の使用	保持条件 　保持期間，干渉，事後情報 目撃者の特性 　再学習，リハーサル，知識， 　関心	聴取者（面接官・捜査官）の特性 　権威的態度，知識，仮説 聴取手続き 　ラインアップの構成や教示・手 　続，面接法，場面再現 目撃者の特性 　被暗示性，記憶力 聴取状況 　社会的圧力

想起することが求められる．この過程において，様々な変数が目撃記憶に影響を及ぼすと考えられる．

ウェルズは，目撃記憶の信頼性にかかわる変数を**推定変数**と**システム変数**に分けた[3]．推定変数とは，目撃状況や目撃者の特性[4]など，影響力があることは推定できるが，一度事故や事件が起きてしまえば後ではどうすることもできない変数である．これに対し，捜査側が人為的に工夫できる変数，たとえば面接法（事情聴取，尋問）や同一性識別の方法（ラインアップ，写真ラインアップ）[5]に関わる変数をシステム変数という．捜査側の努力により，目撃者に与えられる事後情報[6]を減らすことができれば，それもシステム変数と考えることができるだろう．システム変数を最適化することで，より信頼性のある証言を得ることができる．

では，大人と子どもの目撃証言ではどのような点が異なるのだろうか．一般には，大人の方が子どもよりも詳細に出来事を観察し，より耐性のある記憶を形成できるだろう．しかし，変数によっては，大人と子どもの差が小さい場合や，むしろ大人よりも子どもの方がパフォーマンスがよい場合もあるかもしれない．

ローバーズら[7]は，大人と子ども（6，8，10歳）にビデオを見せ，その記憶を自由に語ってもらうとともに（自由ナラティブ），ビデオの登場人物の顔を再認させた．その結果，自由ナラティブの成績は大人の方がよかったが，顔の再認や弁別には発達差はなかった．また，守[8]は母親と子ども（小

によって与えられる可能性がある．ロフタスらは誤情報がオリジナルの記憶を変容させることを示した．ロフタス，F.E. 西本武彦（訳） 1987 目撃者の証言　誠信書房

7) Roebers, C. M., & Schneider, W. 2001 Memory for an observed event in the presence of prior misinformation: Developmental patterns of free recall and identification accuracy. British Journal of Developmental Psychology, 19, 507-524.

8) Mori, K. 2003 "No, Mum. It was a white car": What happens if mother and child dyads witnessed the same event differently? Poster presented at Tsukuba International Conference on Memory.

学生）に細部の異なるビデオを見せ，後で2人にその出来事について話し合いながら思い出させるという実験を行った．その結果，登場人物の食い違いについては母親の主張が優先されたが，車の色については子どもの主張が通ることが多かった．母親は「車の色などは子どもの方がよく注意して見てるから」と考え，子どもの記憶を重視していた[9]．事件では，些細な情報でも重要な意味をもつことがある．背の低い子どもだからこそ目にとまる対象もあるだろう．アニメのキャラクターなど，子どもだからこそ注意を払って見る対象もあるかもしれない．推定変数については子どもの方が常に不利だとは言いきれない．

では，システム変数はどうだろうか．目撃記憶を想起する過程は，取調官や捜査官と目撃者とのコミュニケーションの過程でもある．大人であっても誘導的な面接を受けたり，バイアスのかかった写真帳を示されれば，供述の信頼性は低下する．しかし，コミュニケーションの影響は特に子どもにおいて大きい．

まず，面接官の特徴の影響がある．権威的であったり告発的である面接官のもとでは，子どもの被暗示性が高まることが知られている[10]．また，質問や面接の内容も重要である．「被疑者は悪者だ」などのステレオタイプな情報，実際にはなかったことについての質問，予見にもとづいた質問などにより，子どもは誘導を受けやすい[11]．

さらに，同じ内容の質問であっても，質問の形式によって子どもの反応が異なることが知られている．ウォーカーは，法律家が5歳児に行った法廷尋問を分析し，難しい語彙や否定文を含む質問，クローズ質問（イエス／ノー質問など，答えが限られる質問），マルチ質問（「白いシャツで茶色のズボンだった？」のように複数の項目が含まれる質問）などが多用されていることを指摘した．彼女はこれらをまとめて**法律家言葉**と呼んでいる．このような質問においては誤解にもとづく応答や，質問を理解できないがための「覚えてない」，「知らない」，沈黙などの反応が生じやすい[12][13]．

ペリーらは子どもと大学生にビデオを見せ，その内容につ

9) 必ずしも子どもの方が正確だとは言えないが，大人の認識を示している点で興味深い．

10) Thompson, W. C., Clarke-Stewart, K. A., & Lepore, S. J. 1997 What did the janitor do? Suggestive interviewing and the accuracy of children's accounts. *Law & Human Behavior*, **21**, 405-426.

11) Leichtman, M. D., & Ceci, S. J. 1995 The effects of stereotypes and suggestions on preschoolers' reports. *Developmental Psychology*, **31**(4), 568-578.

12) Walker, A. G. 1993 Questioning Young Children in Court: A Linguistic Case Study. *Law and Human Behavior*, **17**, 59-81.

13) 日本での法廷尋問については下記を参照のこと．
仲真紀子 2001 子どもの面接—法廷での「法律家言葉」の分析 法と心理, **1**, 80-92.

いて法律家言葉または通常の言葉のどちらかで質問を行った．法律家言葉による質問は大学生にとっても困難だったが，子どもへの影響は特に大きかった[14]．また，ウォーターマンは，子どもが「レンガは何を食べるの？」などの無意味な質問にも答えてしまうことを示している[15]．

以上は主に面接で問題になることだが，**同一性識別**（写真ラインアップ等）においても子どもによく見られるバイアスがある．ターゲット（被疑者）がいるラインアップについては，子どもは大人と同程度識別ができる．しかし，ターゲットがいないラインアップ（ブランク・ラインアップ）においても，子どもは誰かを選んでしまうことが多い．

以上，見てきたように，子どもの目撃証言は聴取や識別の手続きの影響を受けやすい．いかにすれば子どもを誘導することなく，より正確な供述を引き出せるかが問題である．

欧米では，子どもを対象とした様々な**面接法**が開発されている．たとえば，様相面接，構造面接，ステップワイズ面接などが有名である．これらの面接法では，質問をできるだけ控え，子どもにできるだけ多く自発的に語ってもらう**自由ナラティブ**が重視されている．また，イギリスでは，子どもの面接はすべてビデオ録画することが義務づけられている．このように，目撃供述を客観的記録に残すことも重要である．

同一性識別についても様々な工夫が行われている．アメリカ心理学会の第41部会（心理と法学会）がまとめた「目撃証言識別手続き」[15]では，ラインアップにおいて「この写真帳には被疑者がいるかもしれないし，いないかもしれない」と述べることを推奨している．この教示は，ブランク・ラインアップでも選択をしがちな子どもにおいて，特に重要である．

わが国ではまだ十分な対応が取られていないが，面接や識別手続きのガイドラインの作成が望まれる．〔仲真紀子〕

14) Perry, N. W., McAuliff, B. D., Tam, P., Claycomb, L., Dostal, C., & Flanagan, C. 1995 When lawyers question children : Is justice served? *Law and Human Behavior*, **19** (6), 609-629.

15) U. S. Department of Justice 1999 *Eyewitness Evidence : A Guide for Law Enforcement*. Washington, D. C. : U. S. Department of Justice.

【参考文献】

渡部保夫(監) 一瀬敬一郎・厳島行雄・浜田寿美男・仲真紀子(編著) 2001 目撃証言の研究：法と心理学の架け橋をもとめて 北大路書房

厳島行雄・仲真紀子・原聰 2003 目撃証言の心理学 北大路書房

IV-32
心の理論
theory of mind

アメリカの動物心理学者プレマック（Premack, D.）らは，チンパンジーなど霊長類の動物が，「あざむき」のように，他の仲間の心の状態（mental state）を推測しているかのような行動をとることに注目し，これを「**心の理論**（theory of mind）」と呼ぶことを提唱した[1]。

このプレマックの提案を受けて，オーストリア出身の心理学者パーナー（Perner, J.）らは，**誤った信念課題**（false belief task）を用いて幼児・児童の「心の理論」の発達を調べた[2]。これは，次のような課題である。

> 「マクシは，お母さんの買い物袋をあける手伝いをした。マクシは，チョコレートをどこに置いたかをちゃんとおぼえている。その後，マクシは遊び場に出かけた。マクシのいない間に，お母さんは「緑」の戸棚からチョコレートを取り出し，ケーキを作るために少し使った。お母さんはそれを「緑」の戸棚に戻さず，「青」の戸棚にしまった。お母さんは足りない卵を買うために出て行った。マクシはお腹をすかせて遊び場から戻ってきた。」
>
> 〔質問〕マクシは，チョコレートがどこにあると思っていますか？

この課題を実施した結果，3〜4歳児はそのほとんどが正しく答えられない（「青」の戸棚を選ぶ）が，4歳〜7歳にかけて正答率が上昇するというデータが得られた。このような一連の研究の結果から，幼児期の終わりまでに「心の理論」が成立することが示されたのである。

では，この「心の理論」は，児童期にはどのように発達していくのだろうか。1985年にパーナーら[3]は，「Aさんが……と信じているとBさんは信じている」という形式の**二次**

1) Premack, D., & Woodruff, G. 1978 Does the chimpanzee have a theory of mind? *The Behavioral and Brain Sciences*, **1**, 515-526.

2) Wimmer, H., & Perner, J. 1983 Beliefs about beliefs: Representation and constraining function of wrong beliefs in young children's understanding deception. *Cognition*, **13**, 103-128.

的信念の理解が児童期の中期（9〜10歳ごろ）までに発達することを示す一連の実験を行った。この研究では，概略次のような課題が与えられた。

> 「ジョンとメアリーは公園で遊んでいた。メアリーはアイスクリームを買いたかったがお金がない。アイスクリーム屋さんはメアリーに「後でお金を持ってくるといいよ。ずっとこの公園にいるから」と言った。メアリーは家に帰っていった。ジョンは公園に残っていたが，アイスクリーム屋さんがワゴン車で公園から移動しようとしているのを見ておどろき，「どこへ行くの？」と聞いた。アイスクリーム屋さんは「ここではアイスクリームを買ってくれる人が少ないから，教会の前に行くんだよ」と言った。教会に移動する途中，メアリーに出会ったアイスクリーム屋さんは「教会に移動するので，そちらに買いにおいで」と言った。ジョンはこのことを知らない。しばらくして，ジョンはメアリーの家に行った。玄関にメアリーのお母さんが出てきて「メアリーはアイスクリームを買うと言って出て行ったわ」と告げた。」
> 〔質問〕ジョンはメアリーをさがしに行きました。ジョンはメアリーがどこに行ったと思っているでしょうか？

この質問で問われているのは，「メアリーはアイスクリーム屋さんが公園にいると思い込んでいる，とジョンが思い込んでいる」ということが理解できるかどうかである。このことが理解できていれば，上の「質問」の答えが「教会」ではなく「公園」であることはすぐにわかるはずである。パーナーらの実験[3]は，オーストリアの7〜10歳の児童156人を対象に，町の模型を使い，エピソードをテープレコーダで聞かせながら実験者が実演する方法で進められた。その結果，二次的信念の理解は9〜10歳ごろに可能になるという結果が得られたのである。

二次的信念課題を絵本形式で小学生1〜6年生890人に実施した子安らの追試研究[4]では，図32-2に示すような結果が得られている（$x^2(6)=16.0, p<.05$）。この図では，5年と6年でも約82パーセント，大学生でも87.5パーセントという結果であり，この課題が難しいことがわかる。なお，図32-2で1年と2年の正答率が3年や4年よりも少し高くなっているのは，1年と2年のみ絵本に易しい漢字を用い，調査者が

3) Perner, J., & Wimmer, H. 1985 John *thinks* that Mary *thinks* that ...": Attribution of second-order beliefs by 5-to 10-year-old children. *Journal of Experimental Child Psychology*, **39**, 437-471.

4) 子安増生・西垣順子・服部敬子 1998 絵本形式による児童期の〈心の理解〉の調査 京都大学教育学部紀要, **44**, 1-23.

図 32-1 二次的信念課題日本語版の図版（子安・西垣・服部, 1998）[4]

読み上げる形式で実施したからと考えられる．

その後サリヴァン (Sullivan, K.) らの研究[5]では，登場人物の数を減らし，物語の文章を短くし，途中の確認質問の数を増やすなどの変更を行うと6歳児でもかなり成績が向上することが確認されている．

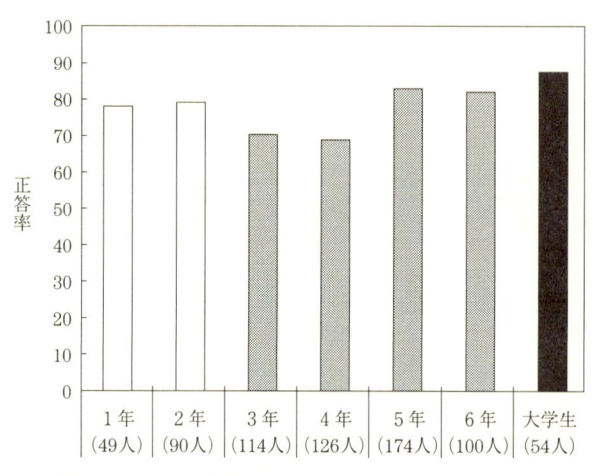

図 32-2 二次的信念課題の結果（子安・西垣・服部, 1998）[4]

しかしながら，二次的信念の理解全体は幼児期ではなく児童期に達成される課題と考えてもよいだろう．では，二次的信念の理解は，児童にとってどんな意味があるのだろうか．

第一に，二次的信念の理解ができるようになると，他者から見た自分を知ることによって，他者を通じた自己理解が促進される．たとえば，「Aさんは，私がAさんを嫌っていると思っているように私には思える」という「私」の信念は，「私はAさんが嫌いだ」とか「Aさんは私を嫌っている」という一次的信念ではなく，Aさんとの人間関係の不和がAさんの誤った信念（誤解）に基づいているという二次的信念の理解である．このような二次的信念の理解を通じて，「私」の自己理解も進んでいく．

第二に，二次的信念の理解は，三次的信念など高次の信念の理解へと発展し，そのことが複雑な人間関係を理解するために役立つ場合がある．たとえば，「AさんとBさんは仲が

5) Sullivan, K., Zaitchik, D., & Tager-Flusberg, H. 1994 Preschooler can attribute second-order belief. *Developmental Psychology*, **30**, 395-402.

悪いとCさんは思っているが，Bさんと仲が悪いCさんは，AさんにもBさんと仲良くしてほしくないと思っているのだ，とDさんは考えている」という文は，「Aさんの信念についてのCさんの信念についてのDさんの信念」，つまり三次的信念をあらわしている．このような高次の信念を通じて，A，B，C，Dの4人の人間関係がわかるようになる．

　第三に，このような高次の信念は，登場人物の込み入った関係を描く小説やドラマなどの**物語理解**の前提となり，そのような物語理解を通じて子どもの世界は広がっていく．たとえば，ディズニーの映画『白雪姫』(1937年) の中で，魔法使いが老婆に化けて白雪姫に毒リンゴを手渡す有名な場面で，白雪姫はおいしいリンゴがもらえると思い（期待），リンゴに毒が入っていることは知らない（知識欠如）．白雪姫は，老婆がふつうのおばあさんであり，リンゴもふつうのリンゴであると信じ込んでいる（誤った信念）．他方，魔法使いは自分がふつうの老婆であり，リンゴがふつうのリンゴであると白雪姫に思い込ませようとしている（あざむき）．この場面での白雪姫の「期待」，「知識欠如」，「誤った信念」の内容，魔法使いの「あざむき」の意図，白雪姫が誤った信念を抱いたと確信したときの魔法使いのほくそえむ気持ちなどがわからないと，この物語の真の意味や面白さは理解できないのである．

〔子安増生〕

【参考文献】
子安増生・木下孝司　1997　〈心の理論〉研究の展望　心理学研究，**68**，51-67．
子安増生　1997　子どもが心を理解するとき　金子書房
子安増生　2000　心の理論　岩波書店

IV-33

感情調節
emotion regulation

　かつて**感情**は理性の対極に位置づけられ，もっぱら人の適応的な思考や行動をかき乱すものと見なされていたが，現在では，長い進化史の中で，ヒトの生物学的あるいは社会的適応に寄与すべく準備されてきたという見方が一般的になっている．例えば個人"内"現象として見た場合の感情は，人に，遭遇した重要事象に対して，適切な行為を迅速にとるための集中した意識状態や動機づけあるいは生理的準備状態を瞬時にもたらし，またその事象に関わる記憶や学習を効率的に進行させる[1]．そしてまた，いったん感情が顔や声の**表情**として表出されると，それは個人"間"現象として，人と人とをつなぐ重要なコミュニケーション・シグナルの働きをすると考えられる[2]．特に，いまだ認知的機能が不十分で，言語によって他者とやりとりすることが不得手な発達早期の子どもにおいて，そうした感情の機能は実に大きな意味を有すると言えよう．

　もっとも，多くの感情は，ある危機的状態に対する"緊急反応"と言えるものであり，心身の恒常性が一時的に崩され，自律神経系やそれに連動した生理機能が強度に活性化された状態である．もしこの状態が短時間で終結せず，長く遷延することになれば，身体各部に大きな負荷がかかり，結果的に機能不全が生じる可能性も否めない（**感情の自己破壊的性質**）．子どもに関して言えば，心身の発達に支障が生じ，時に小児性抑鬱や攻撃的行動障害などの困難な問題も起きかねない[3]．また，感情のあまりにも強く無軌道な表出は，他者との関係性を破綻に導くことがある．例えば，乳幼児が延々とぐずり続けた場合，養育者の子どもと関わる際の自己

1) ダマシオは，感情の発動に関わる脳部位を損傷してしまった数多くの障害事例を検討し，従来はもっぱら思考をかき乱すとされていた感情が，実は，迅速な意志決定や適応的な行動のプランニングに欠かせないものだということを明らかにしている．
　Damasio, A. R. 1994 *Descartes' error : Emotion, reason, and the human brain.* New York : Putnam.〔田中光彦（訳）2000 生存する脳　講談社〕

2) 感情全般の機能およびその発達における役割については以下を参照. 遠藤利彦 1996 喜怒哀楽の起源：情動の進化論・文化論　岩波書店
　遠藤利彦 2001 喜怒哀楽を感じる・喜怒哀楽を表す：情動の心理学　山口裕幸（編）心理学リーディングスナカニシヤ出版　Pp. 19-49.

効力感や動機づけが大幅に低下し、調和的な相互作用の持続が困難になるようなこともある（**感情の関係破壊的性質**）．

つまり感情とは本質的に，人の発達を支え促す側面と，それを阻害する側面とを併せ持つ"両刃の剣"的性質を有するものであり，"知恵を働かせてうまく使って"こそ，換言するならば，感情の性質に関する知識や感情の経験・表出に関する暗黙のルール（**社会的経験／表示規則**[4]）を豊かに備え，それらを基に適切に感情調節を行ってこそ，適応的なのだということを忘れてはならない[5]．子どもにとって，こうした感情調節のスキルをいかに身につけ得るかということが発達過程における重要な課題になることは言うまでもなかろう．

このように感情には，2つの破壊的性質が潜むわけであるが，感情調節もそのそれぞれに対応づけて大きく2種に分けて見ることができる．1つは，自分自身の内的感情状態を正確に覚知し，それをその時々の状況に応じて適切な強度および性質に調節する能力である［感情の自己破壊的性質に対処する能力／個人内現象としての感情の適応的機能を最大限に高める能力[6]：**自己志向的感情調節**］．もう1つは，他者の感情状態をその表出や状況の手がかりから正確に読み取り，また自分自身の感情状態も覚知した上で，自らの感情を，社会的経験／表示規則などに照らして適切に調節する能力，場合によっては他者の感情状態・表出に適切な変化をもたらす能力である［感情の関係破壊的性質に対処する能力／個人間現象としての感情の適応的機能を最大限に高める能力：**関係・他者志向的な感情調節**］[7]．

まず自己志向的感情調節について言えば，最初期，子どもは自発的に自らの感情を調節することができない．大概は，養育者が敏感に乳幼児の状態を察知し，適宜慰めてあげたり環境の調整を行うことを通じて，感情の落ち着きが取り戻されることになる．しかし，月齢が上がるに伴い，子どもは，自らが偶発的に起こした行動，例えば頭を回す，手を口にやる，指や身近にあるものを吸うなどが適度な気晴らしとなることを幾たびか経験し，徐々に，これらの行動を自発的に用いて感情調節することが可能になっていく．特定の移行対象

3) 感情に伴う身体の緊急反応，換言するならば，生理的な高覚醒状態は，次なる危機に対して非常に過敏な心理的構えをもたらす．例えば，被虐待児は，いつまた自らが攻撃の対象になるのか，常時不安や恐れに苛まれていると考えられるが，彼らが，時に衝動的に激しい怒りに駆られ，無謀・無慈悲な攻撃行動などに走りやすい背景には，こうしたメカニズムが関与していると言われている．

4) **社会的経験ルール** (social experience rule) とは，個人が帰属する特定の社会文化において，ある重要な状況下でどのような感情を経験することが是とされ，また非とされるかについての暗黙の基準・規則を指して言う．それに対して**社会的表示ルール** (social display rule) とは，個人の潜在的な内的感情状態はさておき，ある状況下で，いかなる感情をどのような強度で表示することが適切あるいは不適切かに関する基準・規則のことを指して言う．

5) レヴェンソンは，感情そのもののシステムを中核システム，それを柔軟に調節するためのシステムを周辺システムと呼び，それら

［→Ⅲ-22］を使用することなどもこうしたことの延長線上に位置付けられるものであろう．その一方で，自らを慰撫してくれる存在としての養育者に焦点化し，そこに微笑や泣きなどのシグナルを時にその強弱を調整しながら送出することで，自らの感情調節をより効率的に図ろうとし始める．

もっとも，こうした生後1年目に優勢な感情調節はラザルス（Lazarus, R.）らが**感情焦点型対処**（emotion-focused coping）と呼ぶものの中の，特に"**回避**（avoidance）"方略に当たるものと考えられる[8]．それは，感情の原因が何かに関わらず，もっぱら気晴らしをしたり，注意を逸らすことを通して感情の静穏化を図るものである．しかし，生後2，3年目に入り各種認知能力（例えば因果関係の理解など）が高まり，また多様な能動的行為を可能にする身体運動能力が増大してくると，子どもは少しずつ自ら，いわゆる**問題焦点型対処**（problem-focused coping），すなわち感情の原因となった問題を特定し，その直接的解決を図り得るようになると言われている．さらに，この時期は，言語能力が飛躍的に高まり，子どもは言語を用いて自身の主観的感情経験を他者に伝達し他者からより適切な援助を引き出すことが可能になる．また，言語は，感情を調節する方略について様々な知識を得ることやそうした方略について自ら思考することを可能にすると考えられる．

ただし，子どもの感情調節はこの時期以降，右上がりに発達するというわけでは必ずしもない．自己意識や自己評価が明確化し，またそれに伴って恥や罪などの複雑な感情が現出してくるため，子ども自身にとってはもとより，養育者にとってもそれまでにはなかった厄介な事態が引き起こされる．いわゆる"**いやいや**"の現象（negativism）の増加などは，自己が明確化し複雑化してくる分，それに関わる感情の調節が難しくなっていることを意味する．

幼児後期から児童期にかけての顕著な動きの1つは，ラザルスらが感情焦点型対処の一種とした"**再評価**（reappraisal）"，すなわち感情を引き起こした事象の意味をそのネガティヴな度合いが減じるよう再解釈することで感情の静穏

がともに進化の過程でデザインされてきたという考えを提示している．彼によれば，中核システムがきわめて固定的であるのに対し，周辺システムは，後天的学習に広く開かれており，その時々の状況によりふさわしい感情的ふるまいを柔軟な形でとらせるシステムであるという．各種感情のレパートリー，すなわち感情の中核的システムが，比較的発達の早期段階でほぼ出揃うのに対し，この周辺システムは，一生涯，発達・変化し続けるものであり，それだけにこの機能の良し悪しは個人の適応により大きな意味を有するものと考えられる．

Levenson, R. W. 1999 The intrapersonal functions of emotion. *Cognition and Emotion*, **13**, 481-504.

6) 感情調節はただネガティヴな感情を和らげたり抑制したりするばかりのものではない．それは，その状況に適切な感情を奮い起こし，強めるようなことも指して言う．特に幼児期以降，生涯にわたって個人の対人関係が仲間や友人などに広がりを見せると，**自己抑制的行動**ばかりではなく，時には怒りなどの感情も含めた適度な

化を図る試みが徐々に認められるようになることであろう．また，感情が生起してから事後的にそれを調節するのみならず，予防的にある事象を避けたり，また事象の評価を予め調整しそれを自分に言い聞かせるなどして，ネガティヴな感情の生起を未然に抑えるようなことも見られるようになる．

次に関係・他者志向的感情調節について見るならば，子どもは生後1年目の終わり頃から既に，他者との関係を取り結び，それを調整するために感情表出をある程度，道具的に活用し得るようである．それは，特に苦痛が生じないような状況下で，非常にステレオタイプ化したうわべだけの泣きが認められたり，同じ玩具で遊ぶにしても他者の視線が子どもに注がれている状況下で微笑などが多く見られることから明らかである．また，他者との対面状況において，額にしわを寄せたり，唇を固く閉じたり，嚙んだりするといった，感情表出をこらえ，弱めようとするようなしぐさが認められるという報告もある．もっとも，これらは関係志向的ではあってもいまだ自己の利益本位のものであり，他者志向的な感情調節とは言えないものである．他者の利害や感情を共感的に理解し，それに応じた表出の調節が可能になるのはそれよりもずっと後になるようである．

一説によると3歳の子どもでも社会的表示規則などの運用は不十分であり，彼らの感情表出は自らの内的感情状態をそのまま示したものである割合が圧倒的に高いという．しかし，幼児期後期から児童期にかけて，仲間・友人関係［→IV-34］の広がりと深まり，さらには，"心の理論"［→IV-32］や共感性および道徳性［→IV-35］の発達などと相まって，他者への配慮・思いやりを基盤とする表出の調節（強弱の調整や中性化）が徐々に増大してくることが明らかにされている．個人差を扱った研究では，このことも含め感情調節能力全般の高さが仲間や友人からの受容・人気に少なからず影響を及ぼすことが示されている． 〔遠藤利彦〕

自己主張行動が個人の心理社会的適応を左右することが多くの研究で確かめられている．

7) 近年，"感情的知性（emotional intelligence）"あるいはいわゆる"EQ"に関する議論が喧しいが，ここで述べる自己志向的および関係・他者志向的な感情調節は，概念的にそれらにきわめて大きな重なりを持つものと言える．

8) Lazarus, R. S. & Lazarus, B. N. 1994 *Passion and reason : Making sense of our emotions.* New York : Oxford University Press.

【参考文献】
遠藤利彦　2002　発達における情動と認知の絡み　高橋雅延・谷口高士(編)　感情と心理学　北大路書房　Pp. 2-40

IV-34 友人関係
friendship

　私たちは生涯を通して，さまざまな人と出会い，仲間としてまた友人としてつきあいを深めていく．**仲間**（peer）とは，自分と年齢が近く，身体的にも心理的にもまた社会的にも類似した立場にある者である．その意味で，仲間関係や友人関係は同等性と互恵性をそなえたヨコの関係である．

　ハータップ（Hartup, W. W.）[1]は，**友人関係**（friendship）[2]の本質は同等であるとみなしている相手との間の互恵性（reciprocity）と積極的かかわり（commitment）であるとしている．そして友人関係は，子どもの社会化にとって次の4つの働きをしていると指摘した．第1は，コミュニケーションや協同，仲間に入っていくといった基本的なスキルを獲得したり洗練する社会的文脈（social context）である．2番目には，他者についての知識のみならず自分についての知識（self-knowledge）を獲得していく情報源（information sources）である．3つ目は，楽しんだり悩みを解決したりといった情動的・認知的な資源（resources）である．最後は，より親密な関係に必要とされる相互的な自制や親密性を模倣することによって，後のちの対人関係の先駆け（forerunner）となっていることである．

　友人関係が果たす役割は，発達の段階によって異なる．

　乳児期では，通常家庭の中で過ごす時間が多く，乳児同士の持続的な友人関係は頻繁にみられるものではない．生後6か月間では，互いに相手に対して特別の興味を示さないが，9か月以降になると物を相手に渡したり，受け取ったりするようになる．その後まもなく，乳児は追いかけっこや「いないないばあ」といった仲間との原初的な遊びをするようにな

1) Hartup, W. W. 1992 Peer relations in early and middle childhood. In V. B. Van Hasselt & M. Hersen (Eds.) *Handbook of social development : A lifespan perspective.* New York : Plenum Press, Pp. 257-281.

2) 仲間関係のなかでも，とくに特定の人物との，好感をもちお互いに心理的に支えあう親密な関係を友人関係とよぶ．（中澤，2000）

ることが観察されている。そして、仲間との遊びが一人遊びよりも多く見られる時期は24か月以降であり、仲間関係は24か月以前における母親との安定した関係を基礎に発達する（エッカーマン Eckerman, C. O. ほか）[3]。

幼児期には、仲間との活発なかかわりが見られるようになる。特にさまざまな遊具が刺激となって活発な相互交渉が可能になることが報告されている[4]。中澤[5]は、幼稚園で初めて出会った仲間とどのように仲間関係を作っていくかを調べ、4歳児が遊び場面で1人でいる時間の割合が、入園4週目で50％程度に低下することを見出した。また、子どもがやりとりする人数は次第に増加し、4週目では7～8名になり、おもに同性の幼児との交流を中心に仲間関係を発展させていくことを報告している。古くは、パーテン（Parten, M.）[6]が幼児の遊びの型を6つに分け、それによって社会性の発達を検討している。年齢があがるにつれ、一人遊びや並行遊びから仲間との連合遊びや協同遊びへと変化していく。

ビゲロー（Bigelow, B. J.）[7]は、友人に何を期待するかを小学1年生～中学2年生に聞き、次の3つの段階を見出した。(1)報酬－コストの段階：友人とは近くに住み、素敵なおもちゃを持ち、自分といっしょに遊んでくれる人、あるいは自分のしたいように遊んでくれる人ととらえる（小学2，3年生以降），(2)規範的段階：価値や規則・規範の共有が重要となる。友人には忠誠が期待され、助け合い、何かを一緒にすることが求められる（小学4，5年生以降），(3)共感的段階：忠誠・誠実のほかに、友人には相互理解と受容、興味の類似、親密な自己開示が期待される（小学5年～中学1年以降）。

セルマン（Selman, R. L.）[8]は、子どもの友情の理解は社会的視点取得能力に関連するとし、次の5段階モデルを提起している。①レベル0：友情の自己中心的理解（友だちとは近くにいて、そのとき一緒に遊んでいる人），②レベル1：友情の一方的理解（助けてくれるのが友だち），③レベル2：友情の互恵的理解（友人関係に互恵性と相互の調整という認識をもつようになるが、その関係は遊んでいるとき、うまくいっているときに限られる、都合のよいときだけの協

3) Eckerman, C. O., Whatley, J. L., & Kutz, S. L. 1975 Growth of social play with peers during the second year of life. *Developmental Psychology*, **11**, 42-49.

Eckerman, C. O., & Whatley, J. L. 1977 Toys and social interaction between infant peers. *Child Development*, **48**, 1645-1656.

4) 横浜三恵子 1981 乳幼児期におけるPeer Relationの発達的研究 教育心理学研究，**29**, 175-179.

5) 中澤潤 1992 新入幼稚園児の友人形成 保育学研究，**30**, 98-106.

6) Parten, M. 1932 Social participation among preschool children. *Journal of Abnormal Psychology*, **27**, 243-268.

7) Bigelow, B. J. 1977 Children's friendship expectations: A cognitive-developmental study. *Child Development*, **48**, 246-253.

8) セルマン，R. L.・シュルツ，L. H. 大西文行(監訳) 1996 ペア・セラピィ：どうしたらよい友だち関係

同），④レベル3：友情の相互的理解（親密で相互に共有した関係），⑤レベル4：友情の相互依存的理解（相手の独立と依存の2つの感情を統合する能力を通して友情は発展しつづけるという感覚）．

　青年期になると友人関係の重要性が増すとともに，友人とのつきあい方に多様性がでてくる．落合・佐藤[9]は，中学生から大学生を対象に友だちとのつきあい方を調査し，次の6つの種類があることを明らかにした．①自分の本音は出さない自己防衛的なつきあい方，②友だちと同じようにしようとする同調的なつきあい方，③だれとでもつきあおうとする全方向的なつきあい方，④自分が理解され，愛されていることを望む被愛願望的つきあい方，⑤自分に自信をもって友だちとつきあうつきあい方，⑥友だちと積極的にかかわり相互に理解しようとするつきあい方である．そして中学生では，自己防衛的なつきあい方と同調的なつきあい方が多くみられ，高校生では全方向的および被愛願望的なつきあい方，大学生では男子は自分に自信をもったつきあい方，女子では積極的相互理解のつきあい方がみられると報告している（図34-1）[10]．

　榎本[11]は，中学生から大学生までの友人関係の発達的変化を検討した．その結果，男子は同一の活動を行うことを重視する関係（共有関係）から，互いの相違点を理解し，互いに尊重しあう関係（相互理解活動）へと変化する．女子は友人との類似性を重視した親密な関係（親密確認活動）から他者を入れない絆をつくる閉鎖的な関係（閉鎖的活動）へ，さらには相互理解活動へと変化する．つまり，友人関係は徐々に互いの相違点を理解し，互いを尊重した関係へと発達していくという．さらに，榎本[12]はどの学校段階を通しても，友人と一緒にいたり，遊んだりと友人との親しい関係を望む「親和欲求」が高く，友人との同じ行動や同じ趣味を望む「同調欲求」は低く，友人と互いの個性を尊重する関係を望む「相互尊重欲求」が学校段階とともに高くなっていることを見出している．

　岡田[13]は大学生を対象にした調査から，友人関係の特徴として，互いの領域に踏み込まぬよう，関係の深まりを回避

がつくれるか　Ⅰ巻　北大路書房

9）落合良行・佐藤有耕　1996　青年期における友達とのつきあい方の発達的変化　教育心理学研究，44，55-65．

10）落合良行（編著）1998　中学三年生の心理―自分の人生のはじまり　大日本図書

11）榎本淳子　1999　青年期における友人との活動と友人に対する感情の発達的変化　教育心理学研究，47，180-190．

12）榎本淳子　2000　青年期の友人関係における欲求と感情・活動との関連　教育心理学研究，48，444-453．

13）岡田努　1995　現代大学生の友人関係と自己像・友人像に関する考察　教育心理学研究，43，354-363．

14）Hartup, W. W., & Stevens, N. 1997 Friendships and adaptation in the life course. *Psychological*

する「表面的−内面的関係」，互いに傷つけあわぬよう気を遣う「気遣い関係」，楽しさを追求し群れる「群れ関係」の3つがあることを明らかにしている．

生涯を通しての友人関係の重要性について，ハータップら[14]は3つにまとめている．①友人は児童期から高齢期にいたるまで，自尊心（self-esteem）や幸福感（a sense of well-being）（V-50参照）を育成する認知的・感情的な資源である．②個々人が良い結果を達成するために修得しなければならない年齢相応の発達課題という点からみると，友人はお互いに社会化しあっている．③社会的スキルのある友人間の支持的で親密な関係は発達的に有利であるが，逆に問題のある友人間のコンフリクトに満ちた関係は，不利となる．

友人をもつことは生涯にわたる幸福感と関連するが，それは自分の友人のアイデンティティと友人との関係の質に依存している．友人関係のあり方は多様であり，友人関係が個人の発達に与える影響を詳しく検討していくことが必要である．また，友人とは反対の立場にある嫌いな，ネガティブな関係にある敵対関係の人（enemy）の検討も必要であろう[15]．

〔二宮克美〕

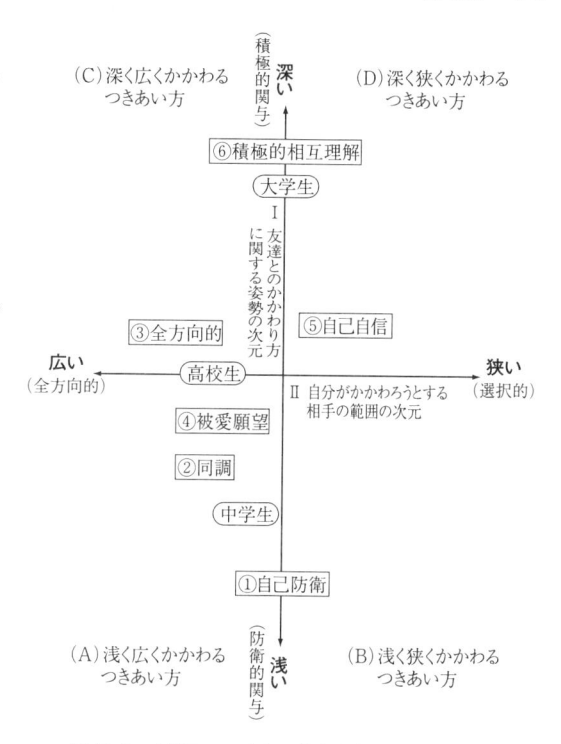

図34-1 友達とのつきあい方を構成する2次元とつきあい方の4パターン（落合，1998）[10]

(C)深く広くかかわるつきあい方
(D)深く狭くかかわるつきあい方
⑥積極的相互理解
大学生
③全方向的
⑤自己自信
広い（全方向的）
高校生
狭い（選択的）
④被愛願望
②同調
中学生
①自己防衛
(A)浅く広くかかわるつきあい方
(B)浅く狭くかかわるつきあい方

I 友達とのかかわり方に関する姿勢の次元
II 自分がかかわろうとする相手の範囲の次元

積極的関与／深い
防衛的関与／浅い

Bulletin, **121**, 355-370.

15) Hartup, W. W., & Abecassis, M. 2002 Friends and enemies. In P. K. Smith & G. H. Hart (Eds.) *Blackwell Handbook of Childhood Social Development*. Oxford: Blackwell Publishing, Pp. 285-306.

【参考文献】
井森澄江 1997 仲間関係と発達 井上健治・久保ゆかり（編）子どもの社会的発達 東京大学出版会
松井豊 1990 友人関係の機能 斎藤耕二・菊池章夫（編著）社会化の心理学ハンドブック 川島書店

IV-35
道徳性
morality

　道徳性は，認知，行動，感情の3つに分けて考えられてきた．認知は道徳的知識や判断を重視する立場であり，主として認知発達心理学者が研究を行ってきた．行動は社会的学習理論家が，感情は精神分析理論家が主として検討を加えてきた．道徳性とは，究極的には行為の質が問われるべきである．しかし，知識や認知のともなわない行為は不安定であり，それゆえに心理学者は道徳的な認知の側面に重点をおいて研究してきている．

　レスト（Rest, J.）[1]は，道徳性を認知，行動，感情の3つに分けるのではなく，4つの要素（component）に分けてとらえることを提案した．①状況の解釈：自分の行為が他者の幸福に対してどのような影響を与えるのかという点についての認識．②道徳的行為についての計画の立案：どのような行為を選択することが，道徳的理由にかなうか，その状況で何をすべきかを考えること．③行為の選択：実際に自分がどのように行動するかを決定すること．④実行：道徳的な行動計画を実行に移すこと．その実行には自我の強さが必要とされる．

　ブラシ（Blasi, A.）[2]は，「道徳性は具体的な行動のリスト（他者を助けること，非行をしないこと，人を攻撃しないこと，盗みなどの誘惑に抵抗することなど）としてはじめ定義されていたが，道徳性は具体的な行動からなっているのではなく，道徳に対する行為者の特別な観点（行為者がもっている行為と場面についての知識や認知）からなっていると考えられるようになった」と述べている．そして，道徳性を次の3つの基準でとらえることを提案している．ある行動あるい

1) Rest, J. 1983 Morality. In P. Mussen (Ed.) J. H. Flavell & E. Markman (Eds.), *Cognitive development : Vol. 3. Handbook of Child Psychology*. 4th edition. New York : Wiley, Pp. 920-990.

2) Blasi, A. 1987 The psychological definitions of morality. In J. Kagan & S. Lamb (Eds.) *The emergence of morality in young children*. Chicago : The University of Chicago Press, Pp. 83-90.

表35-1 道徳・慣習・個人概念の発達段階 (Smetana, 1982)[7]

道徳	段階1	罰と服従への指向
	段階2	道具主義的な相対主義
	段階3	対人的同調あるいは良い子指向
	段階4	法と秩序指向
	段階5	社会契約的な法律指向
	段階6	普遍的な倫理的原理指向
慣習	段階1	行動上の一様性を描写したものとしての慣習の肯定
	段階2	行動上の一様性を描写したものとしての慣習の否定
	段階3	具体的な期待や規則が随伴するものとしての慣習の肯定
	段階4	規則体系の一部としての慣習の否定
	段階5	社会システムによって媒介されたものとしての慣習の肯定
	段階6	社会的規範としての慣習の否定
	段階7	社会的相互作用を調整するものとしての慣習の肯定
個人	段階1	物の所有や身体的特徴に基づいた個人（自他）の定義
	段階2	行動特徴や明確な役割に基づいた個人（自他）の定義
	段階3	思考，感情，意思をもった存在としての個人（自他）の定義
	段階4	統一された自己概念をもった者としての個人（自他）の定義
	段階5	自己概念を価値ある方向へ変容する決定者としての個人（自他）の定義

は習慣的行為が道徳的であると考えてよいのは，①それが意図的になされること，②ある種の義務感に対する反応であること，③その義務感はたとえあいまいにしか理解されていなくても，ある理想（たとえば，正義や公正，思いやり，責任や配慮など）に対する反応であること，の3点である．

　道徳性に関する心理学的研究の先駆けとなった研究は，ピアジェ（Piaget, J.）[3]の「児童の道徳的判断」という研究である．ピアジェ以前の道徳性の発達に関する理論は，社会規範に同調するようしむけ，社会的権威の受容を目標とする考え方が主流であった．しかし，ピアジェはそうした考え方を批判し，「すべての道徳は規則の体系から成り立っており，すべての道徳の本質は個人がこれらの規則に対して払う尊敬の中に求められるべきである」とした．そして，子どもの道徳性の発達を，他律的な大人の拘束による道徳観から自律的で仲間との協同による道徳観への変化，一方的尊敬から相互的尊敬への変化としてとらえた．

　コールバーグ（Kohlberg, L.）[4]は，ピアジェの認知発達的考え方を引き継ぎ，子どもでも自分なりの正しさの枠組みをもっていて，それにもとづいて道徳的な判断をすると考

3) Piaget, J. 1932 The moral judgment of the child. London : Routledge & Kegan Paul. 〔大伴茂（訳）1970 児童道徳判断の発達 同文書院〕

ピアジェ（1896～1980）スイスのニューシャテル生まれ．1921年，弱冠25歳でジュネーブのジャン=ジャック・ルソー研究所の研究主任となり，子どもの知能や思考の発達に関する研究を次々に発表し，発生的認識論を展開した．

えた．その正しさの枠組みは発達とともに質的に変化するものとして3水準6段階の発達段階説を提唱した（表35-1）．

段階1は「罰と服従への指向」であり，罰を避け，力のあるもの（権力など）に服従するといったことで善悪を決める．段階2は「道具主義的な相対主義」の段階で，自分または他人の要求の満足によって善悪を決め，人間関係を取り引きのようにみる．段階3は「対人的同調あるいは良い子指向」の段階で，まわりの人々に喜ばれたり，認められたりすることで行為の善悪を決め，ステレオタイプ的な良い子のようにふるまう．段階4は「法と秩序指向」で，権威，規則，社会秩序の維持に関心を向け，義務の遂行，権威の尊重，秩序の維持などを基準として善悪を決める．段階5は「社会契約的な法律指向」であり，個人の権利や社会的に承認された基準を用いて，功利的に善悪を決めようとする．個人の価値観や意見の相対性についての意識がはっきりとしており意見の一致への手続きを強く要求する．最後の段階6は「普遍的な倫理的原理指向」の段階であり，倫理的包括性，普遍性，一貫性に訴え，自分で選んだ倫理的原理に従い，良心にもとづいて善悪を決める．その原理は，人間の尊厳の尊重といった抽象的・普遍的なものである．

ギリガン（Gilligan, C.）[5]は，コールバーグの理論が男性を中心とした考え方であると批判し，女性は人間関係，気配り，共感などを主要原理とする**配慮と責任の道徳性**を発達させるとした．

チュリエル（Turiel, E.）は，「私たちが守らなければならない社会的ルールの中には，他者の権利や福祉に関する道徳性と社会的相互作用を円滑にし，社会秩序を維持する**社会的慣習**（social convention）の2つが存在し，それらを区別しなければならない」と述べた[6]．道徳性と社会的慣習は，一般化可能性，規則随伴性，文脈性，規則可変性，権威依存性の5つの観点で区別され，異なる発達過程をとる（表35-2）．チュリエルの提唱する**社会的領域理論**（social domain theory）では，道徳と慣習，さらに心理（個人と自己管理）の3つの社会的領域を区別し，子どもは質的に異なった領域概

4) コールバーグ（1927～1987）ニューヨーク市生まれ．シカゴ大学で学位取得．1968年ハーバード大学教授，1974年同大学道徳教育発達センター所長．

Kohlberg, L. 1976 Moral stages and moralization: The cognitive-developmental approach. In T. Lickona (Ed.) *Moral development and behavior : Theory, research, and social issues*. New York : Holt, Reinhart & Winston.

5) Gilligan, C. 1982 *In a different voice : Psychological theory and women's development*. Cambridge : Harvard University Press.〔岩男寿美子（監訳）1986 もうひとつの声：男女の道徳観のちがいと女性のアイデンティティ 川島書店〕

6) Turiel, E. 1983 *The development of social knowledge : Morality and convention*. Cambridge, MA : Cambridge University Press.

表 35-2　道徳と慣習の規則の違い（Turiel, 1983）[6]

	道　徳	慣　習
一般化可能性	どんな社会集団にも適用され，変わることはない	特定の集団にだけ適用され，集団によって変わることがある
規則随伴性	道徳的違反は，たとえ規則がなくても悪いことである	慣習的違反は，規則がなければ悪いことではない
文脈性	文化に普遍的で絶対的	社会的な文脈に相対的
規則可変性	変えられない	集団の成員の合意により，変えることができる
権威依存性	権威者の強制力は弱く，小さい	規則の施行については，権威者の力が強く，大きい

念を獲得していくとしている．私たちが出会う社会的相互作用は，1つの領域だけから判断できるもののみではない．たとえば，向社会的行動は自由意志に委ねられるという個人領域の要素と他者の生命の救助という道徳領域の要素を併せもつ．乗り物への割り込み行為は社会的秩序を乱すという慣習的な側面と同時に，待ち時間と乗車優先の公平さという道徳的側面ももっている．1つの領域からの思考をこえた解釈や判断は，領域調整（domain coordination）といわれている．社会的相互作用をどのような領域の問題として解釈し判断するかが問題となる．人工妊娠中絶の問題を道徳領域の問題ととらえるか，個人領域の問題ととらえるかで，中絶率に違いが見られることが見出されている[7]．

たしかに道徳は，古くは慣習という社会集団生活の行為様式の上に成立してきた．そして，私たちの日常生活における道徳の実践の仕方は，きわめて慣習的である．両者の機能や作用は，互いに重複し交錯し競合し合っている．慣習に違反したり背反したりするとき，慣習に対する反省的な考慮が生じ，道徳と慣習が区別されるべきものとして自覚される．行為に対する慣習的な行い方から，行為に対する反省的な行い方への転換によって，道徳が単なる慣習と区別され自覚されるとき，はじめて道徳について考え始めたといえる．

〔二宮克美〕

7) Smetana, J. 1982 *Concepts of self and morality : Women's reasoning about abortion.* New York : Praeger.

【参考文献】
永野重史編　1985　道徳性の発達と教育：コールバーグ理論の展開　新曜社
首藤敏元・二宮克美　2003　子どもの道徳的自律の発達　風間書房

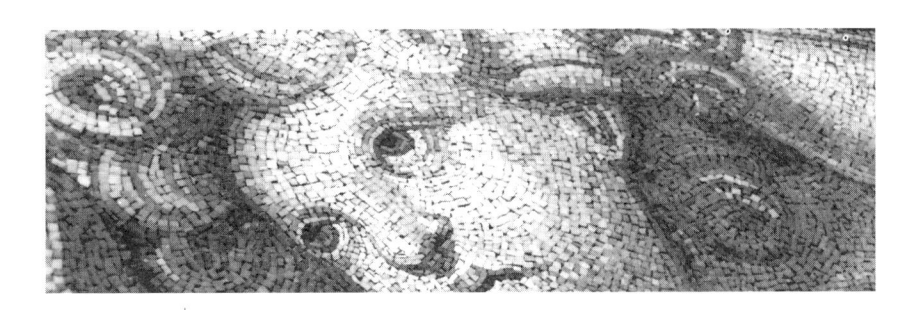

V 思春期・青年期

V-36 キャリア選択

career choice

私たちは自分の生き方は自分で決めなければならない。**キャリア**（career）とは，個人の一連の過去と一連の未来をつないで人生にひとつのまとまりを生み出し，何らかの個人的および社会的な価値の実現をもたらすような**経歴**をいう。人はどのようにして自分のキャリアを選択していくのであろうか。

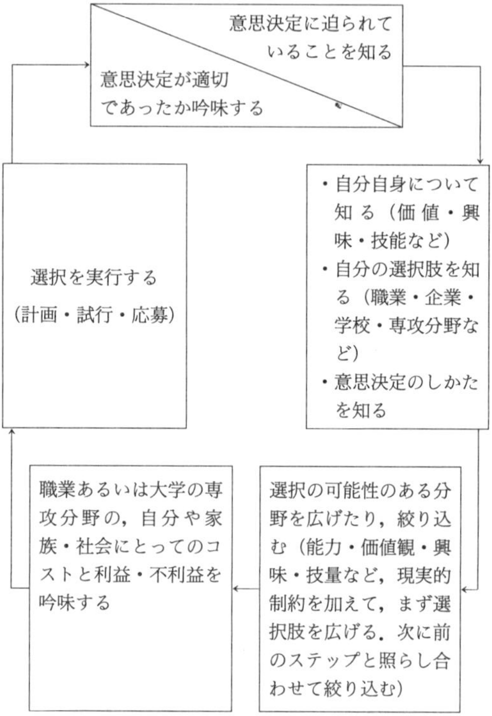

まず**特性因子理論**（trait and factor theory）の考え方を紹介したい。特性因子理論とは，ある特定の職業に求められる能力を明確にすると同時に，個人の能力を分解してさまざまな潜在的可能性に分類し，そうして得られた資料を活用することで，職業の求める能力と個人のもつ可能性が一致する職業に就くならば，個人にとって職業的成功がもたらされるとする考え方をいう。**適性**（aptitude）は個人に内在する安定した性質ではなく，個人の性質と職業の特性との出会いによって生み出されるものである。たとえば，作業環境を変えると，適性の内容も条件も変わる。**個人と環境の適合**（person-environment congruence）が問題となっているのである。

ホランド（Holland, J. L.）は特性因子理論を発展させた。ホランドは仮定として，①個人の行動はその人のパーソナリティと環境との相互作用で決定される，②人は6つのパーソ

図 36-1　職業と大学の専攻分野を選ぶときの望ましい意思決定の流れ（Sampson, et al., 1992）[2]

1) Holland, J. L., & Rayman, J. R. 1986 The self-directed search. in W. B. Walsh & S. H. Osipow (Eds.) *Advances in Vocational Psychology, Vol.1: The Assessment of Interests.* Hillsdale, NJ: Lawrence Erlbaum Associates, Pp. 55-82.

2) Sampson Jr., J. P., Peterson, G. W., Lenz, J. G., & Reardon, R. C. 1992 A

表36-1 スーパーによるキャリア発達の段階 (Gothard, 2001)[4]

成長期 (0〜14歳)	自分の欲求から空想する時期(4〜10歳)、自分の興味を重視する時期(11〜12歳)、仕事に必要な能力を考える時期(13〜14歳).
探索期 (15〜24歳)	自分なりに考えたり、話し合ったり、アルバイトをしたりするなかで、自分なりの志望職業が出てくる暫定期(15〜17歳)、職業訓練を受けたり働き出したりして現実的に考え始める移行期(18〜21歳)、はっきりと自分にあった職業を選ぼうとする試行期(21〜24歳).
確立期 (24〜44歳)	仕事が本当に自分に合うかどうかを検証する試行期(24〜30歳)、働き方が安定し、自分の地位を固めようとする安定化期(31〜44歳)からなる.
維持期 (44〜64歳)	仕事の地位が確定している時期.
下降期 (65歳以上)	退職または仕事から身を引いていく時期.

ナリティの類型(現実的・研究的・社会的・慣習的・企業的・芸術的)に分けることができる、③環境も同様の6つの類型(現実的・研究的・社会的・慣習的・企業的・芸術的)に分けることができる、④人は自分の類型と同様の類型の環境を求める、⑤両者の一致度が高いほど**職務満足**(job satisfaction)や安定性や職業的成功が高いと考えた。たとえば、社会的なパーソナリティの類型にあてはまる人は、社会的な環境の類型にあてはまる職業に就くのがよいとされた[1]。

キャリア選択の過程に焦点を合わせた理論に**意思決定モデル**(decision-making model)がある。意思決定モデルとは、個人が意思決定する際に考慮すべき要因や思考・判断の手順・手続きに関してキャリア選択の過程をシステム化したものをいう。たとえば、図36-1に示されるモデルからは、意思決定は取捨選択の過程であり、選択するときには選択肢を増やすことが大切であり、絞るときには自分の選択の条件を見つけることが大切であることがわかる[2]。

キャリア選択は就職のひとときだけに限られるのではなく、生涯をとおしてそれぞれの時期で行われていくものである。生涯にわたりキャリアをとおして自己実現していくとする考え方を**キャリア発達理論**(career development theory)という。代表的な提唱者はスーパー(Super, D. E.)である。

スーパーはキャリア発達の中心に自己概念の充実を置き、表36-1に示されるように、成長期・探索期・確立期・維持期・下降期の5つの段階に分けた。また、スーパーは、人の

cognitive approach to career services: Translating conceptions into practice. *Career Development Quarterly*, **41**, 67-74.

3) Super, D. E. 1957 *The Psychology of Careers*. New York: Harper Row.〔日本職業指導学会(訳)1960 職業生活の心理学―職業経歴と職業的発達 誠信書房〕

4) Super, D. E. 1980 A life-span, life-space approach to career development. *Journal of Vocational Behavior*, **16**, 282-298.

5) Gothard, B. 2001 Career development theory. in B. Gothard, P. Mignot, M. Offer & M. Ruff *Careers Guidance in Context*. London: Sage, Pp. 10-37.

生涯は，職業人としての役割だけではなく，市民や家族の一員などさまざまな役割があるとして，生涯にわたる全生活空間のなかにキャリアを位置づける必要があるとした[3)4)5]．

ホランドの弟子のゴトフレドソン（Gottfredson, L.）は，実際には多くの人が興味のない職業に就くのはなぜか，たとえ興味のある職業に就いても職務満足が高いとはいえないのはなぜかと考えた．そして，なぜ社会的不平等（social inequality）が子どもによって再生産されるのかをキャリア選択の過程で解明しようとするうちに，キャリア選択における限界設定と妥協が子どものときからじょじょに進行することを見出した．彼女はホランドの因子特性理論を受け継ぎ，スーパーのキャリア発達理論からも影響をうけて独自の発達理論を構築した[6)7]．

彼女の理論を図36-2に示す．自己概念は現在と将来における自己像のことをいう．この段階でジェンダー，社会階層，知能，興味，価値観による分化が始まっている．**職業イメージ**は，仕事についてのもので，その職業に関連するさまざまな情報と結びついている．**職業興味**とは職業の選択のことをいい，自分のなりたい理想や力を注いでもよいと思うことと職業とがどのくらい一致するかによって決まる．職業と自分との相性が検討され，就けるかどうかの現実吟味がなされると，志望職業の候補が出てくる．これはさらに世間の目から吟味される．つまり，自分は人からこんなふうに見られたいとか，家族や仲間，社会の目からこんなふうに見られると嬉しいとかいう点から検討される．こうして志望職業が決まるのである．

身近に大学生を見ていると，**就職活動**（job seeking）をとおして職業と自己の理解を深めているようである．企業の

自己概念
・ジェンダー
・社会階層
・知能
・興味
・価値観

職業イメージ
・性別
・かっこよさ
・現場

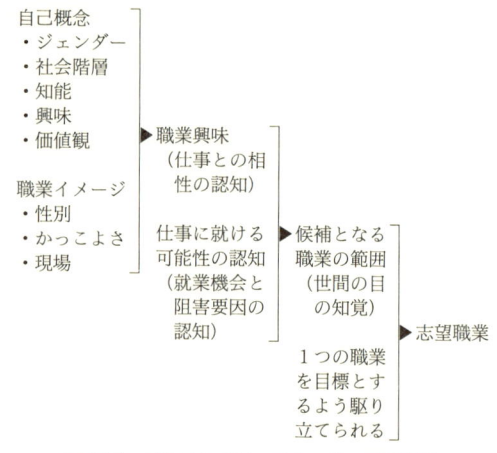

▶職業興味（仕事との相性の認知）

仕事に就ける可能性の認知（就業機会と阻害要因の認知）

▶候補となる職業の範囲（世間の目の知覚）

1つの職業を目標とするよう駆り立てられる

▶志望職業

図36-2　ゴトフレドソンのキャリア発達理論
(Gottfredson, 1981)[6]

6) Gottfredson, L. S. 1981 Circumscription and compromise: A developmental theory of occupational aspirations. *Journal of Counseling Psychology*, **28**, 545-579.

7) Gottfredson, L. S. 1996 Gottfredson's theory of circumscription and compromise. in D. Brown & L. Brooks (Eds.) *Career Choice and Development*. 3rd edition. San Fransisco, CA: Jossey-Bass, Pp. 179-232.

8) Grotevant, H. D. 1987 Toward a process model of identity formation. *Journal of Adolescent Research*, **2**, 203-222.

説明会に行ったり、採用面接を受けるなかで、一方で企業から拒絶されたり、他方で自分からその企業とは合わないと感じたりしながら、就職にあたってどんなことは妥協できるのか、どんなことは譲れないのか、そしてその譲れない一線を確保するにはどんなところに目標を設定したらよいのか、わかってくるようである。これは**課題探求**（task exploration）と**アイデンティティ探求**（identity exploration）との相互のやりとりが就職活動のなかで行われ、それをとおしてキャリア選択が深化していることを示す[8]。つまり、大学生は、進路選択をとおして自己像の修正や再構成を行い、自己像の修正をとおして進路選択に取り組んでいるのである[9]。

今日では、従来のように、就職後そのまま梯子を登るように昇進していくようなキャリアのイメージとは実態が異なってきている。また、一見、キャリアが多様化し、個人の選択の幅を広げているように見えるが、他方で、**失業**（unemployment）の不安が増大したり、学校から社会への移行のすじみちが見えなくなったり、他者との競争が激しくなり、就業のための努力や能力開発は個人の問題にされてしまっている。こうした状況のなかで、青年の**進路未決定**（career indecision）[10]や**フリーター**（young part-time worker）[11]が問題になっていることも考えておく必要がある。たとえば、不安定就労に就いた若者は、彼らが就いている職業と最終的な職業とに連続性がもちにくく、職業能力の獲得のための研修の機会もなく、中途採用者の求人条件が悪いといったことが重なるために、不利がさらに増大している。

若者の就労支援のためには、モデルとなる大人との安定したかかわりのなかでサポートが得られるような社会システムを若者と一緒に構築することが必要である。　〔白井利明〕

9）高村和代　1997　課題探求時におけるアイデンティティの変容プロセスについて　教育心理学研究，**45**，243-253．

10）進路未決定とは進路を決められないことをいい、高じると、卒業できなかったり、進路を決められないまま卒業したりするという問題がある。進路未決定には、気質的に高い不安をもつことによる場合（indecisive型）と進路を決めるための情報が十分でない場合（undecisive型）とがある。若松養亮　2001　大学生の進路未決定者が抱える困難さについて―教員養成学部の学生を対象に　教育心理学研究，**49**，209-218．

11）フリーターとは、パートやアルバイトと呼ばれる不安定就労に就く10代後半から20代の人をいう。白井利明　2003　青年期の心理とフリーター　後藤宗理・大野木裕明（編）　現代のエスプリ　No. 427　特集　フリーター　至文堂，116-126．

【参考文献】
柳井　修　2001　キャリア発達論―青年期のキャリア形成と進路指導の展開　ナカニシヤ出版
竹内常一・高生研（編）　2002　揺らぐ〈学校から仕事へ〉―労働市場の変容と10代　青木書店
白井利明　2003　大人へのなりかた―青年心理学の視点から　新日本出版社

V-37
恋愛と結婚
romance and marriage

恋愛（romance）とは，互いに引かれあう2人のあいだの関係または一方的に引かれるなかで生じる情緒とその過程をいう．恋愛は各自の意思にもとづく個人の選択である．魅力には性的なものが含まれ**性行動**（sexual behavior）を伴うが，これには個人・宗教・文化の価値観が影響する．

恋愛の発達は，前青年期までは同性だけだった**仲間集団**（peer group）に，青年期前期で異性がかかわるようになり，青年期後期には個人的な交際へと発達する．言い換えると，青年期前期での多くの異性との多くのつきあいを経て，青年期後期の個人的なつきあいへと発展する．心理的な面では，気があうことや親しいこと，気にかけることが特別な友情を生み出し，**コミットメント**（commitment）や独占に至り，相手に対する愛着や献身となって，大人の恋愛となる[1]．コミットメントとは相手と関係を維持しようとすることをいう．

実証的な研究では，フィーリング（Feiring, C.）が9歳から18歳までを縦断的に調査している[2]．図37-1に示されるように，児童期にあたる9歳でも，青年期前期にあたる13歳で

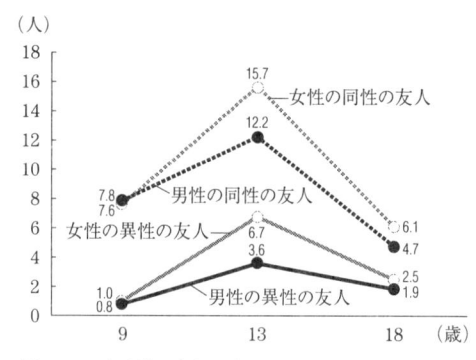

図 37-1　友人数の年齢的変化（Feiring, *et al.*, 1999）[2]

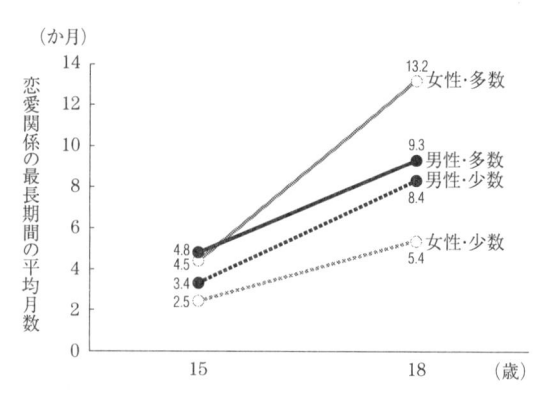

図 37-2　青年期前期の異性の友人数がその後の恋愛関係に及ぼす影響（Feiring, *et al.*, 1999）[2]

（注）多数とは，13歳時の異性の友人が多いことを指し，少数とは，少ないことを指す．

1) Brown, B. B., Feiring, C., & Furman, W. 1999 Missing the love boat: Why researchers have shied away from adolescent romance. in W. Furman, B. B. Brown & C. Feiring (Eds.) *The Development of Romantic Relationships in Adolescence,*

も，青年期後期にあたる18歳でも，いずれも友人数は同性が異性よりも多かったが，その差は18歳で減少した．男女で比べると，9歳では差がないが，13歳と18歳では女性が同性でも異性でも友人数は多かった．

次に，交際期間を検討する．図37-2に示されるように，男女とも15歳よりも18歳のほうが交際期間が長かった．交際の安定は恋愛関係の発達を示す．また13歳のときに異性の友人が多いと交際期間が男女とも長かった．この結果は青年期前期に異性の友人と幅広いネットワークをもつことがその後の恋愛の発達を促すことを示している．女性の18歳で，13歳のときに幅広いネットワークをもつことの効果が顕著である．

恋愛関係に関して言及される内容には男女差があった．18歳では，表37-1に示されるように，女性は相性や**自己開示**（self-disclosure），嫉妬，友情，サポート，相補性（自分にないものが相手にある），愛，信頼が多く述べられた．男女で求めるものや感じ方に違いがあるといえる．これは異性に対してだけでなく，同様の性差が同性に対しても認められている．それでも男性は同性に対してよりも女性に対して自己開示やサポートをより多く行っているといわれている．

青年期の恋愛は**親子関係**（parent-child relationship）にどのような影響を与えるのであろうか．かつては，愛着の対象が両親から恋人へと変わることで青年期の自立が達成されると考えられてきた．今は，恋人ができても両親は愛着の対象であり続けると考えられている．ただし，青年期に入って交際するようになると，門限や家での勉強時間などをめぐって親の権威と衝突することもある．

恋愛に対する両親の影響も大きいものがある．たとえば，性行動の始まりについて考えてみると，親が許容的な性規範をもち，青年への監督が十分でなく，親自身の性行動が青年の性行動のモデルとなる場合には，早期の性行動が抑制され

表37-1 18歳の恋愛関係の特質について言及された割合
(Feiring, et al., 1999)[2] (%)

	女性	男性
気が合う	94	98
もめごと	92	85
相性*	89	58
自己開示*	77	56
嫉妬*	77	58
友情*	77	55
サポート*	73	50
相補性*	67	50
愛*	52	35
不器用	42	33
信頼*	46	18
束縛	27	35
苦痛	35	20
本気	31	20

*性差が統計的に有意だった項目

Cambridge : Cambridge University Press, Pp. 1-16.

2) Feiring, C., 1999 Other-sex friendship networks and the development of romantic relationships in adolescence. *Journal of Youth and Adolescence*, **28**, 495-512.

3) Treboux, D., & Busch-Rossnagel, N., 1995 Age differences in parent and peer influences on female sexual behavior. *Journal of Research on Adolescence*, **5**, 469-487.

4) Downey, G., Bonica, C., & Rincón, C., 1999 Rejection

ることはない．ただし，トレボー（Treboux, D.）らは，性行動への影響のしかたは発達的にみると親と友人で違いがあると指摘している[3]．15歳から17歳の女性では母親と話したり承認されたりすることが性行動に影響を与えたが，19歳の女性では友人に承認されるかどうかが影響を与えた．このように性行動に及ぼす影響源は親から友人へと変わっていく．

幼少期から親や友人から拒否され続けると，恋人と安定した関係を結ぶことが難しいといわれる．**拒否への感受性**（rejective sensitivity）の高い人が恋人から拒否されると，自分の関係を壊したり自分自身を低めたりすることがある．女性は抑うつの水準を高め，男性は相手への攻撃を伴いがちである．このような親から子どもへの拒否の連鎖を断ち切るためには，恋人には，受容していることを伝え，相手から攻撃的な言動を与えられてもにわかにやり返すことなく，建設的な話し合いを始め，**自律**（autonomy）と結びつき（connectedness）のバランスをとることが求められるといわれる[4]．

安定した恋愛関係をもち**結婚**（marriage）に至るにはどのような心理過程が影響するのであろうか．エリクソン（Erikson, E. H.）は，青年期のアイデンティティ（identity）の獲得に続いて，成人期前期は，**親密性**（intimacy）と孤立（isolation）が心理社会的危機の中心になるとした[5]．親密性とは，意義ある犠牲や妥協を要求することもある具体的な関係のなかに自分を投入する能力を指している．孤立とは，誰からも離れ，誰からも目を向けられなくなってしまうことへの恐れをいう．ここで必要なことは，自分を相手のなかで失うことによって自分を相手のなかで発見するという能力である．これを獲得するためには青年期のアイデンティティの達成が前提となる[6]．

違った角度から考えてみよう．スタンバーグ（Sternberg, R. J.）は，**愛の三角形理論**（triangular theory of love）を提唱し，愛には3つの局面があるという[7]．ひとつは親密性であり，関係のあたたかさや密着度をいい，ゆっくりだが確実に進むものをいう．2つ目は情熱（passion）で，熱しや

sensitivity and adolescent romantic relationships. in W. Furman, B. B. Brown & C. Feiring (Eds.) *The Development of Romantic Relationships in Adolescence*. Cambridge, MA : Cambridge University Press, Pp. 148-174.

5) Erikson, E. H., & Erikson, J. M. 1997 *The Life Cycle Completed* (*extended version*). New York : W. W. Norton.

6) 親密性にかんする実証的な研究はオルロフスキー（Orlofsky, J. L.）が行っている．Orlofsky, J. L. 1993 Intimacy status : Theory and research. in J. E. Marcia, A. S. Waterman, D. R. Matteson, S. L. Archer & J. L. Orlofsky, *Ego Identity : A Handbook for Psychosocial Research*. New York : Springer-Verlag, Pp. 111-133.

7) Sternberg, R. J. 1986 A triangular theory of love. *Psychological Review*, **93**, 119-135.

8) 個人的コミットメント（相手や関係の魅力やつきあうことの重要性）としては愛情や満足度，親近感が関係の安定に寄与してい

すく冷めやすい．3つ目のコミットメントは，あるひとを愛する決心をするという短期間のものと，関係がうまくいくように調整したりする長期間のものがある．これは初めはゆっくりだが，次第に速くなるものだという．この3つはバランスがとれていることが大切であり，いずれかが突出していたり，いずれかが欠けていたりするのでは，関係が発展しないとされている．

あるいは，破綻を止める心理も関係していよう．ケイト (Cate, R. M.) らは**婚前関係** (premarital relationship) の安定に寄与する要因を**コミットメントモデル** (commitment model) で整理し，関係を維持させる魅力だけでなく，破綻を回避させる圧力も重要だとしている[8]．

結婚相手を選び結婚を決意する過程である**配偶者選択** (mate selection) はどのように行われるのであろうか．アダムズ (Adams, B. N.) は，結婚それ自体に引かれ，結婚願望を表明するところから出発し，周囲の好意的な反応や自己開示，ラポールなどにより関係が持続し，さらに相互に価値観・容姿・性格などが類似することがわかると，「私にふさわしい人だ」，「私のできる最善の結婚だ」と考えて，結婚に至るとしている[9]．

恋愛結婚は近代の産物である．それまでの生産を中心とする家族に対して，性愛を中心とする家族を**近代家族** (modern family) という．他方で，近代は「男は仕事，女は家事」といった性別分業が一般化した．性別分業の克服が現代の家族の課題とされている[10]．少子化とかかわって，結婚や出産を選択しない女性の増加が注目されているが，それは，女性のほうが家事・育児・介護等を担うことを期待され，結婚や出産によって生活スタイルの変化が大きいことも関係していよう．男性が家庭への関与を強める条件をつくりだす施策も必要である．　　　　　　　　　　〔白井利明〕

た．構造的コミットメント（相手への投資を引っ込められないとか，今の関係に留める社会的圧力，関係を破棄することの困難さ）としては，ほかに相手がいないとか相手への投資を引っ込められないとかがあげられた．道徳的コミットメント（一貫性を重視したり安定や関係を支持する価値観，相手と別れないでいることへの義務感）も重要だった．
Cate, R. M., Levin, L. A., & Richmond, L. S. 2002 Premarital relationship stability: A review of recent research. *Journal of Social and Personal Relationships*, **19**, 261-284.

9) Adams, B. N. 1979 Mate selection in the United States: A theoretical summarization. in W. R. Burr, R. Hill, F. I. Nye & I. L. Reiss (Eds.) *Contemporary Theories about the Family*, Vol. 1. New York: Free Press, Pp. 259-267.

10) 木田淳子　1994　家族論の地平を拓く―競争社会・性別分業・「母性」　あゆみ出版

【参考文献】
松井　豊　1993　恋ごころの科学　サイエンス社
柏木惠子(編)　1998　結婚・家族の心理学―家族の発達・個人の発達　ミネルヴァ書房
柏木惠子　2003　家族心理学―社会変動・発達・ジェンダーの視点　東京大学出版会

V-38
同一性の危機
identity crisis

　アイデンティティ（identity）とは，「自分を自分たらしめている自我の性質であり，他者の中で自己が独自の存在であることを認めている（自分は他人と違う）と同時に，自己の生育史から一貫した自分たらしめている感覚（自分は自分）を維持できている状態」である．「自分が自分であること，自分らしさ」あるいは「私は私であって，私以外の他者とは異なる存在であること」が，このアイデンティティという概念の中核である．「自分とは何か」という問いに対する自分なりの回答といえよう．

　このアイデンティティという用語は，エリクソン（Erikson, E. H.）[1]のライフサイクルを通じての同一性形成過程に関する発達漸成理論図式（図38-1）[2]の中で用いられている．エリクソンによれば，こうしたアイデンティティの感覚とは，「自分は他者と違って自分である」という斉一性（self-sameness）の感覚と「自己はこれまでいかにして自分となってきたのか」という連続性（continuity）の感覚からなっている．このような感覚をもった主体的な自分が，社会の中で認められた自分の地位，役割，職業，身分などの「～としての自分」という感覚に合致して安定感，安心感，自信をもち，「私が私である実感」を形成するのである．

　アイデンティティの問題がもっとも問い直しを必要とされる時期は青年期である．エリクソンは，青年期における自我と社会との相互関係によってもたらされる**心理・社会的危機**（psycho-social crisis）[3]を通して，自覚的にゆるぎない自分を確立していけるのか（**アイデンティティ達成**），それとも自らを見失い混乱していくのか（**アイデンティティ拡散**）が

1）　1902年6月15日，ドイツ生まれ．最初は芸術家を志すが，1927年にフロイトのサークルに馴染むようになり，1933年に国際精神分析協会の正会員としての資格を与えられる．同年，アメリカのボストンへ移住し，アメリカに帰化．1950年に『幼児期と社会』を著し，その第7章「人間の8つの段階」の中で，同一性の危機を論じた．1994年5月12日，アメリカで死去．

2）　西平直喜　1979　青年期における発達の特徴と教育　岩波講座「子どもの発達と教育6」岩波書店

3）　危機という概念は，「危険な」という意味ではなくむしろ道が分かれる「分岐点」とか，病気が回復するか悪化するかといった時に使う「峠」という意味である．

(死へのレディネス)

								統合性 対 嫌悪・絶望
Ⅷ. 成 熟 期								
Ⅶ. 成 人 期						生殖性 対 自己吸収		
Ⅵ. 初期成人期					連帯感 対 社会的孤立	親密さ 対 孤立		
Ⅴ. 青 年 期	時間的展望 対 時間的展望の拡散	自己確信 対 自己意識過剰	役割実験 対 否定的同一性	達成期待 対 労働麻痺	アイデンティティ 対 アイデンティティ拡散	性的同一性 対 両性的拡散	指導性の分極化 対 権威の拡散	イデオロギーの分極化 対 理想の拡散
Ⅳ. 学 童 期				生産性 対 劣等感	労働アイデンティティ 対 アイデンティティ喪失			
Ⅲ. 遊 戯 期	(その後のあらわれ方)	↑	主導性 対 罪悪感		遊戯アイデンティティ 対 アイデンティティ空想	←(それ以前のあらわれ方)		
Ⅱ. 早期幼児期		自律性 対 恥・疑惑			両極性 対 自閉			
Ⅰ. 乳 児 期	信頼 対 不信				一極性 対 早熟な自己分化			
社会的発達／生物的発達	1. 口唇期	2. 肛門期	3. 男根期	4. 潜伏期	5. 性器期	6. 成人期	(7. 成人期)	8. 老熟期)
中心となる環境	母	両親	家族	近隣・学校	仲間・外集団	性愛・結婚	家政・伝統	人類・親族
徳	希望	意志力	目標	適格性	誠実	愛	世話	英智

図 38-1　エリクソンの発達漸成理論図式（西平，1979）[2]

重要な問題であるとした．青年期には，自分の一生について決めなくてはならないさまざまな問題に直面する．進学，就職を含めた進路の問題，友人関係や異性との関係，さらには人生観・価値観などの問題がある．こうした問題のそれぞれに青年は意思決定を迫られ，自分自身で決定を下していかなくてはならない．この1つひとつの意思決定が危機（＝分岐点）であり，青年はこうした危機を経験しながら，次第に自分自身のアイデンティティを形成していくのである．

青年期において同一性の危機が重要視される傾向があるものの，アイデンティティ形成の問題は，青年期だけに限定される課題ではない．エリクソンは「青年期の終わりが，はっきりした同一性の危機の段階であるからといって，同一性形成そのものは，青年期にはじまるわけでも終わるわけでもない．同一性形成は，その大半が生涯にわたって続く無意識的な発達過程である．その根源は，早期幼児期における自己確信にまでさかのぼることができる」と述べている[4]．図38-1に示されるように，乳児期から成熟期にいたる8つのライフ

[4] Erikson, E. H. 1959 Identity and the life cycle. *Psychological Issues*, 1, 1-171.

サイクルの各時期に，それぞれの危機がある．

①乳児期は，母子関係を通じて身体の安全と基本的な信頼感が獲得される．②早期幼児期は，周囲の環境と自己統制との関連の中で，羞恥心や自己の価値に対する疑惑が生ずる一方，しつけを通して自律性が芽生える．③遊戯期は，自主性・積極性の獲得と罪悪感の克服が，家族関係の中でなされる．④児童期は，勤勉感の獲得と劣等感の克服が学校や近隣関係の中でなされる．⑤青年期は，自我同一性の獲得と役割の混乱がみられる．⑥初期成人期は，友情・性愛，競争や協力によって，自分を他人の中に見失い，また発見することによって，親密感の確立と孤立感の克服がなされる．⑦成人期は，次の世代を生み育て，世話をし，導くといった生産性・生殖性の確立と停滞感の回避が生ずる．⑧成熟期は，あるがままに世界と自己を受け入れ，自己と人間としての英智を獲得し，自我統合感の確立と絶望感の回避がなされる．

マーシャ（Marcia, J. E.）は，アイデンティティの達成状態を危機を経験しているか，人生の重要な領域である職業とイデオロギーに積極的に関与（commitment）しているかという観点から，**アイデンティティ・ステイタス**について次の4つの類型を提案している（表38-1）[5]．

(1) **アイデンティティ達成**（identity achievement）：幼児期からのあり方について確信がなくなり，いくつかの可能性について本気で考えた末，自分自身の解決に達して，それにもとづいて行動している．自分の意志で生き方，職業，価値観などを選択し，こうした選択に関して自ら責任をもっている．真剣さ，誠実さの特徴をもち，環境に調和し，安定した人間関係をもっている．

(2) **モラトリアム**（moratorium）[6]：いくつかの選択肢について迷っているところで，その不確かさを克服しようと一生懸命努力している．人生に関するいくつもの可能性を前にして，アイデンティティの決定を延期しているのであり，その決定のために奮闘努力している．

(3) **フォアクロージャー**（foreclosure）[7]：自分の目標と親の目標の間に不協和がない．どんな体験も，幼児期以来の

5) Marcia, J. E. 1966 Development and validation of ego-identity status. *Journal of Personality and Social Psychology*, 3, 531-538.

6) もともとは支払猶予期間を意味する経済用語．戦争や天災などの非常事態が生じたときに，国が債権債務の決裁を一定期間延長し，金融恐慌による信用機関の崩壊を防止する措置．エリクソンは，この言葉を転用し，青年が社会から責任や義務の免除を受けていることを表現した．

信念を補強するだけになっている．危機を経験していないにもかかわらず，特定の生き方，職業，価値観などに積極的に関与している．親や年長者などの価値観を，吟味することなく無批判的に自分のものとして受け入れており，主体的に選びとったものではない．一見アイデンティティ達成のように見えるが，自分の価値観をゆさぶられるような状況では，いたずらに防衛的になったり混乱したりする．硬さ（融通のきかなさ，権威主義）が特徴的である．

表38-1　アイデンティティ・ステイタス

アイデンティティ・ステイタス	危　機	積極的関与
アイデンティティ達成	すでに経験した	している
モラトリアム	現在，経験している	あいまい
フォアクロージャー	経験していない	している
アイデンティティ拡散	経験した，あるいはしていない	していない

(4) **アイデンティティ拡散**（identity diffusion）[8]：危機の有無にかかわらず，積極的関与ができない．自分の人生について責任をもった主体的な選択ができず途方にくれている状態であり，自己嫌悪感と無気力によって特徴づけられる．2つのタイプがある．危機前（pre-crisis）は，今まで本当に何者かであった経験がないので，何者かである自分を想像することができないタイプである．危機後（post-crisis）は，すべてのことが可能だし，可能なままにしておかなければならないと安易に考えているタイプである．2つのタイプともに自分を見失ってしまったものといえる．エリクソンは，アイデンティティ拡散の状態の症状として，むなしさ，自意識過剰，焦燥感，偶然に身をまかすこと，希望の喪失，時間的展望の拡散，不信感などをあげている．「自分がない感覚」，「自分が何者かわからなくなっている状態」，「バラバラの自己像があるだけで，統一のとれていない状態」である．

「自分」という同一性の基盤を形成するために自覚的に模索していくことが必要であろう．

〔二宮克美〕

7) 抵当権設定者に抵当の受け戻し権を失わせるといった経済用語．つまり，質流れ処分にする，抵当権を失うという意味で，心理社会的危機を経験しないで，一見アイデンティティが達成されたような状態をさすのにエリクソンが転用した．

8) エリクソンは当初，同一性拡散と命名したが，「拡散」diffusionという用語が必ずしも適切な表現ではないと考え，1968年以降は「混乱」confusionという表現に統一している．

【参考文献】
エリクソン，E. H. 仁科弥生(訳)　1977　幼児期と社会　みすず書房
鑪幹八郎　2002　アイデンティティとライフサイクル論　ナカニシヤ出版

V-39

時間的展望

time perspective

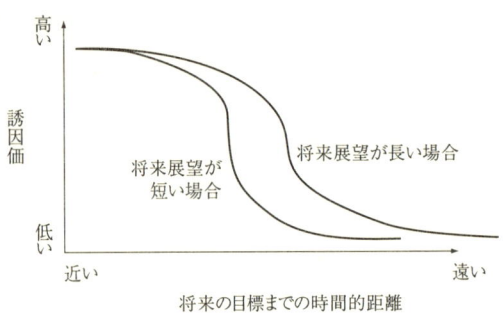

図39-1 将来展望の個人差が誘因価に及ぼす影響（レンズ，1999）[8]

私たちは将来のことを考えたり，過去のことを思い出したりして，それが現在の行動に影響を与えている．この働きをとらえる概念が**時間的展望**（time perspective）である．

ドイツの心理学者でのちにアメリカに亡命したレヴィン（Lewin, K.）は，時間的展望を「ある時点における個人の心理的過去および心理的未来についての見解の総体」と定義し，心理学で重要な概念のひとつとした[1][2]．

これは彼の体験にもとづいている．彼は第二次世界大戦中のドイツで，ヒトラーによるユダヤ人の迫害のなかでも，ユダヤ人である彼が気力を失ったり，殻に閉じこもらなかったのは，長期にわたる現実的な時間的展望をもっていたからだという．ユダヤ人は何千年ものあいだ，逆境に耐えて生きてきたという自負があった．他方で，祖国を再建するという目標があった．意味ある過去と未来の目標に支えられて，現実をリアルに見ることができ，困難な状況を打開するための行動を遂行することができたというのである．

レヴィンは，子どもと青年の時間的展望の発達は，年齢とともに，第1に，より遠い未来や過去の事象が現在の行動に影響を及ぼすようになる，第2に，自分が願望するだけの実現不可能な水準と実際に努力すれば実現可能な期待の水準とが分化すると考えた．

ベルギーの心理学者のニュッタン（Nuttin, J.）は，時間的展望の未来的側面である**将来展望**（future time perspective）を重視した[3]．ニュッタンは人間の行動に本質的な特徴は，**目標指向性**（goal orientation）であるという．欲求

1) Lewin, K. 1948 *Resolving Social Conflicts : Selected Papers on Group Dynamics*. New York : Harper and Brothers.〔末永俊郎（訳）1954 社会的葛藤の解決―グループ・ダイナミック論文集 東京創元社〕

2) Lewin, K. 1951 *Field Theory in Social Science : Selected Theoretical Papers*. New York : Harper and Brothers.〔猪股佐登留（訳）1979 社会科学における場の理論（増補版）誠信書房〕

3) Nuttin, J. 1984 *Motivation, planning, and action : A relational theory of behavior dynamics*. Leuven : Leuven University Press ; Hillsdale, NJ : Lawrence Erlbaum.

(need) とは，有機体が世界とのあいだに確立したり維持したりしようとする行動的関係の一般的で有意味なパターンである．欲求は「今はない」ということしか意味しない．対象と出会ってはじめて，具体的な行動が喚起されたり，方向づけられる．たとえば，何か充実した日々を送りたいと考えているだけでは，実際の行動は起きない．ある人にとっては教職という対象と出会わなければ，教師になるという行動の**目標**（goal）[4] は生じない．個人が関与している状況と個人との行動的関係の特定のパターンにしたがって，行動の具体的な**プラン**（plan）[5] が発展する．目標とプランの精緻化されたものが将来展望である．こうして個人は世界と相対して，自己を生成し，世界を構成する主体となると考えるのである．**動機づけ**（motivation）に関するこのような理論を関係理論（relational theory）と名づけた．

ニュッタンはまた，将来展望とは，動機づけにおける**目標設定**（goal setting）や**満足の遅延**（delay of gratification）の違いをもたらすような学習された人格変数であるとした[6][7]．たとえば，学校が終わって遊びに行くなど，今すぐのことしか考えられない生徒と，将来，外科医になる目標のために大学受験を考えている生徒では，将来展望の広がりが違う．

一般に，大きな目標の実現のためには長い年月がかかるから，目標への距離が遠いものとなる．ところが，目標への距離が遠くなるほど，目標の魅力である誘因価（incentive value）は減少する．たとえば，10年後に目標が実現するのと1週間後に目標が実現するのとどちらがよいかと聞かれれば，たいていは近いほうを選ぶだろう．図39-1に示されるように，近い距離にある目標の誘因価はどんな人でも高いから，将来展望によってほとんど影響を受けない．他方，遠い距離にある目標の誘因価はどんな人でも低いから，ここでも将来展望による違いはない．ところが，中位の距離にある目標の誘因価に関しては，将来展望の長い人はそれほど遠くにあるとは感じないから，誘因価がそれほど落ちず，現在の行動を動機づけることがある．しかし，将来展望の短い人はかなり遠く感じるので，誘因価が落ちてしまい，現在の行動を

[4] 目標とは行為の結果に対する予期的表象をいう．

[5] プランとは一連の操作を実行する順序を制御する過程であると定義され，プランを立てることを**プランニング**（planning）という．

[6] Nuttin, J., & Lens, W. 1985 *Future Time Perspective and Motivation : Theory and Research Method.* Leuven : Leuven University Press ; Hillsdale, NJ : Lawrence Erlbaum.

[7] Lens, W. 1986 Future time perspective : A cognitive-motivational concept. in D. R. Brown & J. Veroff (Eds.) *Frontiers of motivational psychology.* New York : Springer-Verlag, Pp. 173-190.

[8] レンズ，W. 1999 生徒の動機づけに果たす将来展望の役割 大阪教育大学における講演

動機づけることが少なくなるのである[8]．

　ニュタンの弟子のレンズ（Lens, W.）は，学習の動機づけにおける将来展望の役割について研究をしている．たとえば，現在の学習が将来の目標の実現のために役立つと思う——**手段性**（instrumentality）の認知が高い——ことは，高校の学習への動機づけを高める[9][10]．ただし，ここでも，将来展望の**個人差**（individual difference）によって，その効果は異なる．将来展望の広がりが長く，将来に期待がもてる生徒では，その効果は促進される．しかし，将来展望が狭かったり，期待がもてない生徒には，学習が将来に及ぼす影響を考えさせることは逆効果となる．そこで，学習そのものに興味をもたせるほうが有効だと考えられている[11]．

　時間的展望は，未来の方向だけではなく，過去の方向にも広がっており，**過去展望**（past time perspective）と呼ばれる．図39-2に示されるように，私たちが未来を確かなものとするためには，過去をくぐらなければならない[12]．

　私たちのまわりには，事故，犯罪，災害，戦争など，自分自身や身近な人の被害や死について考えさせられることが少なくない．それがたとえ過去のことであり，忘れてしまったようにみえても，過去そのものは決してなくならない．私たちは，過去と向き合って生きていくしかないのである．そのとき初めて過去が過去として，つまり歴史となるのである．

　過去を意味づけ，未来を構想し，現在の生活を切り開いていくことは，**自我同一性**（ego identity）を形成していくことにもつながる．たとえば，都筑は，図39-3に示すように，現在の自分が人生の将来目標を立てるという時間的展望を確立しようとする過程で，過去の自分や経験・出来事を振り返りつつ，それらを再解釈したり，再定義し，同時に，未来の自分や目標・出来事を思い浮かべ，その実現を期待したり，希望したりすることをとおして，過去・現在・未来の自分を統合的にとらえ，自我同一性を達成するとしている[13]．

　時間的展望の獲得とは一言でいえば，**希望**（hope）をもつということかもしれない．希望とは，「人間の条件として不可欠な体験であり，感じ方・考え方・ふるまい方・自分と

9) レンズ, W. 都筑学（訳）2000 ベルギーの中等教育における動機づけの問題 教育学論集（中央大学），**42**, 281-297.

10) Simons, J., Dewitte, S., & Lens, W. 2000 Wanting to have vs. wanting to be : The effect of perceived instrumentality on goal orientation. British Journal of Psychology, **91**, 335-351.

11) Van Calster, K., Lens, W., & Nuttin, J. 1987 Affective attitude toward the personal future : Impact on motivation in high school boys. American Journal of Psychology, **100**, 1-13.

12) 白井利明 2001 〈希望〉の心理学—時間的展望をどうもつか 講談社

13) 都筑学 1999 大学生の時間的展望—構造モデルの心理学的検討 中央大学出版部

14) Farran, C. J., Herth, K. A., & Popovich, J. M. 1995 Hope and Hopelessness : Critical Clinical Constructs. Thousand Oaks, CA : Sage.

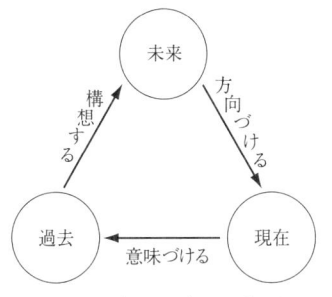

図 39-2　時間的展望の編成過程
（白井，2001）[12]

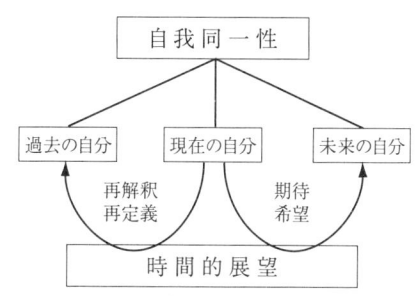

図 39-3　時間的展望と自我同一性の仮説的図式
（都筑，1999）[13]

世界とのつながり方として現れ，柔軟に期待することができ，望むものや結果がなかったとしても期待しつづけられること[14]」である[15]．

　希望は一般に他者との信頼関係のなかではぐくまれる．たとえば，フランクル（Frankl, V. E.）は，強制収容所という絶望的状況の中でも，たとえば，最愛の子どもが外国で待っていたり，あるいは，科学者としてあるシリーズの本を書き上げるという仕事が待っていたりすることに責任をもつならば，苦悩や死を含めた全体のなかに自分の人生の意味を見いだすことができるとしている[16]．また，レヴィンが困難な状況のなかで支えとなった時間的展望にしても，実はそれを共有する集団というものがあった．レオンチェフ（Леонтьев, A. H.）によれば，人類史的には，労働における分業が個人の心理過程に内面化されてプランニングが生まれた[17]．個人の時間的展望も，将来の目標を共有し，過去に対する歴史認識を共有できる集団のなかで発展すると考えられる．

　個人の時間的展望を形成するのは，人生の出来事に関する知識の獲得，自分よりも前を歩んでいる人たちや後を歩んでいる人たちの観察，社会や身近な人たちから寄せられる将来への期待や過去への意味づけとの相互作用である．

〔白井利明〕

15）希望についての研究の展望は次の論文に詳しい．
　渡辺弘純　2002　希望の心理学へ向けて―研究覚書―　愛媛大学教育学部紀要　第Ⅰ部　教育科学，48(2)，27-42．

16）Frankl, V. E. 1977 *Ein Psychologe Erlebt : Das Konzentrationslager*. München : Kösel-Verlag.〔池田香代子（訳）2002　夜と霧　新版　みすず書房〕

17）Leontjew, A. N. 1975 *Probleme der Entwicklung des Psychischen* (5. Auflage). Volk und Wissen.

【参考文献】
都筑　学　1999　大学生の時間的展望―構造モデルの心理学的検討　中央大学出版部
白井利明　1997　時間的展望の生涯発達心理学　勁草書房
白井利明　2001　〈希望〉の心理学―時間的展望をどうもつか　講談社

V-40
向社会性
prosocial tendency

「思いやり」のある行動とは，どういう行動のことをいうのであろうか．困っている人を思いやり，助けようとする行動を意味する心理学の用語として，**向社会的行動**（prosocial behavior）[1]，**援助行動**（helping behavior）や**愛他行動**（altruistic behavior）などがある．

アイゼンバーグ（Eisenberg, N.）[2]によれば，向社会的行動には次の4つの特徴がある．①その行動が他人あるいは他の人々についての援助行動であること．つまり相手の利益になり，相手を助けることになるタイプの行動である．②相手から外的な報酬を得ることを目的としないこと．金銭や物質的な報酬を目的とした行動は，たとえそれが相手への援助行動であったとしても，向社会的行動とはいえない．③こうした行動には，何らかの損失がともなう．援助するにしても時間的・心理的・肉体的な損失がともなうし，寄付をするにしても多少のお金の損失がともなう．④向社会的行動は，自発的になされること．他人からの強制や心理的圧迫の結果，いやいやながらする行動は向社会的とはいえない．

援助行動とは，他人あるいは他の集団の人々を助ける行動全般をさす．一方，愛他行動は，向社会的行動の特殊なタイプであり，他人のためになることをしようとする自発的な行為の中で，内発的に動機づけられたものである．向社会的行動のなかでも利己的な動機が含まれていない場合だけを，愛他行動と呼んでいる．

アイゼンバーグは，向社会的行動が生ずるまでのモデルを提起している（図40-1）[3]．どのようなしつけを受けてきたのかといった社会化の要因をはじめとして，個人の特徴，状

1) prosocialという単語は英語の辞書にはなかなか載っていない．pro-という接頭語（ひいき，支持，賛成するという意味を表す）とsocial（社会的）との合成語である．定訳はないが，向社会的のほかに，社会志向的とか順社会的といった訳語があてられることもある．

2) 1950年3月生まれ．カリフォルニア大学バークレー校で博士の学位を取得後，現在アリゾナ州立大学教授．向社会的行動についての研究を，多面的かつ精力的に推進している女性心理学者．

3) Eisenberg, N., & Fabes, R. A. 1998 Prosocial development. In N. Eisenberg (Ed.) *Handbook of Child Psychology*. 5th edition, Vol. 3. New York : Wiley. Pp. 701-778.

向社会性——173

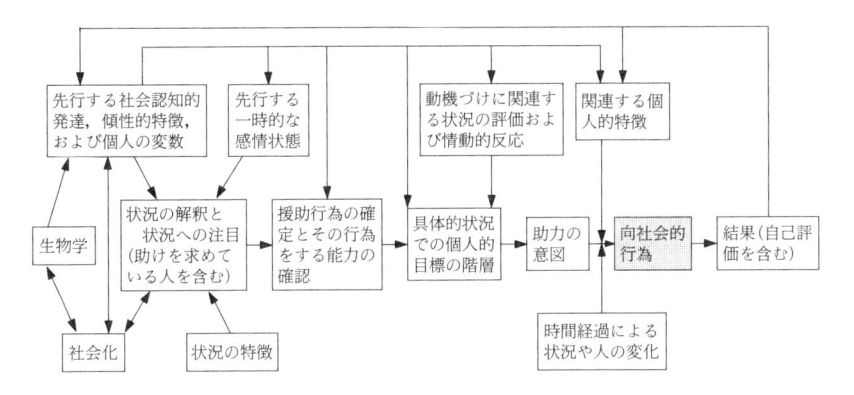

図40-1 向社会的行動の発見的モデル (Eisenberg & Fabes, 1998)[3]

況の解釈や判断の過程，助力の意図，動機づけや感情，向社会的行動をした後の自己評価の問題など，実にさまざまな要因がかかわっている．こうした行動の発達を左右するものとして，向社会的道徳判断と共感性を取り上げて解説しよう．

向社会的道徳判断（prosocial moral judgement）は，ある状況のなかで自分がどう行動したらよいかを決定する基本的な枠組みとなるものである．アイゼンバーグは，例話を用いて小学生から高校生までを対象に，向社会的行動をするかしないかといった判断の理由づけを，発達的に明らかにした．その結果，表40-1に示した6つの発達レベルを提起している[4]．自分の快楽に結びつく考え方から，相手の立場に立った共感的な理由をへて，強く内面化された価値にもとづく判断へと発達していくことが読み取れる．より高いレベルの判断に裏付けられた向社会的行動になるにしたがって，安定した節度ある「思いやり」行動となる．

向社会的道徳判断が実際の向社会的行動を起こさせるようになるためには，この2つを結びつける動機づけの過程が必要である．こうした動機づけの過程で問題とされることの多いのが，**共感性**（empathy）[5]である．フェッシュバック（Feshbach, N. D.）によれば，共感性とは「他人の情動的反応を知覚する際に，その他人と共有する情動的反応」である[6]．相手が困っていることを知る（認知）だけでは，必ずしも相手を助けようとする気持ちにはならないかもしれない

4) Eisenberg, N. 1986 *Altruistic emotion, cognition, and behavior*. Hillsdale: Lawrence Erlbaum Associates.

5) 共感性と同じような意味をもつ用語に，**同情**（sympathy）がある．アイゼンバーグは，この2つを次のように区別している．共感性とは，相手の情動状態から生じ，その状態にともなってこちら側に生じるような情動反応である．相手の情動と一致した代理的情動経験であり，相手と感情をともにすることである．これに対して，同情とは相手の情動の状態についての情動反応であって，それが相手についてのあわれみや悲しみ，配慮の感情をつくりあげる．同情は相手と同じ情動を感じることを意味しているわけではなく，相手あるいは相手の状

表 40-1 「思いやり」行動についての判断の発達 (Eisenberg, 1986)[4]

レベル	概　　要	おおよその年齢
Ⅰ：快楽主義的・自己焦点的指向	道徳的な配慮よりも自分に向けられた結果に関心をもっている．他人を助けるか助けないかの理由は，自分に直接得るものがあるかどうか，将来お返しがあるかどうか，自分が必要としたり好きだったりする相手かどうか（感情的な結びつきのため），といった考慮である．	小学校入学前および小学校低学年
Ⅱ：要求に目を向けた指向	たとえ他人の要求が自分の要求と相対立するものでも，他人の身体的，物質的，心理的要求に関心を示す．この関心は，自分でよく考えた役割取得，同情の言語的表現や罪責感のような内面化された感情への言及といった事実ははっきりと見られず，ごく単純なことばで表明される．	小学校入学前および多くの小学生
Ⅲ：承認および対人的指向，あるいは紋切り型の指向	良い人・悪い人，良い行動・悪い行動についての紋切り型のイメージ，他人からの承認や受容を考慮することが，向社会的行動をするかどうかの理由として用いられる．	小学生の一部と中・高校生
Ⅳa：自己反省的な共感的指向	判断は，自己反省的な同情的応答や役割取得，他人への人間性への配慮，人の行為の結果についての罪責感やポジティブな感情などを含んでいる．	小学校高学年の少数と多くの中・高校生
Ⅳb：移行段階	助けたり助けなかったりする理由は，内面化された価値や規範，義務および責任を含んでおり，より大きな社会の条件，あるいは他人の権利や尊厳を守る必要性への言及を含んでいる．しかし，これらの考えは明確に強く述べられるわけではない．	中・高校生の少数とそれ以上の年齢の者
Ⅴ：強く内面化された段階	助けたり助けなかったりする理由は，内面化された価値や規範，責任性，個人的および社会的に契約した義務を守ったり，社会の条件を良くしたりする願望，すべての個人の尊厳，権利および平等についての信念に基づいている．自分自身の価値や受容した規範に従って生きることにより，自尊心を保つことにかかわるプラスあるいはマイナスの感情も，この段階の特徴である．	中・高校生の少数だけで，小学生にはまったく見られない

が，その苦しみを共有すること（情動の共有）は，向社会的行動をとる動機づけとなることが多いはずである．

一方，ホフマン（Hoffman, M. L.）は共感性を，「他人の感情との正確なマッチングではなく，それを自分の状況よりも他人の状況に適した感情的反応」と定義し，**共感的苦痛**（empathic distress）が向社会的行動の動機として働くことを述べている[7]．共感的苦痛とは，誰かが痛みや危険を感じていたり，そのほかの形での苦痛を感じていたりする現場に立ち会っている場合，こちらが感じる苦痛である．この苦痛には，相手のケガや病気についての身体的な苦痛や不快感，愛している相手を失ったり，そうしたことが予想されることについての心の痛み，攻撃されることからくる恐怖感，失敗態に対して感じる感情のことである．

6) Feshbach, N.D. 1978 Studies of empathic behavior in children. In B. A. Maher (Ed.) *Progress in Experimental Personality Research*, Vol. 8. New York: Academic Press, Pp. 1-47.

や経済的困窮についての不安などが含まれる．こうした共感的苦痛は，別の赤ちゃんが泣くのを聞いたときに自分も泣き始める新生児の「反応的泣き」に見られるような自他の区別の感覚がない段階からスタートして，自分が個人的な苦痛を感じることで他人の苦痛に反応する段階へと変化していく．その次には，自己中心的な苦痛と他の人々について経験するより複雑な苦痛との両方を感じることのできる段階へと移っていく．役割取得のスキルが発達するにつれ，この他人中心的な苦痛は次第に，他人に対するあわれみの感情という形をとるようになり，さらにはその場や状況をこえた共感的苦痛へと姿をかえていく．

　さらにホフマンは，共感にもとづいた**罪責感**（guilt）の理論を提案している．それは，自分自身に対する軽蔑といった苦痛をともなう感情として定義され，犠牲者に謝罪をしたり，償いをしたり，犠牲者とは別の人々を援助したりといった向社会的行動を動機づけることが多い．もし自分が相手の苦痛の原因であるとわかると，自分の行為に対する自己批判的，自責的な反応が生じ，罪責感をもつようになる．罪責感には，自分が相手の苦痛の原因ではないが，相手を援助できたのに援助しなかったという「無為の罪責感」，自分が悪いことをしたわけではないが自分の生活状況が苦境にある相手よりもずっと恵まれているために自責の念を感じるという「豊かさによる罪責感」などがあることを指摘している．

　向社会的行動の発達を考える際に，相手の立場に立って考え，行動することができるといった役割取得能力の発達，「考えてごらん」型の誘導的しつけ，実際に向社会的行動のモデルを観察すること，自分を肯定的に受けとめることなど多くのことが関連している．

〔二宮克美〕

7) Hoffman, M. L. 2000 *Empathy and moral development : Implications for caring and justice*. Cambridge : Cambridge University Press.〔菊池章夫・二宮克美（訳）2001 共感と道徳性の発達心理学：思いやりと正義とのかかわりで　川島書店〕

【参考文献】
アイゼンバーグ，N.・マッセン，P. H.　菊池章夫・二宮克美（訳）1991　思いやり行動の発達心理　金子書房
菊池章夫　1998　また／思いやりを科学する―向社会的行動の心理とスキル　川島書店
澤田瑞也　1992　共感の心理学：そのメカニズムと発達　世界思想社

V-41 非社会性
asocial tendency

表41-1 分離不安障害の判別基準（抄出）

1. 家庭または愛着をもっている重要な人物からの分離が起こる，または予測される場合の，反復的で過剰な苦痛.
2. 愛着をもっている重要人物を失うという持続的で過剰な心配.
3. 愛着をもっている人物から引き離されるのではないかという持続的で過剰な心配.
4. 分離に対する恐怖のため，学校やその他の場所にいくことについての持続的な抵抗または拒否.
5. 愛着をもっている重要人物がいないで家にいることに対する持続的で過剰な恐怖または抵抗.
6. 愛着をもっている重要人物から分離が起こる場合に反復する身体症状の訴え.

非社会性とは，社会的関係や行動を回避する傾向を指す．現代の日本社会において，非社会性を示す状態としてしばしば取り上げられるのが，**不登校**[1]や**引きこもり**である．不登校や引きこもりは，その人の性格，置かれた環境，社会制度などの多様な要因が相互に作用し合った結果として，「学校に行けない」とか「家から出られない」といった非社会的な状態に発展したものといえる．このような非社会性がみられる場合に，総じて社会や他者との接点が限局されてしまう．そのため，社会的なサポート資源を得ることが困難となり，事態が長期化してしまうことも多くなる．また，個人個人によって，非社会性の状態に至る経緯やその要因は多様であるため，そこから回復していく過程の長さや難しさもそれぞれの状況によって異なる．

非社会性を生じさせる発達的要因としては，親からの心理的分離の失敗ということが考えられる．乳幼児期において歩行が可能になることなどの運動機能の発達にしたがって子どもは，親からの身体的分離を進める．さらに，それに引き続いて象徴的機能や言語機能などの認知能力の発達にしたがって社会的遊びを発展させ，それを通して児童期の仲間関係や友人関係を形成していく[2]．これは，親密な対人関係がしだいに親から同年代の同輩との人間関係に移行し，親からの心理的な分離が進むことを意味する．しかし，この親からの心理的分離の過程に問題が生じた場合に，不登校や引きこもりといった非社会的状態が生じることになる．このような親などの重要な愛着対象からの心理的分離の過程の障害として，

---

1) **不登校**という用語が一般に用いられるようになったのは1980年代に入ってからである．そこに至るまで，学校を長期にわたって欠席する子ども（いわゆる長欠児童）を表すための用語は時代にあわせて変遷してきている．敗戦後に最初に用いられた用語は，「勉強ぎらい」であった．それが，1960年代になって勉強ぎらい以外にも友人関係・環境などを含んだ**学校ぎらい**という用語が使用されるようになり，1970年代からは**登校拒否**という用語が用いられるようになる．さらに1980年代に入ると，登校を積極的に拒否しているわけではなく，行きたくても行けないでいる子どもの存在がクローズアップされたため，「不登校」という呼び方が用いられるようになった．今日では文部

① 学校不安・学校恐怖型　｝神経症的登校拒否
② 登校「拒否」型
③ 未熟・分離不安型
④ 行動化型（⑤怠学型とも）
⑥ 養護問題型
⑦ 積極的活動型
⑧ ひきこもり型（無気力型）
⑨ その他の不登校（うつ病などの精神障害が背景にある場合など）

表41-2　不登校の多様な現れ方（竹中，2000[5]）を一部改編）

分離不安障害がある．表41-1にDSM-IV[3]の分離不安障害の判別基準を抄出したものを示す．以下では，分離不安障害などが要因となって生じる非社会的な状態である不登校と引きこもりについて焦点を当てて見ていく．

不登校児童の数であるが，1970年代後半から以降は年々上昇している．2003年度の文部科学省の学校基本調査によれば，1年間に30日以上学校を欠席した児童生徒数は，小学生で25,869人（0.36％），中学生で105,342人（2.81％）となっている．1993年度の同調査においてそれぞれの比率が0.17％・1.24％であったことを考えると，実にこの10年間で不登校児童の割合は倍増していることがわかる．総じて少子化に伴い，子どもの数が減っているのに対し，不登校の状態になる子どもの数は急増している[4]．

不登校に対しては，心理学の観点からもさまざまな研究がなされてきた．最も古いところでは，ジョンソン（Johnson, A. M.）らが1941年に発表した**学校恐怖症**（school phobia）というものがある．その中でジョンソンらは学校と関連して抱く強い不安や恐怖の症例をまとめ，親子関係の問題なども指摘していた．わが国で不登校が注目されるようになったのは1950年代からで，1970年代には分離不安説が優勢となった．しかし，1980年代に入って呼称が登校拒否から不登校に変ったように，学校に行けない状態を捉える社会的な視点が変化し，不登校を多様な状態とみなすようになった（表41-2）[5]．また，その成立のメカニズムについても，多様な原因が複雑に絡み合っていると見るようになっている（図41-1）[6]．現在では，不登校は大きな社会的問題となってお

科学省などの資料においても公式に「不登校」という用語が用いられている．その定義は，「何らかの心理的，情緒的，身体的，あるいは社会的要因・背景により，児童生徒が登校しない，あるいはしたくともできない状況にあること（ただし，病気や経済的な理由によるものを除く）」となっている．

2)　社会性の発達については，井上健治（編）1997　子どもの社会的発達　東京大学出版会を参照のこと．

3)　アメリカ精神医学会による精神障害の診断と統計のマニュアル第4版（Diagnostic and Statistical Manual IV）

4)　不登校の現状については，保坂亨　2000 学校を欠席する子どもたち―長期欠席・不登校から学校教育を考える　東京大学出版会，を参照のこと．

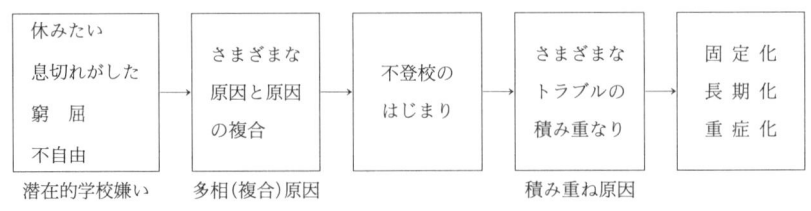

休みたい	→	さまざまな	→	不登校の	→	さまざまな	→	固定化
息切れがした		原因と原因		はじまり		トラブルの		長期化
窮屈		の複合				積み重なり		重症化
不自由								

潜在的学校嫌い　　　　多相(複合)原因　　　　　　　　積み重ね原因

図 41-1　不登校・登校拒否の原因の考え方（竹中，2000[5]）を一部改編）

り，スクールカウンセラーが各中学校に配置されるなど，さまざまな対策がこうじられている[7)8)]．

　引きこもりの現象が最初に注目されたのは，1980年の初めであった[9)]．しかし，それが一般に浸透してきたのは，1990年前後になってからである．用語としては引きこもり以外に，閉じこもりと称することもある．引きこもりとは，一般的に社会的参加や対人交流の機会を持とうとしない，あるいは持つことができない状態といえる．ただし，実際には，その状態や要因は，不登校と同様に多種多様である．なお，引きこもりと不登校との関連性であるが，両者は，必ずしも連続するものではない．斎藤(1998)の調査によれば，調査対象となった引きこもり事例のうち「不登校を経験した人の割合は90％」であるが，同時に不登校の中で引きこもり状態にまで至る事例は「それほど多くない」という[10)]．

　引きこもりに関する研究はまだ不十分であるが，心理的要因としては，心的外傷体験の影響，家族の機能不全，社会的無理解などさまざまな点が指摘されている．また，引きこもりの特徴に関しては，統計的には，①男性（特に長男）に多い，②最初のきっかけとしては中学生前後の不登校が多い，③割合としては中流以上の家庭が多く，離婚や単身赴任などの特殊事情はむしろ少ない，④問題が起こってから相談機関などを訪れるまでの期間が長い，などがある．引きこもりの背景となっている状況要因としては，①対人恐怖症状，②強迫症状，③不眠や昼夜逆転，④家庭内でもコミュニケーションがない，⑤家族関係が不安定，⑥家庭内暴力，⑦被害関係念慮，⑧抑うつ気分，などが指摘されている．また，少数ではあるが，自殺企図や摂食障害も見られる．ここで重要とな

5) 竹中哲夫　2000　不登校の理解と援助　竹中哲夫・近藤直子・加藤幸雄(編)　子どもと青年の心の援助　ミネルヴァ書房

6) 日本における不登校研究の歴史については，伊藤美奈子　2001　学童期・思春期—不登校　下山晴彦・丹野義彦(編)　講座臨床心理学5　発達臨床心理学　東京大学出版会，を参照のこと．

7) スクールカウンセリングについては，村山正治・鵜養美昭(編)　2002　実践！スクールカウンセリング　金剛出版，を参照のこと．

8) 不登校への対策としては，小林正幸　2002　先生のための不登校の予防と再登校援助　ほんの森出版，などが参考となる．

9) 岡堂哲雄　1980　ひきこもり現象と家族心理　こころと社会　**23**(3)　日本精神衛生会

るのが，引きこもり状態が一次的なのか，それとも何らかの精神障害が基礎にあって，その二次的な状態として引きこもりになっているのかを区別することである．そのためにも，個別の事例において，さまざまな周辺情報（生育歴や現在の環境など）および症状を詳しくアセスメントし，正確に判断することが大切になる[11]．もし精神病性の引きこもりであったなら，入院や薬物療法による疾患への介入が優先されなければならない．

引きこもりへの介入においては，引きこもっている本人への働きかけは，当初は難しい．非精神病的な引きこもりの場合は，本人への無理な介入は，他者に対する不信感や恐怖感を増大させ，逆に状況の改善を難しくさせる危険性がある[12]．そこで，引きこもりの状態を抱えている家族への援助が重要となる[13]．

不登校や引きこもりに典型的に示される非社会性を理解する上で重要となるのは，社会の定義が変化すれば，その意味もそれに伴って変化するという点である．たとえば，登校拒否が不登校に替わったのは，いわゆる「優等生の息切れ」型不登校の増加を受けて，当時の文部省が「登校拒否は誰にでも起こる」という見解を示したことが1つの大きな要因となっている．したがって，非社会性を理解する場合には，「社会通念」のみで判断するのではなく，発達状況や社会的環境なども考慮して統合的に捉えていくことが重要になる．また，不登校や引きこもりといった非社会性を示す状態は，社会的な現象であるので，個人の心の問題としてのみ理解するのではなく，家族や地域社会への心理学的教育や行政と協力したコミュニティ活動，さらには積極的な予防活動などが何にも増して必要になってくる．

〔下山晴彦〕

10) 斎藤環 1998 社会的ひきこもり PHP新書

11) 岡本祐子・宮下一博(編) 2003 ひきこもる青少年の心 北大路書房，を参照のこと．

12) 蔵本信比古 2001 引きこもりと向き合う：その理解と実践的プロセス 金剛出版

13) 近藤直司(編) 2001 ひきこもりケースの家族援助：相談・治療・予防 金剛出版

【参考文献】
井上健治・久保ゆかり(編) 1997 子どもの社会的発達 東京大学出版会
岡本祐子・宮下一博(編) 2003 引きこもる青少年の心 北大路書房

V-42
反社会性
antisocial tendency

社会の期待から逸脱する行動を**反社会的行動**（antisocial behavior）といい，その行動を基礎づける個人の内的状態を反社会性という[1]．反社会的行動で法を犯す場合は犯罪（crime）と呼ばれる．**非行**（delinquency）は，わが国では犯罪という言葉を避けるために用いられ，児童や刑事責任年齢以下の若年者に対して，少年法との関連で「少年の個性と環境の力動的な相関関係により，法律的または社会倫理的な規範から逸脱する行為または行状」[2]と定義される．

非行の原因に関する議論は多い．一般に，道徳性や**自己統制**（self-control）の欠如，非行仲間との接触が非行を引き起こすなどと考えられている[3]．

それに対して，ハーシ（Hirschi, T.）は，問うべきは「彼らはなぜ非行をしたのか」ではなく，「私たちはなぜ非行をしないのか」だととらえ直して，**社会的統制理論**（social control theory）を提唱し，私たちが非行をしないのは，**社会的絆**（social bond）があるからだと考えた[4]．社会的絆は，次の4つの要素からなる．愛着（attachment：家族や友人あるいは学校の集団との情緒的つながり，たとえば「非行をすると，親が悲しむ」，「友だちを失う」），関与（commitment：価値や行為目標への功利的なつながり，たとえば「高校を除籍になる」），没頭（involvement：日常の生活に時間やエネルギーを投入していること，たとえば「勉強が忙しく，非行をする暇がない」），信念（belief：社会や集団の規範的な枠組みを受け入れていること，たとえば「非行は自分の信念に反する」）である．私たちは，社会的絆を失う恐れから，非行に至らないと考えられている．それゆえ，社会

1) **攻撃**（aggression）とは，他者に意図的に危害を与えることをいい，攻撃を意図したり願望する内的状態を攻撃性という．

2) 団藤重光・森田宗一 1968 新版少年法（第2版）有斐閣

3) 原因で考えなければならないことは多い．たとえば，性非行では，女子の売春は大人の男性の買春のもとで行われるものであり，大人の側の問題や青年と大人の関係のありかたについても考えなければならない．

4) Hirschi, T. 1969 *Causes of Delinquency.* Berkeley, CA: University of California Press. 〔森田洋司・清水新二（監訳）1995 非行の原因―家庭・学校・社会へのつながりを求めて 文化書房博文社〕

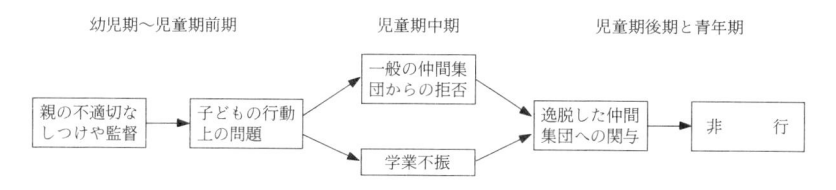

```
幼児期〜児童期前期          児童期中期              児童期後期と青年期
                       ┌─ 一般の仲間集 ─┐
┌────────┐  ┌────────┐  │  団からの拒否  │  ┌────────┐  ┌────┐
│親の不適切な│→│子どもの行動│→┤              ├→│逸脱した仲間│→│非 行│
│しつけや監督│  │上の問題    │  │              │  │集団への関与│  │    │
└────────┘  └────────┘  └─   学業不振   ─┘  └────────┘  └────┘
```

図 42-1　反社会的行動に至る発達のすじみち (Patterson, *et al*., 1989)[5]

的絆が切れて，たとえば「親が悲しんでも関係ない」，「友だちは悪い目でみている」，「高校に行ってもしかたがない」，「暇だ．何か面白いことないか」，「自分のしたいことをして何が悪い」などと考えると，非行の抑制がとれてしまう．この理論は個人と環境の関係を問題にしており，個人か環境のどちらかに原因を帰する考え方より優れている．

　相互作用 (interaction) の視点からすると，非行に至る過程をとらえるべきだとされる．今日の発達理論によれば，幼児期の個人的および社会的な**リスク因子** (risk factor) が，それに対する社会の不適切な対応によって実現してしまい，さらに発達的な困難（たとえば学校の問題）と重なった結果，非行がもたらされると考えられている[5][6]．具体的には，図42-1 に示されるように，まず幼児期における家庭での不適切なしつけが問題である．親の暴力や放任は，向社会的スキル (prosocial skill) を教えないこととともに，子どもに威圧的な行動を学習させる．それは児童期中期に一般の仲間集団からの拒否や学業不振というかたちで，社会の反応を子どもにもたらす．子どもは今度は青年期にかけて逸脱集団に接近することで反応し，非行へと至るのである[7]．

　この見方は非行防止のための**介入** (intervention) にどのような示唆を与えるのであろうか．親による暴力や放任は単独で作用するというより，親が犯罪歴をもっていたり，家庭が貧窮していたり，地域のつながりが崩壊していたりといった社会的困難と組み合わさっている．そこで，親や地域に対する介入と支援が必要となる．また，幼少期の段階で親のしつけに介入し，子どもに適切な向社会的スキルを学習させるよう，親を訓練すると効果がある．学校では，「オレだってまっとうに生きたい」という発達への要求に依拠しながら，他者

5) Patterson, G. R., DeBaryshe, B. D., & Ramsey, E. 1989 A developmental perspective on antisocial behavior. *American Psychologist*, **44**, 329-335.

6) Loeber, R., & Stouthamer-Loeber, M. 1998 Development of juvenile aggression and violence : Some common misconceptions and controversies. *American Psychologist*, **53**, 242-259.

7) 非行の原因は，麦島文夫によれば，第1に，小学生では「家のなかが楽しくない」，「もっと面倒をみてほしい」など親のあたたかさの不足や放任，中学・高校生では「親から愛されていない」，「親が厳しすぎる」など，親の愛情が子どもに伝わっていないことがあげられる．第2に，家庭の貧しい文化的環境が学業成績の不振を招き，低年齢からの喫茶店やゲームセンター，酒・タバコとの接触や，日常生活にお

との信頼関係を構築していくと同時に，基礎学力を獲得させたり，進路の見通しをもたせたりすることが必要である．

少年を立ち直らせるには，どのような**処遇**（treatment）が有効だろうか．施設内処遇（少年院など矯正施設内での働きかけ）や社会内処遇（保護観察など，矯正施設を出た後の働きかけ）では，少年の**社会的スキル**（social skill）や認知的スキルの訓練，子育て能力の向上，少年をめぐる不利な環境の改変，健全な仲間集団に入るための援助などがあげられる．しかも，そのいずれかひとつではなく，それらを組み合わせた複合的な介入がよいとされている．ひとつの職場で働き続けることや結婚生活の安定が低い再犯率と関連があった[8]．この面での社会環境の整備も求められよう．

1990年代の非行研究のめざましい成果のひとつは**縦断研究**（longitudinal study）の結果が出てきたことである．コールマン（Coleman, J.）らは，貧困や経済的困難，親の離婚や障害，不適切な子育て，**児童虐待**（child abuse；III-24参照），家族内の争い，家庭の崩壊などの社会的不利を幼少期に経験した若者についての縦断研究から，少年の**回復**（resilience）に必要な因子を次のように紹介している[9]．第1に，一定の知的能力の高さが必要だった．第2に，家族の外に関心がもてたり，家族以外の大人との愛着をつくれる人が，家庭の不都合に直面しても回復できた[10]．第3に，少なくとも片方の親のサポートがあれば，ほかの社会的不利の影響を低くすることができた．第4に，幼少期から気難しくない気質をもつ人のほうが回復しやすかった．第5に，非行仲間と接しないことであり，よい仲間との関係が家族の悪い影響を中和させた．

また，縦断研究から，問題とされる反社会的行動のタイプが多様であることもわかってきた．たとえば，スタティン（Stattin, H.）らはスウェーデンで709人の男性を児童期から30歳まで追跡し，犯罪行動のパターンを記述した[11]．8つのタイプがありうるが，それぞれごとの調査対象者の割合を表42-1に示す．調査対象者の38％が3つの発達段階のうち少なくともひとつの段階で何らかの反社会的行動にかかわっていた．ここで特筆すべきことは，人数で見ると，青年期だけける問題行動につながる．第3に，親子の心理的トラブルがきっかけで非行へとエスカレートする．また，第4に，学校の管理強化や受験体制に対する不満が非行を選択するひとつの理由となることがある．第5に，高校不進学や中退，非行時の重い処分などにより社会的絆が切れると，非行を繰り返すことになる．

麦島文夫　1990　非行の原因　東京大学出版会

8) Sampson, R. J., & Laub, J. H. 1993 *Crime in the Making: Pathways and Turning Points through Life.* Cambridge, MA.: Harvard University Press.

9) Coleman, J. C., & Hendry, L. B. 1999 *The Nature of Adolescence.* 3rd. edition. London: Routledge. 〔白井利明他（訳）2003　青年期の本質　ミネルヴァ書房〕

10) 家族以外の導き手やモデルとなる人との出会いは非行からの立ち直りに重要であるが，その際，タイミングも重要である．

白井利明・福田研次・岡本英生・栃尾順子・柏尾眞津子・妹尾

反社会的だと分類される**青年期限定型**（adolescence limited type）は11％なのに対して，すべての段階で反社会的だと分類される第1列目の**ライフコース持続型**（life course persistent type）は5％にすぎないことである．つまり，青年期の一過性の者が非行の多数を占めることがわかる．ところが，ライフコース持続型はどこかの時点で犯罪行動をしたことのある人の14％にすぎないのに，調査対象者全体が起こした犯罪全体の約60％を占める．非行の多数はわずかな者によって引き起こされているといえる．彼らはさまざまなリスク因子の蓄積により幼少期から徴候を出しているので，早期からの適切な対応が求められる．

近年，被害者の人権が注目されるようになってきた．被害者の人権とは，知る権利，司法手続きに参加する権利，被害回復する権利，不利益を受けない権利などからなる[12]．そのなかで，被害者と加害者が直接会って，互いの気持ちを語り合う取り組みが注目されている．これは**回復的司法**（restorative justice）と呼ばれる．被害者にいやしをもたらし，加害者に罪を自覚させ，社会復帰を準備する効果も期待される．和解の過程をみると，加害者と被害者とはそれぞれが対となるひとつの役割ではなかったかとも思われる．それは加害者が加害者でなくなりひとりの人間となるとき，被害者は被害者でなくなりひとりの人間となって，被害者の苦しみから抜け出ることができるようにみえるからである．これはさまざまな困難な条件を満たしたうえで実現することであるが，ひとつの可能性として考えてみたい．非行からの立ち直りは社会や人との関わりのなかで考えなければならないことを教えてくれる．

〔白井利明〕

表42-1 **男性の犯罪活動の経過のタイプとその割合**
(Stattin & Magnusson, 1996)[11]

児童期 (0—14)	青年期 (15—20)	成人期前期 (21—29)	割合 (％)
○	○	○	5.4
○	○	—	2.4
○	—	○	1.1
○	—	—	2.5
—	○	○	5.8
—	○	—	11.4
—	—	○	9.0
—	—	—	62.3
割合 11.4	25.0	21.3	(709人)

注) ○は犯罪がみられる場合，—は犯罪がみられない場合である．

隆史・小玉彰二・木村知美・宝めぐみ・辻本歩・田中亮子 2002 非行からの少年の立ち直りに関する生涯発達的研究（Ⅲ）—リスク因子からの回復のライフヒストリー 大阪教育大学教育研究所報，**37**，35-54．

11) Stattin, H., & Magnusson, D. 1996 Antisocial development: A holistic approach. *Development and Psychopathology*, 8, 617-645.

12) 諸澤英道 1999 被害者支援を創る 岩波ブックレット No.489 岩波書店

【参考文献】
麦島文夫 1990 非行の原因 東京大学出版会
生島 浩 1999 悩みを抱えられない少年たち 日本評論社
河野荘子 2003 非行の語りと心理療法 ナカニシヤ出版

V-43

摂食障害

eating disorder

　摂食障害は,「食べる」という行為に支障をきたしている状態である．発症の要因は多様であるし，また症状・状態も一時的な食欲不振から，死に至る状態までさまざまである．発達との関連については，思春期─青年期の女性に比較的多いという特徴がある．女性の発症率は，男性の10倍以上にのぼる．ただし，成人後の発症や男性の事例も稀ではない．摂食障害は，先進国を中心に増加していることなどから，痩身が女性の美の象徴とされ，肥満に嫌悪感を示す社会風潮，女性の自立・社会進出への希望と現実のギャップ等の社会的要因が関係していると考えられている．

　摂食障害は，大きく分けて拒食と過食に分けられる．**拒食**は食べることをやめてしまう状態であり，DSM-IV の診断名では**神経性無食欲症**（anorexia nervosa）と呼ばれる．過食は食べ過ぎる状態であり，DSM-IV の診断名では**神経性大食症**（bulimia nervosa）と呼ばれる．摂食障害の形成メカニズムに関してはさまざまな理論が提案されているが，基本的には「強い痩せ願望」が障害の基本にあると考えられている．過食であっても，過食と拒食の両方の症状を揺れ動く状態もみられ，両者が通底していることがうかがわれる．

　摂食障害は，ダイエット，心理的ストレス，環境変化などが契機となって発症することが多い．したがって，何らかの心理的要因が契機となっていると考えられる．また，障害を維持し，悪化させる心理的要因として，「強い痩せ願望」と関連する「自分自身の身体についてのイメージ（ボディ・イメージ）の偏り」が指摘されている．この他，「女性性の拒否」や「成熟拒否」などの発達的要因も指摘されている．さ

表43-1 神経性無食欲症（拒食症）の判定基準（DSM-IV）

A．年齢と身長に対する正常体重の最低限，またはそれ以上を維持することの拒否．
B．体重が不足している場合でも，体重が増えること，または肥満することに対する強い恐怖．
C．自分の体の重さまたは体形を感じる感じ方の障害；自己評価に対する体重や体形の過剰な影響，または現在の低体重の重大さの否認．
D．初潮後の女性の場合は，無月経，つまり，月経周期が連続して少なくとも3回欠如する．

らに摂食障害においては，心理的要因や発達的要因に加えて，障害の悪化に生理的要因が深く関わっている．たとえば，摂食障害が進むと脳内・末端の双方において，満腹を感じて食行動を調節する神経やホルモンの機能が崩れ，病状が深刻となり，生命の危機に至る危険性が生じる．このように摂食障害は，社会的要因，心理的要因，発達的要因，生理的要因が複雑に絡み合って成立する障害であり，ボディ・イメージという認知的側面だけでなく，生命維持という生物的側面まで含めて身体性が深く障害される病理である．以下，神経性無食欲症と神経性大食症を分けて，その特徴をみていく．

神経性無食欲症については，表43-1にDSM-IVの診断基準を示した．神経性無食欲症の特徴は，拒食・低体重・無月経に加えて，自らが低体重であることへの否認ということがある．患者は，どれだけ痩せていても，活動的に振る舞い，自分が異常だとは認めない．このような否認の背景には，ボディ・イメージの偏りが見られる．

発症メカニズムとして指摘される心理的要因として特に注目されているのが，「痩せ願望および肥満への恐怖」と「ボディ・イメージの偏り」である[1]．ボディ・イメージは基本的に自分の身体を「醜い」と認知する方向に歪んでいる．たとえ平均よりも痩せていても，骨に皮がついているだけのような状態になっていても，「まだまだ自分は太っている」と本人は感じている．その根底には，「痩せることへの願望」や「肥満への過度の恐怖」がある．こうした「痩せ願望」には，少なからず社会的価値観が影響しているとされる[2]．

「痩せ願望」，「ボディ・イメージの偏り」以外に拒食の原因とされる心理的メカニズムが「女性性の拒否」，「成熟の拒否」である．思春期には，二次性徴に伴って身体的に大きく変化する．女性の場合，そのような身体的変化は，当惑を伴って経験されることが多い．その場合に，自分の身体の変

1) 馬場（1998）らは，女性の全身像の線画による描画検査や，BDQという質問紙を用いて摂食障害患者のボディ・イメージの偏りを調査している．いずれの調査によっても，摂食障害の患者が健常者よりも有意に偏ったボディ・イメージを持っていることが実証されている．
馬場謙一 1998 摂食障害とボディ・イメージ 野上芳美（編）摂食障害 日本評論社

2) たとえば，サモア島では，テレビ導入以前には男女ともがっちりとした体格が好まれており，摂食障害など見られなかった．ところが，テレビの導入によって欧米の番組が観られるようになってから，痩せ願望や摂食障害が急増したという．テレビに映し出される「美しい女性」，つまり女優やモデルは，欧米社会の価値観を反映した細い女性であったわけである．

化を受容することができず，それが「女性としての成熟の拒否」につながるとの見方も提案されている．このような心理的メカニズムが見られるのは，幼少時の生育歴などから十分に女性としての自尊心を確立していない場合に多いとの指摘もある．しかし，女性性の問題が必ずしも摂食障害に結びつくものではないので，女性性の拒否や成熟拒否を障害の要因として認めない研究者もいる[3]．

痩せ願望などの心理的要因によって食欲が減退し，食べない状態が続くと，胃の縮小や自律神経・ホルモン系の変化などの身体的変化が起き，その結果，食べられない状態となる．そのような状態になった場合，栄養補給などの医療的介入などがなされなければ，死に至ることになる[4]．ただし，拒食の状態への治療的介入については，ボディ・イメージの偏りなどのために，一般的には本人が自らの状態を病的なものとして認めないという難しさがある．多くの場合，自発的な来談は望めない．また，患者にあっては，食物摂取そのものが自己嫌悪に結びついており，その自己嫌悪を避けるために過度の自己コントロールとしてダイエット強迫に陥っていることが多い．しかし，そのまま痩せていくと死に至る場合があるので，ある程度以上ひどくなった場合には，家族などの関係者によってむりやり医療機関に受診させられることが多い．栄養面などの医学的治療などが加えられることで，月経や自律神経系などの面では回復する．しかし，心理的要因が発症と症状維持に深く関与しているので，認知的偏りや強迫的傾向などの心理的側面への臨床心理学的介入を行うことが，医学的治療と並行して必要となる[5]．

神経性大食症の場合，口に入れる量やカロリーは多いのだが，実際には自分で指を入れての嘔吐や下剤の使用などを伴うため，体重は平均的であったり，あるいは平均よりも痩せた栄養失調状態であったりすることが多い．以前は，拒食による飢餓状態から転じて過食の状態になる事例が多かった．つまり，拒食のために飢餓状態になった身体の生理的反応によって炭水化物などの高カロリーな食品をとにかく摂取しようという態勢となり，その結果，コントロールも効かない状

3) 野上芳美（編）1998 摂食障害 日本評論社

4) 東淑江（編）1995 拒食症・過食症のQ&A ミネルヴァ書房

5) ハッセル，V.B.V.・ハーセン，M.（編）坂野雄二他（編訳）2000 エビデンスベイスト心理治療マニュアル 日本評論社

態で「むちゃ食い（binge eating）」をするようになる．ところが，そのすぐ後から，制御できなかったことを含めて強い自責感に駆られて自己誘発性嘔吐をしたりすることになる．しかし，近年ではいきなり過食症から始まる摂食障害も増えていると指摘されている．このような事例の場合，もともと自己評価の低い人の抑うつ時の気晴らし食いが契機となりやすい．心理的には痩せ願望や肥満恐怖があるため，気晴らし食いによる過食後にダイエットを試みるが，逆に食欲に負け，過食となっていく．そうなると，嘔吐や下剤の利用によって体重減を図るようになるが，そのような異常な食行動をした自分への嫌悪感が強まり，さらに抑うつ的となり，過食と排出を繰り返す悪循環が進むことになる．

　一般の中学，高校の女子で摂食障害と推定される割合は10万人に対して神経性無食欲症で約1,000人，神経性大食症では数千人に上るとされる[6]．こうした状況の背景には，飽食の時代とか，ストレス社会とかいわれる社会的状況の変化が考えられる．生物としての人間は，飢餓に対する防御機構は備えているが，飽食に対する防御機構は不十分であり，歯止めが利かないという生理学的要因も，過食の増加に一役買っているものと思われる．また，摂食障害は，女性に多いことから，現代社会における女性の社会的役割の多様化によって生じた心理的混乱があるとされる．女性としての生き方に自信が持てないことから，女性の社会的評価基準としては身近でわかりやすい痩身美といった価値基準への異常なこだわりにつながるともいえる．なお，摂食障害には，良い子が多い．これは，同性である母親の期待に幼児期から同一化し，家族の中で良い子役割をとっていたため，自己の心理的な確立ができなくなり，その防衛として女性の評価基準である痩身美にこだわるとみることもできる．このように摂食障害の発症には家族関係が関わっていることが多く，心理的援助においては家族への介入が必要となることが多い．〔下山晴彦〕

6) 青木紀久代　1996　拒食と過食　サイエンス社

【参考文献】
東淑江（編）　1995　拒食症・過食症のQ＆A　ミネルヴァ書房
野上芳美（編）　1998　摂食障害　日本評論社

V-44
ジェンダー
gender

　生物学的な男女の違いを**セックス**（sex）といい，社会的・文化的な男女の違いを**ジェンダー**（gender）という[1]．

　思春期（puberty）になると，**二次性徴**（secondary sex characteristics）が現れてくる．思春期になって現れる男女の違いを二次性徴といい，出生時の解剖学的な男女の違いを一次性徴という．

　古典的な理論では，思春期の発現により青年期は精神的に不安定になるとされてきた．たとえば，精神分析の理論によれば，思春期の性衝動の発現が自我を脅かすために葛藤や不安を高めるとした．ところが，**マーガレット・ミード**（Mead, M.）がサモア人の思春期を観察したところ性のタブーのないところでは葛藤がないことを発見した[2]．つまり，青年期の危機は生物学的必然ではなく，社会的文脈によってその影響が異なるとされたのである．

　思春期の発現は，図44-1に示されるように，社会的規範の影響に媒介されて，青年の社会的行動や感情，態度に影響する[3]．ユドリー（Udry, J. R.）は，性ホルモンと社会の影響がどのように性行動に現れるかを研究した[4)5)]．その結果，女子は，両親が許容的だったり友人が性行動に関心をもったりする場合は，性ホルモンの分泌と性行動に関連がみられた．そうでない場合には性行動はみられなかった．男子の場合は，社会的条件に関係なく，性ホルモンの分泌と性行動に関連がみられた．この結果から，女子は社会的文脈によって影響されるが，男子は社会的文脈によって影響されず，生物学的な変化に直接支配されているといえるだろうか．そうとはいえないだろう．なぜなら，男子は女子よりも性行動に対

1）性的欲望や性行動の総体は**セクシュアリティ**（sexuality）と呼ばれる．小倉千加子は，性的指向性をセクシュアリティと呼んでジェンダーから区別し，両者は別のものであるとしている．たとえば，解剖学的には男性であるが（セックス），自分は女性であると考えており（ジェンダー），かつ女性を性的関心の対象にする（セクシュアリティ）ということがありうる．小倉千加子　2001　セクシュアリティの心理学　有斐閣

2）Mead, M. 1961 *Coming of Age in Samoa*. New York: William Morrow & Co.〔畑中幸子・山本真鳥（訳）1976　サモアの思春期　蒼樹書房〕

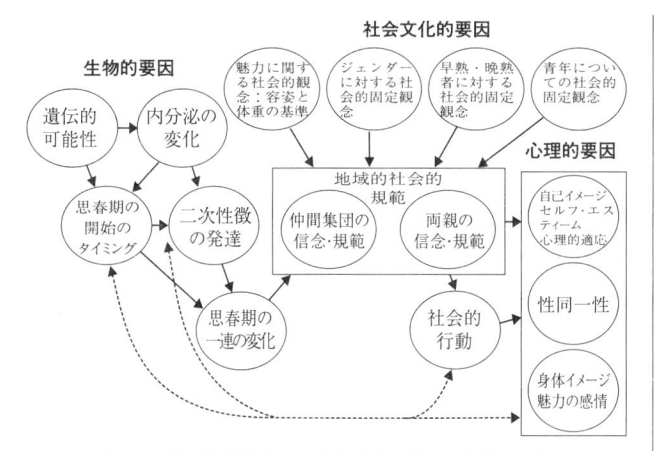

図 44-1 青年期前期における生物的・社会文化的・心理的要因間の関係のモデル (Petersen, 1985)[3]

して社会が許容的であるという社会的文脈がその前提となっているからである．ホルモンによる行動の影響は社会的文脈のなかで現れるのである．

性同一性（gender identity）も社会規範に媒介されて思春期の発現の影響を受ける．性同一性とは，性別に関する自分自身の統一性・一貫性・持続性をいい，次の3つの構成要素からなる[6]．つまり，中核的性同一性（core gender identity，自分が男あるいは女であるという自己認知と基本的確信），**性役割**（gender role，社会的・文化的レベルでの性別にもとづく役割期待および役割遂行），性的指向性（sexual orientation，性的な興味・関心・欲望の対象が異性・同性・両性のいずれに向いているか）である．思春期の発現に伴い，「女（男）に生まれてきてよかったのだろうか」などと性の受容が問題になったり，「異性にとって魅力があるだろうか」と異性の目を気にしたり，「好きな人の身体に触れてみたい」という気持ちが高まり，性衝動の出現にとまどったりすることがある．

性役割は自分の考える性が社会的・文化的に期待される行動となって表現される．渡邊惠子[7][8]は，「あなたはパートナーの異性にはどんなふうであってほしいですか」と大学生が異性に期待することを聞いた．すると，男性は女性に「か

3) Petersen, A. C. 1985 Pubertal development as a cause of disturbance : Myths, realities, and unanswered questions. *Genetic, Social, and General Psychology Monographs*, **111**, 205-232.

4) Udry, J. R. 1990 Hormonal and social determinants of adolescent sexual initiation. in J. Bancroft & J. M. Reinisch (Eds.) *Adolescence and Puberty*. Oxford : Oxford University Press, Pp. 70-87.

5) ここでは次の文献も参照して紹介する．Coleman, J. C., & Hendry, L. B. 1999 *The nature of adolescence*. 3rd. edition. London : Routledge. 〔白井利明他（訳）2003 青年期の本質 ミネルヴァ書房〕

6) 伊藤裕子 2000 思春期・青年期のジェンダー 伊藤裕子（編著）ジェンダーの発達心理学 ミネルヴァ書房 Pp. 30-51.

7) 渡邊惠子 1996 青年期後期における性役割の認知と自尊心 日本女子大学紀要（人間社会学部），**6**，145-159.

|対異性場面| |対同性場面|

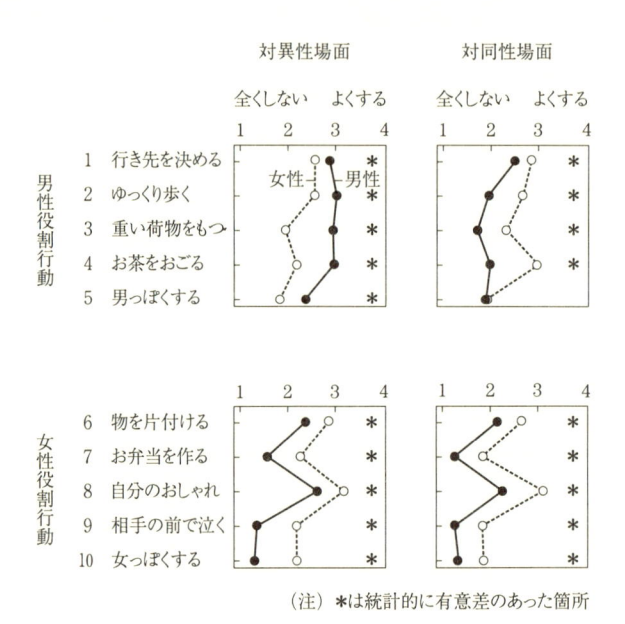

図44-2 大学生の性役割行動における性差（渡邊，1997）[8]

わいい」などといった女らしさを期待し，女性は男性に「頼りがいのある」などといった男らしさを期待した。「心の広い」などといった両性に共通する特性であるヒューマニティ（人間性）についてはわずかな項目に違いが見られただけであった。次に，「あなた自身にどのくらいあてはまりますか」と聞いた．すると，実際にはほとんどの項目で性差がなかった．しかも，男らしさの「たくましい」では女性のほうが，女らしさの「静かな」では男性のほうが得点が高く，逆の結果になっていた．つまり，現実には一般に信じられているような性差は見られなかったのである．さらに，図44-2に示されるように，男性役割行動は，男性は対異性場面では対同性場面よりも発揮し，女性は抑えていた．他方，女性役割行動は場面の違いに関係なく女性のほうが発揮していた．この結果は，性役割行動が場面に応じた自己呈示であると同時に，場面を越えて習慣化してもいることを示した[9]．

ベム（Bem, S. L.）の**ジェンダー・スキーマ理論**（gender schema theory）は，「女として創られる」しくみを暴いて

[8] 渡邊恵子 1997 青年期後期における性役割―大学生の対人場面における性役割行動・性役割観・性役割受容の性差 日本女子大学紀要（人間社会学部），**7**，89-100.

[9] 性役割はほかにもさまざまなかたちで行動に影響を及ぼす．たとえば，小学校の高学年から中学生にかけて，男子に比べて女子は数学を苦手と感じ国語を得意とするようになることがある．**達成動機づけ**（achievement motivation）の**期待価値モデル**（expectancy-value model）によれば，男らしさ・女らしさに関

いる[10]。ジェンダー・スキーマとは，文化が定義する性役割に依拠しながら情報を符号化・体制化するときの枠組みをいう。たとえば，男子は「強い」や「かしこい」といわれ，女子は「かわいい」や「やさしい」といわれることを観察すると，男女による違いがあることを学習する。さらに，「転んでも泣かないなんて，さすが男の子だ」といわれると，「転んでも泣かないこと」が男性という性と関係づけられ，「小さい子の面倒を見るなんて，さすが女の子だ」といわれると，「小さい子の面倒を見ること」が女性という性と関係づけられる。こうして，性役割にかんする固定観念（stereotype）が形成されていくのである。ベムは男女とも男性的でも女性的でもある両性具有（androgyny）が望ましいとする**アンドロジニー・モデル**（androgyny model）を提案した。つまり，男らしさと女らしさは，一次元上の対極にあるものではなく別々のものであるから，ひとりの人に同時に存在したり存在しなかったりすることもありうるとしたのである。

今日では，従来の性役割という問題設定のしかたでは性別分業を固定化してしまうという限界が指摘されている。そして，男女間の権力関係が視野に入ってこなければならないといわれている。その場合，単に男性をもっぱら女性を抑圧する支配者とみるのではなく，たとえばそのなかで男性もある意味抑圧されてきたととらえるものでなければならないともいわれている。というのも，近代の男らしさの指標であった「強さ」や「勇敢さ」は，その逆にある女らしさの「か弱さ」や「優しさ」と対になって，ひとつのイデオロギー的構造と言説を生み出してきたからである。女性か男性かのいずれかの視点ではなく，両性の社会的関係性に注目することがジェンダーの視点ともいえる[11]。

〔白井利明〕

する自己概念に合うような教科が目標として選択されるからである。

Eccles, J. S., & Wigfield, A. 2002 Motivational beliefs, values, and goals. *Annual Review of Psychology*, **53**, 109-132.

10) Bem, S. L. 1985 Androgyny and gender schema theory : A conceptual and empirical integration. in T. B. Sonderegger (Ed.) *Nebraska Symposium on Motivation*, **32**, 179-226. Lincoln, NB : University of Nebraska Press.

11) 川原ゆかり 2003 文化人類学からみたジェンダー研究 日本の科学者, **38**, 30-35.

【参考文献】

伊藤裕子（編著） 2000 ジェンダーの発達心理学 ミネルヴァ書房

青野篤子・森永康子・土肥伊都子 1999 ジェンダーの心理学―「男女の思い込み」を科学する ミネルヴァ書房

ゴロンボク, S.・フィバッシュ, R. 小林芳郎・瀧野揚三（訳） 1997 ジェンダーの発達心理学 田研出版

VI 成人期から老年期まで

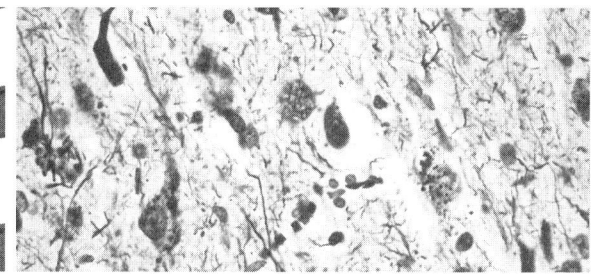

VI-45
親になること
parenthood, parenting

親になることの意義

子どもを産み育てること，親になることには，次の社会を担う世代をつくる，夫婦をはじめ家族の絆を深める，家を継承させる，自分の生命を伝える，子育てそのものを体験し楽しむなど，さまざまな意味や意義がある．また，それらは国，社会や文化によっても，かなり相違が認められる[1]．

わが国では，少子化，長寿化によるライフサイクルの変化にともなって，人生の中に占める子育ての位置や意味は変容しつつある．しかしながら，どのような時代や社会においても，子どもを育てること，親であることは，自分のためのみでなく，他者の成長・発達を援助しつつ生きるという，おとなとしての生き方を厳しく要求される営みである．

エリクソン（Erikson, E. H.）は，精神分析的個体発達分化の図式（epigenetic scheme, 1950）の中で，成人中期の心理社会的課題として，「世代性」（generativity）をあげている[2]．「世代性」とは，自分の後に続く世代や社会をはぐくみ，育てることを意味しており，親として子どもを育てることは，その最も中核的な営みのひとつである．このように親になることは，子どもという次世代を育てるのみでなく，子育てによって，親自身もまた成長・発達していくという相互発達的な意味をもっている．

親となるプロセスと心理的課題

わが国では古くから，女性は子どもを慈しみ育てる性質や能力が本能的に備わっているという**母性神話**や，子どもは3歳になるまでは，母親の手で育てるべきで，その方が，子どもは最も幸福でよく発達するという**3歳児神話**が，親，特に

---

1) たとえば，タイ，韓国では，「家の存続のため」が最も多く，イギリス，フランスは「子どもを育てるのは楽しい」，日本，アメリカは「次の社会をになう世代をつくる」が1位に選択されている．
総務庁青少年対策本部（編）1987 日本の子どもと母親―国際比較
総務庁青少年対策本部（編）1995 子どもと家族に関する国際比較調査報告書

2) Erikson, E. H. 1950 *Childhood and society*. New York: W. W. Norton.〔仁科弥生（訳）1977, 1980 幼児期と社会1・2 みすず書房〕

母親の意識や行動に少なからぬ影響を与えてきた．しかしながら今日では，母性は本能ではなく，後天的に学習され，獲得されるものであることが実証的に認められるようになっている[3]．

したがって心理学的に見ると，親になることも，妊娠がわかった時から出産までの月日の中で，さらに出産後も，「母親としての自分」を獲得していくプロセスとしてとらえられる．蘭（1989）は，このプロセスを，妊娠に気づいた時から妊娠3‐4か月までを，妊娠を体の実感としてつかめず，心身ともにチグハグな感覚がめだつアンチ・ボディ・イメージ期，4‐5か月から出産までを，胎動や腹部のふくらみによって母親意識が育ってくるボディ・イメージの形成期ととらえている[4]．これは見方を変えれば，身体の変化にともなって，母親となる意識が育ち，胎児を受け入れ，**母親アイデンティティ**が形成・獲得されていくプロセスである．

妊娠期の心理的課題としては，内分泌系の変動に適応し，身体の変化を受容することや，母親になり子どもを受容する準備と実践を行うことがあげられる．具体的には，①胎児の現実性の獲得，②母親としての自己像の確立と受け入れ，③出産・育児に必要な対象関係（自分の母親や夫などの対人関係，出産・育児用品の準備や子育て環境を整えるなどの物理的関係，育児行事・教育などの文化・社会的関係）の獲得と再構築である[5]．

子どもの誕生によって家族の風景は大きく変容する．家族システムから見ても，出産・育児期は，①夫婦の二者関係から子どもを含めた三者関係へ家族システムを再編すること，②育児によって増大した家庭内役割を分担し親役割を受容することなど，重要な課題がある．スターン（Stern, D. N.）は，初めて母親になった女性には，①子どもの生命，成長の維持，②母親である自分と子どもの基本的関係性，③子育ての機能を満たすためのサポート・システムなどの援助基盤，④母親になることによるアイデンティティの再編，というテーマが関連し合って発生すると述べている[6]．これらは，母親になった女性の心理的課題と考えることもできる．

3）たとえば，大日向雅美 1988 母性の研究 川島書店

4）蘭香代子 1989 母親モラトリアムの時代 北大路書房

5）武内珠美 2002 妊娠・出産・子育てをめぐる女性の心理と問題 岡本祐子・松下美知子（編）新・女性のためのライフサイクル心理学 福村出版 Pp. 151-175．

6）スターン，D. N. 馬場禮子・青木紀久代（訳）2000 親‐乳幼児心理療法―母親のコンステレーション 岩崎学術出版社

父親役割・母親役割

　子どもが心理的に健康に発達していくためには，親としてどのような特性や機能が求められるであろうか．古くは，パーソンズ（Parsons, T., 1955）が，健康な家族機能として，**道具性**（instrumentality）と**表出性**（expressiveness）をあげている[7]．道具性は，家族の要求と，家族外の世界とを調整する働きで，目標志向的であるのに対して，表出性は，家族内の相互関係や情緒的要求を調整・維持していく働きを示す．また河合（1980）は，**母性原理**と**父性原理**という概念を提出している[8]．母性原理は，「包含する」ことを主要な機能とし，すべてを包み込み，平等に対応する．それに対して父性原理は，「切断する」という機能的特性をもち，善と悪，主体と客体などに分類し，子どもを能力や個性に応じて分類・対応する．これらの相対立する原理はいずれも，親として必要な特質である．しかしながら，道具的機能や父性原理が父親のみ，表出的機能や母性原理が母親のみに求められるのではない．これらは子どもの成長のためにはともに必要なものであり，両親の間で相補って初めて有効なものである．

子どもを育てることによる親の側の発達

　親と子どもの関係は，日常生活のかかわりの中で相互に影響を及ぼし合う．「育児は育自」と言われるように，親は一方的に子どもに活力を注ぎ，成長を助けるのではなく，子どもを育てることによって親もまた成長・発達していくのである．柏木・若松（1994）は，幼児をもつ親を対象に，このことを実証的に検討し，親となった後の人格的変化として，柔軟さ，自己抑制，視野の広がり，運命・信仰・伝統の受容，生きがい・存在感，自己の強さなどが獲得されることを示唆している[9]．また，牧野（1996）は，幼児から中学生をもつ父親を対象として，親になることによる変化について調査を行い，親としての自覚，人間としての成熟，ストレスという3つの因子を見出している[10]．

　子どもを育てること・親であることは，決して，「子どもは生きがいだ」，「育児は楽しい」といった肯定的な感情ばか

7) Parsons, T. 1955 Family structures and the socialization of the child. In T. Parsons & R. F. Bales (Eds.) *Family, socialization and the interaction process*. New York: Free Press.

8) 河合隼雄　1980　家族関係を考える　講談社

9) 柏木惠子・若松素子　1994　「親となる」ことによる人格発達―生涯発達的視点から親を研究する試み　発達心理学研究, 5(1), 72-83.

10) 牧野暢男　1996　父親にとっての子育て体験の意味　牧野カツコ・中野由美子・柏木惠子（編）子どもの発達と父親の役割　ミネルヴァ書房　Pp. 50-58.

りでなく，「子育ては負担だ」，「子どもがいるために自分の行動が制約される」といった否定的な感情も，日常的に体験される．この育児による制約感などの否定的な感情を低下させ，育児への肯定感を増大させる要因として，父親（夫）の家事・育児参加（柏木・若松，1994），夫による妻の子育ての理解度・コミュニケーション（岡本，1996）の重要性が指摘されている[11]．

親であることのつまずき

今日，わが国では，核家族や地域社会とのつながりの弱化という社会の変化にともない，かつてないほど母親ひとりに子育ての負担と責任が集中する事態が生じている．このように現代社会においては，子どもの親であることそのものが困難な課題となっている．それを象徴する社会問題のひとつが，**乳幼児虐待**である（Ⅲ-24参照）．乳幼児虐待には，身体的虐待，心理的虐待，性的虐待，ネグレクト（世話の放棄・放任）などが見られ，被虐待体験をもった子どもは，将来自分が親になった時，再びわが子を虐待してしまう可能性が高いなど，深刻な影響を及ぼす．

虐待をする親の特徴としては，①多くの問題を抱えていて強いストレス状況にある．②外部との人間関係が希薄で孤立している．③子ども時代に適切な養育を受けていない．親自身が被虐待体験をもつ場合も少なくない．④体罰が躾の手段だと信じている，などが指摘されている．現代では，地域や家族の援助もなく，自宅という狭い密室で孤独で不安な育児を行っている母親による虐待が注目されており，育児支援の強化と充実が急務の課題とされている．

〔岡本祐子〕

11) 岡本祐子 1996 育児期における女性のアイデンティティ様態と家族関係に関する研究 日本家政学会誌，47, 849-860.

【参考文献】
大日向雅美 1988 母性の研究 川島書店
岡本祐子・松下美知子(編) 2002 新・女性のためのライフサイクル心理学 福村出版
蘭香代子 1989 母親モラトリアムの時代 北大路書房

中年
middle age

VI-46

今日，中年期の生き方や心の変容が注目されている．中年期は「熟年」と呼ばれることが多いように，大人の分別をふまえた働きざかり，人生の最盛期と考えられる．また，その一方で「**中年期危機**」という言葉が示すように，内的には相当深刻な問題が潜在している時期でもある．1960年代までは，生活の享受，自立性，身分の安定性などから，中年期は人生の最盛期ととらえられてきた．しかしながら，1970年代以降今日では，「発達的な岐路としての中年期」という見方が注目されている．中年期は，生涯にわたって続く心の発達プロセスの中で，自己のあり方が根底から問い直される転換期である[1]．

「構造的危機」としての中年期

中年期に，私たちはどのような心身の変化を体験するのであろうか．図46-1は，中年の人々が体験しやすい自己内外の変化と，そこから生じやすい臨床的問題をまとめたものである．

(1) 中年期の身体的変化

中年期の身体の変化において，最も切実に感じられるものは，体力の衰えであろう．運動能力や体力の低下を背景にして，さまざまな疾患，特に生活習慣病の罹患率が上昇し始める．また中年期を迎えると，性機能も低下し始め，女性はほぼ45～55歳の時期に閉経を迎える[2]．

(2) 家族ライフサイクルから見た中年期

中年期の，特に女性に多くみられる心理的問題は，**空の巣症候群**（empty nest syndrom）と呼ばれるように，子どもの親ばなれにともなうものが多い．子育てが一段落し，自分

[1] たとえば，レビンソン，D. J. (1978) は，40～45歳は人生半ばの過渡期であるとしているが，彼が中年期の課題としてあげたものは，①若さと老い，②破壊と創造，③男らしさと女らしさ，④愛着と分離という対極的なものの解決である．
レビンソン，D. J. 南博(訳) 1980 人生の四季 講談社

[2] 閉経は，卵巣機能が廃絶し，月経が停止する現象であり，エストロゲン分泌が低下することにより，更年期障害と呼ばれる諸症状が現れやすい．また，

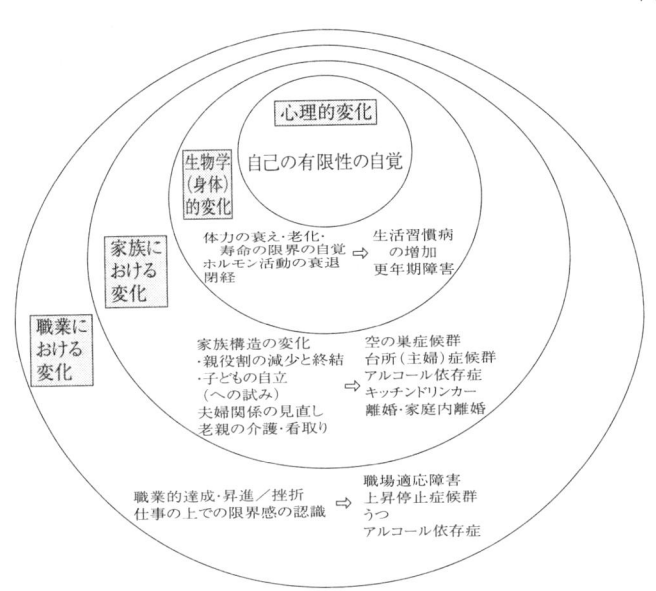

図 46-1 中年期危機の構造 （岡本，2002）[3]

心理的変化
自己の有限性の自覚

生物学(身体)的変化
体力の衰え・老化・寿命の限界の自覚 ホルモン活動の衰退 閉経 ⇒ 生活習慣病の増加 更年期障害

家族における変化
家族構造の変化
・親役割の減少と終結
・子どもの自立（への試み）
夫婦関係の見直し
老親の介護・看取り
⇒ 空の巣症候群
台所(主婦)症候群
アルコール依存症
キッチンドリンカー
離婚・家庭内離婚

職業における変化
職業的達成・昇進／挫折
仕事の上での限界感の認識
⇒ 職場適応障害
上昇停止症候群
うつ
アルコール依存症

の時間をもち始めた妻は，この時期に1つの危機を迎える．これまで多くのエネルギーを注ぎこんできた子どもは，母親である自分よりも外の世界に関心をもち始める．また，仕事の上で自己実現をしている夫を見ると，妻は自分だけとり残されたように感じる．この時妻は，「自分の人生はいったい何だったのか」「私の人生はこれでよかったのか」という思いが増大してくることが多い．

中年期は，夫婦関係にとってもまた，危機をはらんだ時期である．夫婦が中年期を迎える時期には，多くの家庭では子どもは思春期，青年期に達し，親からの自立を試み始める．夫婦関係においても，それまで学童期の子どもの世話に追われていた時期とは，かなり異なる特質が加わってくる．子育てに追われていた時期の夫婦は，互いにその父親／母親役割によって結び付き，安定していた側面が強かったが，子どもの自立期を迎えた夫婦においては，精神的交流そのものが求められてくるといってもよい．つまり，他の者では代替できない関係，夫にとって自分はいったい何だったのかという，夫婦関係の再確認の欲求が高まってくる．結婚当初から，心

最近では，エストロゲン分泌の低下は，単に更年期障害のみならず，脳機能，心血管系，骨代謝，脂質代謝など，広範な臓器や生理機能系に影響を及ぼすことが明らかにされている（武谷，1996）．

武谷雄二 1996 中高年女性の健康をめぐる諸問題 産婦人科治療 増刊号，1-5．

3) 岡本祐子 2002 アイデンティティ生涯発達論の射程 ミネルヴァ書房

理的にかけがえのないパートナーとしての夫婦の親密な関係性を育ててこなかった夫婦は，子育てが一段落した中年期に至って，夫婦共通の目標を失うことになる[4]．

　このように中年世代の夫婦は，子の世代および親の世代の両方に対して，大きな責任と重い課題をかかえている．中年期の家族においては，祖父母，親，子の3世代のそれぞれが，ライフサイクルにおける同じ課題を抱え，それが家族の中で交錯している．つまり，中年の夫婦が，自分の人生の見直しと後半生へむけての再方向づけというアイデンティティの危機に直面している時，青年期の子どもたちはまさに親からの自立を試み，アイデンティティ形成の時期にある．一方，親たちは老年期に達し，自分の人生をふり返り，自己の人生と死の受容という，これもまた重要な**アイデンティティの危機**に直面しているわけである．このように家族発達の視点から見ても，中年期は相当重い臨床的問題を内包していると考えられる．

(3) 職業人としての中年期

　現代社会における先端技術や情報化の急速な変革，さらに終身雇用制，年功序列制の揺らぎなど，職場環境の急激な変化は，中年世代を中心とした職業人にさまざまなストレスと職場不適応をもたらしている[5]．中年世代の職場不適応の背景には，青年期から努力を重ねることで社会的地位や収入も上がり，それが自分や家族の幸福につながると考えてがんばってきた人々が，中年期になんらかの挫折を体験することによる破綻が見られることが多い．その挫折体験の多くは，体力・気力の衰え，職業の上での出世や能力の限界感の認識など，中年期の**アイデンティティ危機**の契機となる．

　このように中年期は，生物学的，心理的，社会的，いずれの領域でも大きな変化が体験される．しかもそれらの変化は，人生前半期においては，獲得的，上昇的変化であったものが，中年期には喪失や下降の変化へと転じるという特質をもっている．したがって，中年期の変化やそこから生じる臨床的問題は，個々人の存在全体が揺り動かされる**構造的葛藤**ととらえることができる．

4) 中高年の離婚は1980年代以降，増加の一途をたどっているが，中年期の離婚は，このような知らぬ間に広がっていた夫婦のギャップの現れにほかならない．

　また中年の夫婦は，どちらかの親の死に遭遇したり，介護を必要とする老親をひきとることも少なくない．ここで再び，家族構造の再編成が求められることになる．老親の看取りという家族の危機によって，それまで潜在していた夫婦関係の問題が表面化してくる場合も多い．

5) これらの職場適応障害は，鬱，出社拒否やテクノストレス，OA恐怖症（オフィス・オートメーション恐怖症）など，さまざまな形をとって現れる．

6) このように見ると，中年期のアイデンティティ再体制化は，青年期のアイデンティティ確立のプロセスに非常によく似た特質を有している．

中年期のアイデンティティ危機

30代後半から40代にかけての中年期の入り口において体験されるこのような変化は，自己の有限性を自覚させる．このような否定的な自己意識は私たちに，自分の人生はこれでよかったのか．本当に自分のやりたいことは何なのかという自己の生き方，あり方そのものについての内省と問い直しをせまるものである．それは今までのアイデンティティではもはや自分をささえきれないという自覚であり，アイデンティティそのものの危機である．

表46-1　中年期のアイデンティティ再体制化のプロセス（岡本，1985）[8]

段階	内容
I	身体感覚の変化の認識にともなう危機期 ・体力の衰え，体調の変化への気づき ・バイタリティの衰えの認識
II	自分の再吟味と再方向づけへの模索期 ・自分の半生への問い直し ・将来への再方向づけの試み
III	軌道修正・軌道転換期 ・将来へむけての生活，価値観などの修正 ・自分と対象との関係の変化
IV	アイデンティティ再確立期 ・自己安定感，肯定感の増大

このように中年期には，アイデンティティの問い直しと組み替えが体験されることが多い．そのプロセスは，表46-1のように示すことができる．この**中年期のアイデンティティ再体制化のプロセス**は，「これまでのアイデンティティの揺らぎ・崩壊（アイデンティティ拡散）→自分の生き方の見直し・将来の生き方の模索（モラトリアム）→軌道修正・軌道転換により再び主体的に関与できる生き方の獲得（アイデンティティ達成）」という，アイデンティティの揺らぎと再達成のプロセスとして理解することができる[6]．そして，中年期の**アイデンティティ危機**に際して，自分自身の生き方，あり方について，主体的に模索し，納得できる生き方を再獲得すること，つまり危機対応力と自己の生き方に対する柔軟な調整力をもつことが，さらなる発達につながることが示唆されている[7]．

〔岡本祐子〕

7) 中年期は心の発達にとって重要な転換期であるが，アイデンティティの危機は現役引退期にも訪れ，中年期と同様の「アイデンティティ再体制化のプロセス」が見られる（岡本，1997）．
岡本祐子　1997　中年からのアイデンティティ発達の心理学　ナカニシヤ出版

8) 岡本祐子　1985　中年期の自我同一性に関する研究　教育心理学研究，**33**，295-306．

【参考文献】
岡本祐子　1997　中年からのアイデンティティ発達の心理学　ナカニシヤ出版
岡本祐子　2002　アイデンティティ生涯発達論の射程　ミネルヴァ書房

VI-47
加齢 / 老化
aging

　高齢になるにつれ，さまざまな身体的変化が生じる．皮膚は乾燥しやすく色素の沈着が進む．骨が細くなり，背骨が曲がり，背も若干縮む．歯ぐきや歯を取り巻く組織が弱くなり，歯が抜けやすくなる．また，循環器系，呼吸器系，消化器系，神経系などあらゆる箇所で機能の低下が生じる．循環器系では心臓の筋肉が弱まり，収縮と弛緩の速度が落ちて心拍数が減る．心血管の壁にはコラーゲン（繊維状の硬タンパク質）やリピド（脂質）が付着し，弾力繊維が細くなり，もろくなる．呼吸器系では胸郭が硬くなり，呼吸を支える筋肉が弱まり息が浅くなる．肺胞は小さくなり，酸素が取り込まれにくくなる．消化器系では食道の収縮が弱くなり，食べ物を効率的にのみこんだり胃に送る機能が低下する．脳も，5～20％萎縮するという．神経細胞，軸索，樹状突起が減少し，一方で液胞や**プラーク**が現れる[1]．

　身体全体に現れるこのような機能低下はどうして生じるのだろうか．クラーク-スチュアートらは2つの説を提示している．第一は**プログラム説**（生物時計説とも言う）である．これは，子どもの成長や第二次性徴の発現が遺伝子に書き込まれているのと同様に，老化も遺伝子に書き込まれているという説である．加齢のどこかの時点において，老化を引き起こす遺伝子が活性化するか，老化を防ぐ遺伝子が活動を停止するか，若さを保つ遺伝子が変化して老化を引き起こすと考えられる．変化した遺伝子が免疫系に影響し，病気にかかりやすくなるという可能性もある．長寿の家系があるという事実や，年齢が若くても老化の症状が生じる遺伝子病は，このような遺伝子の関与を支持している．たとえば，プロゲリア

1) Clarke-Stewart, A., Perlmutter, M., & Friedman, S. 1988 *Lifelong human development*. New York, US: John Wiley & Sons.
　プラークは老人斑とも言われる泥状の組織．

2) DNAにはたえず損傷や複製エラーが生じるが，通常はDNA修復メカニズムが働く．しかし，修復が追いつかないと損傷が蓄積したり，異常が生じたりする．

（早老症）の患者では，幼児期から白髪や皮膚，関節，循環器等の老化が生じ，細胞も高齢者のものと類似した特徴をもつ。また，ウェルナー症候群の患者は10～20代で老化の症状が始まる。ダウン症候群でも白髪や神経系の老化が生じ，アルツハイマー病と同様の脳の機能低下が起きる。このような遺伝的に生じる老化は，通常の老化も遺伝子のプログラムによって生じる可能性を示唆している。

　第二は，**すり切れ説**である。この説では，物理的傷害，紫外線，化学物質，疲労などによって身体に損傷が蓄積し，老化が生じるとされる。DNA修復メカニズムが阻害されるという説（DNA修復説）[2]，細胞間の結合組織が硬化し，柔軟性が失われ，機能低下が生じるという説（交差結合説），フリー・ラディカル（自由電子をもつ不安定な分子で，他の分子と結合しやすい）が他の化学物質と結合し，有害物質をつくり出すという説（フリー・ラディカル説）などがある[3]。

　なお，老化を**一次的老化**（primary aging）と**二次的老化**（secondary aging）に分けて論じることもある。一次的老化は生物学的に必然と考えられる身体的衰えであり，プログラム説が説明しようとする老化といってもよいだろう。これに対し，二次的老化は病気，習慣（喫煙，食生活，運動），環境（紫外線，寒気，薬物，化学物質などにさらされる等）によって生じる老化であり，後天的という点ですり切れ説と関連がある。ただし，すり切れ説は生物学的な仮説であり，一次的老化の説明にも用いられる。老化のメカニズムについてはさまざまな説明が試みられているが，いまだ十分に明解な答えは得られていない。

　認知的変化はどうだろうか。キャッテル（Cattell, R. B.）は知能を**結晶性知能**（crystalized intelligence）と**流動性知能**（fluid intelligence）に分けた。前者はいわば言語性の知能であり，経験を通じて学習された語彙や文章理解能力，世界に関する知識などに代表される。後者は，非言語的な推論能力であり，情報処理速度，学習効率，注意の効率性など，努力や練習の余地の少ない知能である。一般に，結晶性知能は高齢になっても維持されるが，流動性知能は年齢とともに

3）交差結合説とフリー・ラディカル説には関連がある。たとえば，ある種のフリー・ラディカルは不飽和脂肪酸と結びついて脂質をつくり，分解されてアルデヒドとなり，分子間の交差結合を強化する。

4）Rabbitt, P. M. A. 1993 Crystal quest : A search for the basis of maintenance of practised skills into old age. In A. Baddeley and L. Weiskrantz (Eds.) *Attention : Selection, awareness, and control*. Pp. 188-230.

5）Anstey, K., Stankov, L., & Lord, S. 1993 Primary aging, secondary aging, and intelligence. *Psychology and Aging*, 8(4), 562-570.

6）Baeckman, L. & Forsell, Y. 1994 Episodic memory functioning in a community-based sample of old adults with major depression : Utilization of cognitive support. *Journal of Abnormal Psychology*, **103**(2), 361-370.

低下すると言われている.

しかし,流動性知能を反映する課題であっても,十分に練習をつんでいれば衰えは生じないという報告もある.ラビットは,年齢とクロスワードパズルの成績の関係を調べた.その結果,初心者の成績は流動性知能と正の相関を示し,年齢と負の相関を示した(つまり,流動性知能が高いほど成績がよく,年齢が高いほど成績は低い).しかし,エキスパートでは,成績と流動性知能に相関はなく,むしろ年齢と弱い正の相関があったという(つまり,エキスパートでは知能と成績に関係はなく,年齢が高いほど成績が高い)[4].

アンステイらは,オーストラリアの高齢者を対象に,流動性知能と一次的・二次的老化の関連を調べている.流動性知能は数唱スパンや数の比較課題などを用いて測定した.また,一次的老化に関わる変数としては,視覚的探索や身体のゆれなどの感覚運動的な測度を,二次的老化に関わる変数としては病気の数,服用している薬の数,日々の活動,受けた教育などを用いた(病気や薬の数は二次的老化を促進する「ネガティブな変数」,活動や教育は二次的老化を抑制する「ポジティブな変数」としている).その結果,流動性知能は一次的老化と負の相関を示したが,年齢との直接的な相関はなかった.また,二次的老化のうちポジティブな変数,特に教育は,認知課題の成績の分散を最もよく説明したという[5].なお,アンステイらの研究では見られなかったが,病気や鬱が認知機能を低下させるという研究も多い[6].一次的老化を止めることは困難である.しかし,二次的老化を遅らせることで認知機能の低下を防いだり,改善したりできるかもしれない.

一般に,「高齢者の認知機能は青年に比べ劣る」という報告は多い.しかし,このような結果は**研究パラダイム**が不十分であるために誇張されすぎている,という指摘もある.たとえば,実験室で用いられる認知課題や刺激材料は,高齢者よりも青年に有利なものである可能性が高い.パソコン操作やテレビゲームに慣れている青年と,そうでない高齢者を比較するのは不公平かもしれない.単語や文などの刺激材料

Boone, K. B., Lesser, I. M., Miller, B. L., & Wohl, M. 1995 Cognitive functioning in older depressed outpatients: Relationship of presence and severity of depression to neuropsychological test scores. *Neuropsychology*, **9**(3), 390-398.

Christensen, H., Mackinnon, A. J., Korten, A. E., Jorm, A. F., Henderson, A. S., Jacomb, P., & Rodgers, B. 1999 An analysis of diversity in the cognitive performance of elderly community dwellers: Individual differences in change scores as a function of age. *Psychology & Aging*, **14**(3), 365-379.

7) Waddell, K. J., & Rogoff, B. 1987 Contextual organization and intentionality in adults' spatial memory. *Developmental Psychology*, **23**, 514-520.

8) Bastin, C., & Van der Linden, M. 2003 The contribu-

が，青年にとってより馴染みの高いものである可能性もあるだろう．顔の記憶課題では，必ずしも高齢者の顔が材料として用いられていない．

　方略や反応の様式の問題もあるかもしれない．ワッデルとロゴフは，高齢者と青年を対象に，ミニチュアの町に置かれた事物（車，人，動物など）の記憶を調べた．青年は教示通りにカテゴリーや文脈との関わりで事物を記憶したが，高齢者はカテゴリー判断をしながら記憶するよう教示しても，物語や文脈にそって事物を記憶することがあった[7]．また，バスティンとヴァン・デル・リンデンは，顔の再認記憶課題において，高齢者は想起よりも親近性にもとづく再認判断を行うこと，そのためイエス／ノー判断よりも強制選択の方が成績がよいことを示している[8]．高齢者の方略や反応の傾向を生かせる課題であれば，青年と若者の成績の差は縮まるかもしれない．

　ハッシャーらは，課題に取り組む時間帯を問題にしている．一般に高齢者は朝型であり，青年は夜型である[9]．ハッシャーらは朝型の高齢者と夜型の青年を対象とし，それぞれの**最適時間**（高齢者は午前，青年は午後）と**非最適時間**（高齢者は午後，若者は午前）に，連想を抑制することが求められる文章完成課題や関連性判断課題[10]，順行干渉課題[11]を行った．その結果，非最適時間に比べ，最適時間では高齢者と青年の差は小さかった．一般に，大学や研究所における実験調査は早朝よりは昼過ぎ以降に行われることが多い．これも青年に有利である可能性がある．

　青年に適したパラダイムを用いて高齢者の能力を測定しているのだとすれば，それは，独自の文化の物差しを使って異文化の人々の能力を測り，彼らの能力が低いという判断を下しているようなものである．高齢者の機能低下を当たり前のものとしてとらえるのではなく，公正な方法を用い，どのような機能は維持されるのか，どうすれば機能を維持・向上できるのかといった視点に立つ研究が望まれる．〔仲真紀子〕

【参考文献】
下仲順子〔編著〕　1997　老年心理学　培風館

tion of recollection and familiarity to recognition memory : A study of the effects of test format and aging. *Neuropsychology*, **17**(1), 14-24.

9) このような睡眠や活動性に関する日周期性をサーカディアン・リズムまたは概日リズムという．人の場合はおおむね24時間周期である．サーカディアン・リズムにおける活動性が高い時間を最適時間，低い時間帯を非最適時間という．

10) May, C. P., & Hasher, L. 1998 Synchrony effects in inhibitory control over thought and action. *Journal of Experimental Psychology : Human Perception & Performance*, **24**(2), 363-379.

11) Hasher, L., Chung, C., May, C., & Foong, N. 2002 Age, time of testing, and proactive interference. *Canadian Journal of Experimental Psychology*, **56**(3), 200-207.

VI-48

孤独感
loneliness

「自分がひとりである」と感じた時,**孤独感**(loneliness)が生じる.ドロシー(Dorothy, M. G.)[1]は,「孤独感とは,我々が世界のある面や関係をもちたいという欲求が阻止された時に感じる悲しさ(sadness)やあこがれ(longing)である」と定義している.**孤独感**と**独居**(solitude)の関係については,「孤独感とは,見捨てられたり,拒絶されたといった受け身的感情である.一方,独居とは,自分で選び取った孤独のことであり,自分でコントロールできるものである.独居によって,人はいつもの生活パターンから抜け出し,問題に対する新しい視点や展望を得ることができる.したがって,独居は創造にとって必要なものである」と述べている[1].また,ムスターカス(Moustakas, C. E.)は,孤独には自己疎外・自己拒否からくる孤独と,実存的孤独があると述べている[2].このように,孤独およびそれにともなう孤独感は,自分と他者や世界との関わりの関係でとらえたものや,人間の存在そのものから来る感情ととらえたものなど,さまざまな視点や定義が見られる[3].ここでは,孤独感を「自分が一人であると感じること」と捉えて,孤独感について考えていきたい.

孤独感の克服と成長

落合(1989)は,青年期の孤独感に関する一連の研究の中で,青年が孤独を体験し,克服していく過程を次の4つの段階で説明している[4].

Ⅰ.人は互いに理解し,共感し合えると素朴に信じており,人間の個別性を認識していない段階.この段階の青年は,家族や身近な人々と情緒的に結びつき,依存的,融合的な

1) Dorothy, M. G. 1976 *The Psychology of loneliness*. Adams Press.

2) ムスターカス,C. E. 飯鉢和子(訳) 1972 孤独―体験からの自己発見の研究 岩崎学術出版社

3) 青年期の孤独感に関する研究や論考は,他に,依田(1963),西平(1973)などがある.
依田新 1963 青年心理学 培風館
西平直喜 1973 青年心理学 共立出版

4) 落合良行 1989 青年期の孤独感の構造 風間書房

状態にある．
II．自分の感情や考えをそのまま理解してくれる人はいないという現実を理解する段階．しかしこの段階にある青年は，人間 1 人 1 人の個別性には気づいておらず，誰も自分を理解してくれないといった疎外感を味わい，一方的に「理解されたい」という願望をもつ．
III．人間の個別性に気づき，しかも人は必ずしも互いに理解し，共感し合える存在ではないことを知る段階．この段階に至った青年は，時として人間不信に陥り，人に理解されようともせず，人と打ち解けようともしない．人に対して無関心になり，自ら孤独を求める．このような青年は，内心では傷つきやすく，劣等感や自己嫌悪感を抱いていることもある．
IV．人間は本来，1 人 1 人別個であるという個別性を理解した上で，そうした個別的な人間同士であっても互いに理解し，信頼できるものであると認識するようになる段階．この段階に至って青年は，他者との親密で安定した関係を持つことができるようになる．

このように孤独感は克服されるものであり，そのプロセスの中で，人間としての成長・成熟性が獲得されるのである．

孤独感の規定因とライフサイクルにおける孤独感の変化

孤独感を感じさせる条件や要因には，さまざまなものが見られる．落合（1993）は，**孤独感の規定因**について，次のようにまとめている[5]．孤独感を感じる条件には，別離や独居といった物理的な孤立の状態に関する「物理的条件」と，心理的条件が見られ，後者は，①人間同士の理解や共感，疎外感という「人との関係に関する次元」，②自己の個別性，存在理由といった「自己のあり方の意識に関する次元」，および ③「時間的展望に関する次元」が存在する（図48-1，図48-2）．

孤独感の体験のしかたは，発達の各時期によって異なっていることが知られている．落合（1993）によると，児童期の孤独感は，物理的に自分が 1 人になった時などに体験される

5) 落合良行 1993 あなたに親友はいるか—友人関係 落合良行・伊藤裕子・斎藤誠一 青年の心理学 有斐閣 Pp. 153-169.

ものがほとんどである．思春期になると，周囲に人がいる状況の中で孤独感を感じるようになる．周囲の人が皆，仲良くしているのに，自分には友達がいない，といった体験である．これは，自分の内面に目が向き始める時期から体験されることである[5]．

　高齢期になると，別の要因が加わってくる．それは，自分が死ぬ時どうなるのか，死んだ後どうなっていくのか，という，人生を越えた**時間的展望**の中で自分は1人なのだという孤独感である．高齢期に達するまでに，自分や人生を越えるような時間的展望の中で，自分をとらえることができた人と，そうでない人とでは大きな相違が生まれる．このような時間的展望を持つことができなかった人は，死ぬのが怖くてしかたがない．人生の終わりが見えてきた時，人生が寂しいとしきりに感じる．このように「『自分がどこから来て，どこへ行くのか』という問いにすでに悩み，自分なりの答えを出し，一生を越えた時間的展望をもっている人と，そうでない人の孤独感は異なっている」（落合，1993）．特に，宗教的支えをもっている人は，長い時間的展望をもち，厳しい孤独を感じながらも生きていけると言われている．

　青年期と高齢期は孤独感を感じやすい時期であるが，両者の孤独感は，その要因から見ると異なっている．図48-2に示したように，青年期の孤独感は，青年前期には，自分と外界の関わりを示す対他的次元の要因が大きな比重を占めている．しかし，青年中期・後期になると，他人との関係ばかりでなく，自分の内面との関わりや考え方が重要な要因になってくる．高齢期では，この2つの要因の他に，時間的展望という要因が大きく関わっているという特徴が見られる．

高齢期の孤独感

　現役からの引退，活動や交際範囲の縮小，親しい人々との死別など，高齢者は，より若いライフステージに比べて，社会とのつながりが減少しがちである．社会的ネットワークの縮小と孤独感は同一ではないが，しばしば大きな関連性が見られる．単身世帯，別居している子ども・友人・近隣とのつきあいの少ない高齢者は，孤独感や疎外感を感じている者が

6）総理府老人対策室 1982 老後生活の心理面に関する調査 大蔵省印刷局

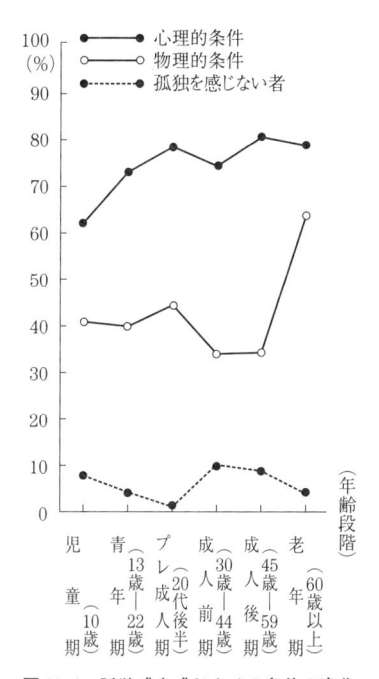

図 48-1　孤独感を感じさせる条件の変化
　　　　（落合，1993）5)

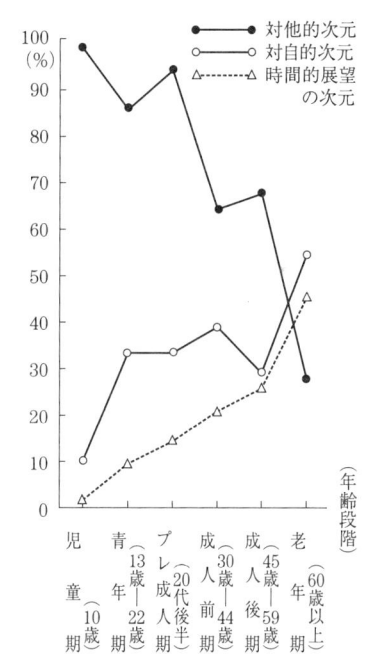

図 48-2　孤独感に関する心理的規定因の変化
　　　　（落合，1993）5)

多く6)，精神的充足感が低い7)ことが指摘されている．

　また，老人ホーム入居者については，①自分が孤立していると認知しておらず寂しいとも感じていない者が最も多い．この傾向は，男性よりも女性において，より顕著である．②孤立に対する自己意識と，他者（老人ホームのスタッフ）による孤立状態の評価は，必ずしも一致しない．③自分にとって興味のある他者（友人）との交流が，頻繁に会うことのない実子よりも孤立に対する自己認知を軽減し，孤独感を和らげるのに重要であることなどが，報告されている8)．

〔岡本祐子〕

7）岡本祐子　1995　高齢期における精神的充足感形成に関する研究Ⅰ　日本家政学会誌，46，923-932．

8）長田久雄・原慶子・荻原悦雄・井上勝也　1981　老人の孤独に関する心理学的研究　老年社会科学，3，111-124．

【参考文献】
落合良行　1989　青年期における孤独感の構造　風間書房
落合良行・伊藤裕子・斎藤誠一　1993　青年の心理学　有斐閣

VI-49

死の受容

acceptance of death

　人生最晩年の中心的テーマは，死の問題である．それも他者の死ではなく，自分自身の死をどう受けとめるかという重大なテーマである．エリクソン（Erikson, E.H.）は，ライフサイクルの最終段階である老年期の心理社会的課題は，**自我の統合**であり，それは，自分の人生をまとめ，これを一回限りの代替不能のものとして肯定的に受容すること，そして自らの死を受容することであると述べている[1][2]．

死の受容プロセス

　死の受容は，人生における他の発達的危機と同様，1つのプロセスとしてとらえることができる．死すべき存在として自己を認知することは中年期にはじまり，その後の人生後半期を通じて深められていく．しかし，その長い人生の中で死の受容がどのように進んでいくかという問題は，実証的にはほとんど研究されていない．特に，一般の高齢者がどのように自分の死を認知し，現実の死に至るまでの歳月の中でそれを受容していくのかについては，以下に紹介する研究の他には，あまりデータがない．

　小林（1983）は，高齢者のカウンセリングを通して，死を間近に控えた高齢者が死を認識し受容するプロセスは，次のような段階を経て進む可能性があることを示唆している[3]．

　第1段階　恐怖，混乱，苦悩，絶望，不安などを体験する過程．
　第2段階　落ち着きを取り戻し，人生やさまざまのことを思いめぐらす過程．
　第3段階　死を受け入れる過程．
　第4段階　残された時間を意味づける過程．

1) Erikson, E. H. 1950 *Childhood and Society*. New York: W. W. Norton.〔仁科弥生（訳） 1977, 1980 幼児期と社会1・2 みすず書房〕

2) 老年期を迎えた人々が，この自我の統合という課題をどのように達成し，老年期のアイデンティティを獲得しているかについては，エリクソン（Erikson, 1986）の晩年の名著『老年期―生き生きしたかかわりあい』の中に詳述されている．この中でエリクソンは，老年期には精神分析的個体発達分化の図式 Epigenetic Scheme, Erikson, 1950のⅠ～Ⅷ段階の心理社会的テーマが，ライフ・レヴュー（人生の回想）によって再び吟味され，現在の自分のあり方，アイデンティティの中に統合される．つまり，それぞれの段階の心理・社会的テーマが老年期に再体験され，自分なりのやり方でまとめられる

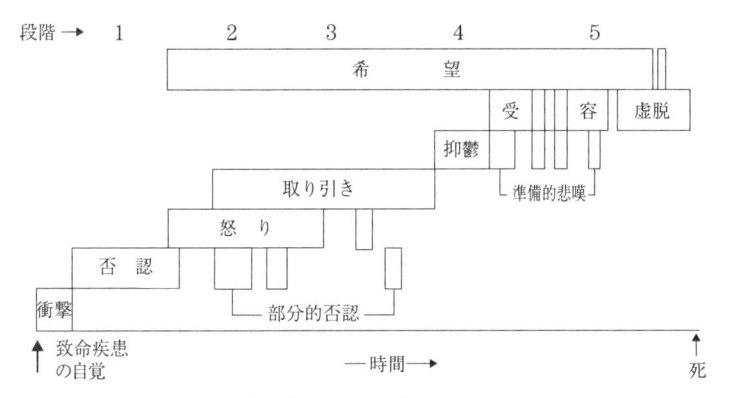

図49-1 死の過程の諸段階（キューブラー・ロス，1998）[4]

第5段階　感謝の心が生まれる過程．
第6段階　期待，喜び，希望，勇気などの気持ちを体験する過程．

一方，末期の癌患者等，**ターミナル期**にある人々が遠からず訪れる自分の死をどのように受容していくのかについては，図49-1に示したように，キューブラー - ロス（Kübler-Ross, E.）による臨床経験の中から生まれた優れた研究がある．これは今日，わが国においても広く知られている[4]．それは，次のようなプロセスをたどる．

第1段階　**否認**と隔離：死を認めようとしない否認，死を遠ざける隔離の段階．
第2段階　**怒り**：死の否認ができなくなると，やがて死ななければならないことに対する怒り，さらに生き続ける健康な人々への羨望や恨みなど，さまざまな情動が現れる段階．
第3段階　**取り引き**：神仏や人々に対して，何らかの申し出をして約束を結ぶ．もしその約束が可能ならば，死という避けることのできない出来事を避けたい．それがかなわないならば，せめて痛みや不快のない状態がほしいと願う段階．
第4段階　**抑うつ**：度重なる手術や入院加療，さらに死に近づくことを示す兆候などが現れはじめ，衰弱も加わってくる．さまざまな重圧や負担が心に去来し，抑うつ的になる段階．
第5段階　**受容・虚脱**（デカセクシス）：この段階に至ると死は受容される．デカセクシスは，生きることへ向けられていたエネルギーが，それから離れることを意味する．「苦痛との闘いが終わり，長い旅路の前の最後の休息」の時期である．自分の死という運命に対して，怒りも抑うつも感じない段階に達す

ことを，数々の事例をあげて述べている．

Erikson, E. H., Erikson, J. M., & Kivnick, Q, H. 1986 *Vital Involvement in Old Age*. New York : W. W. Norton.〔朝長正徳・朝長梨枝子(訳) 1990　老年期—生き生きしたかかわりあい　みすず書房〕

3) 小林純一　1983 カウンセリング　井上勝也(編)　老年期の臨床心理学　川島書店

4) キューブラー・ロス, E.　鈴木晶(訳) 1998　死ぬ瞬間—死とその過程について　読売新聞社

る．

死にゆく人へのケア

このようなターミナル期にある患者への援助を**ターミナル・ケア**という．今日では，インフォームド・コンセントの理念が浸透するにつれて，患者が自分の病気や治療についてよく知り，残された人生の生き方を積極的に考えて判断することの必要性が認識されつつある．また，いたずらに延命のみを図るのではなく，残された人生をいかに意味あるものにしていくのかという「生の質」(quality of life；QOL) を尊重する考え方も普及し，支持されるようになってきた．

ターミナル・ケアにおいて最も重要なことは，キューブラー-ロスが強調した「やり残したこと，思い残してきたこと」を片付け，少しでも安堵の境地に至ることである．柳田 (1996) は，ターミナル期にある患者のクオリティ・オブ・ライフを確保するには，「身体症状の緩和ケア」「こころのケア」「人生完成への支援」の3つの対応が必要であると述べている[5]．この第3の「人生完成への支援」こそ，「やり残したこと」，「思い残したこと」を片付け，人生の中でどうしてもやりとげておきたいことを完成させるための援助である．このことは，「自分の人生をまとめ，死を受容する」という老年期の課題達成への援助を意味するものである．

ライフレヴュー（人生の回想）の重要性

このように，人生の最晩年であれ，ターミナル期であれ，自らの人生の終わりを意識した人々は，「自分の人生をまとめ，受容する」という共通の心理的課題を有している．これを助ける重要な心の作業が，**ライフレヴュー**（人生の回想）である．バトラー (Butler, 1963) は，高齢者やターミナル期の患者がよく過去を回顧することは，人生の終焉に近づき，死を意識することによって，自分の人生を何とかまとめようとする心の営みであると考え，ライフレヴューは，過去の経験を再統合し，自分の人生の意味を確認し，死への準備につながると述べている[6]．人生の回想は，自分の生涯にわたる連続性とアイデンティティを確認し，人生（自我）の統合のために重要な役割を果たすものである．

5) 柳田邦男(文) 伊勢英子(絵) 1996 画集「死の医学」への日記 新潮社

6) Butler, R. N. 1963 The life review: An interpretation of reminiscence in the aged. *Psychiatry*, **26**, 65-75.

死への準備教育

自らの死を受容し，安堵して人生の終焉を迎えることは，容易な課題ではない．「生涯をかけて学ぶべきは死ぬことである」と言ったのは，ローマの哲学者セネカであったが，このように，死への準備は，一生の課題である．**死への準備教育**（death education）は，そのことを目指したものである．死への準備教育の重要性を説き，これをわが国へ導入したデーケン（Deeken, A.）は，死への準備教育の目標として，次のようなことをあげている[7]．

1. 死へのプロセスと死にゆく患者のかかえる多様な問題とニーズについての理解を深める．
2. 生涯を通じて自分自身の死を準備し，自分だけのかけがえのない死を全うできるように，死についてのより深い思索を促す．
3. 身近な愛する人を亡くした悲嘆の体験からいかに立ち直るかを教える．
4. 極端な死への恐怖をノーマルなレベルまで緩和し，その心理的負担をとり除く．
5. 告知と末期ガン患者の知る権利についての認識を徹底させる．
6. 死と死へのプロセスをめぐる倫理的な問題への認識を促す．
7. 時間の大切さを認識し，人間の創造的次元を刺激し，価値観の見直しと再評価を促す．

ターミナル期の患者への理解を深めることから端を発した死への準備教育も，このようにその家族をはじめ近親者への援助へ，さらに自分のかけがえのない死を全うできるよう，死についての理解と準備を深めることなどへ，拡大・深化してきた．さらにまた，死への準備教育は，ライフサイクルのどの時期においても大切な問題であり，幼児期，児童期，青年期，成人期，老年期それぞれに固有の課題を有しているのである．

〔岡本祐子〕

7) デーケン，A.(編) 1986 死を教える メヂカルフレンド社

【参考文献】
キューブラー・ロス，E. 1969 鈴木晶(訳) 1998 死ぬ瞬間―死とその過程について 読売新聞社
柳田邦男(文) 伊勢英子(絵) 1996 画集「死の医学」への日記 新潮社

VI-50
幸福
happiness, well-being

幸福感（happiness）ないし**主観的幸福感**（subjective well-being）は，楽しい感情や，否定的な気分の低い水準，高い生活満足感を経験することである．その実証的な研究は，幸福感を測定する尺度の開発により進んだ．次に，代表的な尺度の1つである「生活への満足感尺度（Satisfaction with Life Scale）」を示す．

- 多くの点で私の人生は私の理想に近い．
- 私の生活条件はすばらしいものだ．
- 私は私の人生に満足している．
- これまでのところで私は人生で欲している重要なものを手に入れている．
- 私の人生を生き直すことができたとしても，私はほとんど何も変えることがないだろう．

この尺度その他を使ったディーナー（Diener, E.）[1]たちの一連の研究の成果を元に，幸福感の要因等を示す．

どうして人々は幸福感を感じるのだろうか．大きく3つの理論が提示されている．

第一は，欲求と目標を満たすことにより満足し，幸福になるという考え方である．理想的な自己を達成できないと不満になるという考えもこれに含まれる．第二は，活動への関わり自体が幸福を作り出すという考え方である．自分の技能のレベルと適合した面白い活動に関わることがやりがいを作り出すといった考えもこれに含まれる．第三は，安定した個人内の特性が幸福感を安定したものとするという考え方である．たとえば，外向性が高い人，また神経症傾向の低い人は，幸福感が高い傾向が強い．あるいは，希望，楽観主義，

1) Diener, E., Lucas, R. E., & Oishi, S. 2002 Subjective well-being: The science of happiness and life satisfaction. In C. R. Snyder, & S. J. Lopez (Eds.), *Handbook of positive psychology*. Oxford University Press, Pp. 63-73.

統制可能性への期待などが高い人は幸福感が高い傾向がある．

どのような人たちが幸福なのだろうか．個人差はきわめて大きいにせよ，ある程度傾向を比較できる．以前は，年齢が若く，収入が高く，学歴の高いことが幸福度を主として決めていると思われていた．実際に調査すると必ずしもそうではない．実証的研究の結果を列挙しよう．

- 年齢，性，収入などの「人口学的変数」は主観的幸福感と関連する．
- これらの影響は通常は小さい．
- 大部分の人は，中程度に幸福である．

具体的には，たとえば，収入は主観的幸福感と国内において（つまり，特定の国の中での収入と幸福感に相関がある）および国際間（つまり，国を単位としても収入と幸福感に相関がある）で関連している．しかし，どちらにおいても，収入が増えることはほとんど幸福感を増さない．おそらく，収入が増す以上に，欲しいものや望む生活水準が上がれば，単純に幸福感が増えるわけではない．年齢と性も幸福感と関係するが，その関連は小さい．男性が女性より幸福だとか（その逆だとか），若い方が年寄りより幸福だとかは必ずしも言えない．むしろ，研究によっては，10代から年齢が上がるにつれて，幸福感は若干増すことも見いだされている．

身体的健康は幸福感と相関している．だが，この場合でも，当人の健康についての自己報告は強く相関しているが，客観的な健康については相関は小さい．主観的な幸福感には，健康の主観的な読みとりがむしろ利いているのである．幸福感，あるいは正の感情がその後の心理的機能にプラスの影響をもたらす[2]．正の感情があると，それがそのときの思考―行為のレパートリーを広げ，さらにそれが今度は持続する個人的リソース（つまり問題解決や対処に利用できるもの）を増やしていく．幸福感や楽観主義が免疫力を上げ，それを通して，寿命を延ばすようである．

幸福感を成人期の発達に位置づけてみよう．先ほど述べたように，幸福感は10歳代から60歳代くらいにかけて（先進国

2) Fredericksen, B. L. 2001 The role of positive emotions in positive psychology: The broadening-and-build theory of positive emotions. *American Psychologist*, **56**, 218-226.

では）同じくらいか，多少上がることが見いだされている．また，高齢期に入っても，すぐに下がるわけではないし，さほど大きく下がるのでもない．これは，成人期の発達のいくつかの顕著な特徴を現している．

1つは，多くの人に見られる「若さ信仰」が間違っているということである．若い方が幸せだということはないのである．一時的な喜びは高いかもしれないが，その分，落ち込むこともあるだろう．

また，年をとることはすでにそれだけで1つの達成であり，自負に値することでもある．老化による惨めさを感じつつ，それを埋め合わせる成果も思い起こすことができる．

生涯発達心理学の代表者のバルテス（Baltes, P. B.）[3]は，成人期の発達の一見変化の乏しい時期は，実は，老化に対して補償を行うこと，つまり別の手段で補っていることで可能になっていることを指摘している．また，多くの成人は，さらに高い成果を出すために，関心のある領域を絞り，種々のどちらかといえば狭くなっていくリソースを最大限に活用しようとする．そういった動的な均衡の結果として，一定の幸福感が維持されているのであり，必ずしも固定した人生を送っているからではない．

中年期から老年期の幸福感を規定するものとして，何より身体的健康が挙げられる．だがそれも，先程述べたように，主観的な健康の感覚が大事になる．少々具合が悪くても，年相応と思えばあきらめもつく．その上で，自分はそれなりに健康だと思える．だから，本当の大病以外にはあまり幸福感というものは，一時的にはともかく，長期には損なわれないものなのである．そういった立ち直りが顕著に見られる．

また少々の具合の悪さは無視するという逃避的な対処もしばしば見られる．それもまた，その結果が決定的な不具合をもたらさない限り，適応的なのかもしれない．

積極的な意味での「生き甲斐」も特に中年期には大事となる．長寿社会においては，再度，なぜ生きるか，どう生きるかを中年から老年の始まりあたりで問わざるを得ないからである．だがそれもまた，ある危機を経ていく人もいれば，そ

3) Baltes, P. B., Lindenberger, U., & Staudinger, U. M. 1998 Life-span theory in developmental psychology. In R. M. Lerner (Ed.), *Handbook of child psychology*. 5th. edition. New York : Wiley. Pp. 1029-1143.

うでない人もおり，一概には言えないようである．

　何か問題が生じても，多くの場合，社会的サポートが安定して与えられるなら，一定の幸福感を維持しやすい．それが切れたときに問題が生じると，危機が生じることが多い．たとえば，退職，離婚，引っ越し，等である．新たな人間関係を構築するだけの力が十分でないとか，社交性が不足しているとか，つなぎを付けてくれる人がいないという場合に，苦しみが続くかもしれない．

　サポートを職場の人間関係とか，配偶者とか，単一のものに頼っていると，それが切れたときに打撃を受けやすい．**ソーシャル・コンボイ**（社会的護送船団）という考え方は，サポートは近い関係や遠い関係から成り立ち，近いものがなくなったときに遠いものが代わりに入ってくるというものである．そうであれば，比較的安定して，人生を送っていくことができる[4]．

　幸福感は，生き甲斐というほどのものがなくても，日々の満足感があれば，生まれるという見方もある．年をとればとるほど，そういった日常を無事に過ごせるありがたみが生まれるのかもしれない．だが，無難な日常は同時に退屈感を生み出すものでもある．程々のルーティンを維持しつつ，そこに多少の波風を立てていくかがそこで問題になるのだろう．

　毎日テレビを見るとか，ちょっとした趣味をするといったことも，そのような日常に小さな変化を導入し，しかも根本は変えないという試みである．観光旅行もまた自分がそこで変わるわけでなく，しかし，日常に小さな変化を与える．成人期の子育てや仕事に追われている時代は，そのようなことを考えなくても，自ずと種々の波乱が始終起こり，また生活が変化せざるを得ない．老年になると，変化は必ずしも歓迎されない．病気その他の困った問題の兆候かもしれないからである．だがそれでも変化を欲するのであり，そのような日常のわずかな変化が歓迎されるのである．

〔無藤　隆〕

4) Antonucci, T. C. 2001 Social relations: An examination of social networks, social support, and sense of control. In J. E. Birren, & K. W. Schaie (Eds.), *Handbook of psychology of aging*. 5th edition. Academic Press, Pp. 427-453.

【参考文献】
南博文（編）　1995　老いることの意味―講座生涯発達心理学第5巻　金子書房

人名索引

ア 行

アイゼンバーグ　Eisenberg, N.　172-175
アーウィン　Irwin, J. M.　113
青木紀久代　187,195
青野篤子　191
青柳肇　11
アサイ　Asai, A.　31
麻生武　121
朝長正徳　211
朝長梨枝子　211
東洋　2,5,33,77
東淑江　186-187
アダムズ　Adams, B. N.　163
アダムズ　Adams, R. E.　97
アーチャー　Archer, S. L.　162
アトラー　Atler, P.　14
アドラー　Adler, P. A.　14-15
アブラムソン　Abramson, L. Y.　65
アベカシス　Abecassis, M.　149
アマトルーダ　Amatruda, C. S.　40
新井清三郎　40
蘭香代子　195,197
アリストテレス　Aristotelēs　39
アルドリッジ　Aldridge, M.　12-13,15
アルビーシャイム　Albeisheim, L.　95
安西祐一郎　43
アンステイ　Anstey, K.　203-204
アンダーソン　Anderson, J. R.　58,60
安藤寿康　Ando, J.　11,28,31
安藤延男　39
安藤典明　11
アントヌッチ　Antonucci, T. C.　217
飯鉢和子　206
五十嵐一枝　80
生島浩　183
池上貴美子　90-91
池田香代子　171
石田理恵　69
伊勢英子　212-213
磯貝芳郎　39
一瀬敬一郎　137
厳島行雄　137

伊藤美奈子　178
伊藤裕子　189,191,209
乾敏郎　43
井上勝也　209,211
井上健治　69,149,177,179
猪股佐登留　168
井原成男　99
今井むつみ　Imai, M.　51,115
井森澄江　149
イーラス　Elas, M.　26
岩男寿美子　152
岩男卓実　111
ヴァン・カルスター　Van Calster, K.　170
ヴァン・デル・リンデン　Van der Linden, M.　204-205
ヴァン・ハッセル　Van Hasselt, V. B.　146,186
ウィグフィールド　Wigfield, A.　191
ヴィゴツキー　Vygotsky, L. S.　35
ウイッカー　Wicker, A. W.　39
ウィニコット　Winnicott, D. W.　96-99
ウィマー　Wimmer, H.　138-139
ウィリアムス　Williams, G. C.　27
ウィルソン　Wilson, M.　27
上淵寿　111
ウェルズ　Wells, G. L.　134-135
ウェルナー　Werner, H.　4
ウェルマン　Wellman, H. M.　4
ヴェロフ　Veroff, J.　169
ウェンガー　Wenger, E.　53,67
ウォーカー　Walker, A. G.　136-137
ウォーカー　Walker, J. A.　12-13
ウォーカー　Walker, N.　13-14
ウォーク　Walk, R. D.　110-111
ウォーターズ　Waters, E.　94-95
ウォーターマン　Waterman, A. S.　162
ウォール　Wall, S.　94
ウォール　Wohl, M.　204
ウォルシュ　Walsh, W. B.　156
ウォルフ　Wolff, U.　130
ウォレス　Wallace, A. R.　25
ウォレス　Wallace, C. S.　48
鵜養美昭　178

宇田光　65
内田伸子　Uchida, N.　115
ウッド　Wood, J.　12-13, 15
ウッドラフ　Woodruff, G.　138
エインズワース　Ainsworth, M. D. S.　94
エジソン　Edison, T. A.　130
エッカーマン　Eckerman, C. O.　147
エックルス　Eccles, J. S.　191
榎本淳子　148
エプスタイン　Ebstein, R. P.　29
エマーソン　Emerson, R. M.　16
エリクソン　Ericsson, K. A.　59
エリクソン　Erikson, E. H.　4, 50-51, 162, 164-167, 194, 210-211
エリクソン　Erikson, J. M.　162, 211
エンゲストローム　Engestoröm, Y.　35
遠藤利彦　95-96, 99, 103, 142, 145
Oishi, S.　214
大浦容子　61
大神英裕　103
大伴茂　151
大西文行　147
大野木裕明　15, 159
大日向雅美　195, 197
大村彰道　51
岡田努　148
岡堂哲雄　76-77, 84, 178
岡本夏木　5, 18, 112
岡本英生　182
岡本祐子　179, 195, 197, 199, 201, 209
岡本隆介　107
荻原悦雄　209
小倉加代子　188
小沢真嗣　15
小沢哲史　103
オシポー　Osipow, S. H.　156
落合良行　148-149, 206-209
オデンダール　Odendahl, T.　14-15
Ono, Y.　30-31
Onoda, N.　31
オファー　Offer, M.　157
オルロフスキー　Orlofsky, J. L.　162

カ 行

ガーヴェイ　Garvey, C.　125
カークパトリック　Kirkpatrick, L. A.　25
柏尾眞津子　182
柏木惠子　33, 77, 163, 196-197

数井みゆき　95
カスピ　Caspi, A.　29, 49
カーター　Carter, E. A.　77
片山陽子　91
カーティス　Curtis, W.　128
加藤幸雄　178
ガードナー　Gardner, H.　54, 57
カナー　Kanner, L.　80
カーマイケル　Carmicheal, L.　2-3
上武正二　5
カミロフ‐スミス　Karmiloff-Smith, A. K.　51
河合隼雄　196
河合優年　Kawai, M.　58, 90
川原ゆかり　191
カンバ　Kanba, K.　31
ガンプ　Gump, P. V.　37
キヴニック　Kivnick, Q. H.　211
菊池章夫　69, 149, 175
菊野春雄　121
岸田秀　8
木島伸彦　11
キシレフスキー　Kisilevsky, B. S.　47
木田淳子　163
喜多壮太郎　112-113
北島善夫　80
北山忍　33
木下孝司　141
ギブソン　Gibson, E.　110-111
ギブソン　Gibson, J. J.　36
木村駿　64
木村知美　183
キャシディ　Cassidy, J.　95
キャッテル　Cattell, R. B.　55, 203
キャラハー　Carraher, D. W.　131
キャラハー　Carraher, T. N.　131
キューブラー‐ロス　Kübler-Ross, E.　211-213
ギリガン　Gilligan, C.　152
キンメル　Kimmel, A. J.　9
鯨岡峻　83
久世敏雄　5
グッドナウ　Goodnow, J.　117
グーテンベルク　Gutenberg, J.　128
グブリアム　Gubrium, J. F.　14
久保ゆかり　69, 149, 179
クラーク‐スチュアート　Clarke-Stewart, K. A.　136, 202

倉持清美　18
蔵本信比古　179
クランペ　Krampe, R. T.　59
クリステンセン　Christensen, H.　204
グリーノウ　Greenough, W. T.　48
クリューガー　Kluger, A. N.　29
グリーン　Green, B. F.　11
グーレ　Goulet, L. R.　2
クレイグ　Craig, G. J.　48
クレイコーム　Claycomb, L.　137
クレイン　Crain, W. C.　50-51, 53
グレーザー　Glaser, R.　60
グレン　Glenn, N. D.　23
クローウェル　Crowell, J.　95
黒沢香　11
グローテヴァント　Grotevant, H. D.　158
桑原里見　91
グンナー　Gunnar, M. R.　113
ケアリー　Carey, S.　51-52
ケアンズ　Cairns, R. B.　3
ケイト　Cate, R. M.　163
ケーガン　Kagan, J.　48, 150
ゲゼル　Gesell, A.　4, 40
ケッチャム　Ketcham, K.　13
ケリー　Kelly, D. M.　15
ケロッグ　Kellogg, R.　117
ケーン　Kane, J.　57
ゲントナー　Gentner, D.　115
小池敏英　80
古池若葉　111
幸島司郎　Kohshima, S.　102
河野荘子　183
河野守夫　112
コーエン　Cohen, S.　37
古崎愛子　111
ゴザード　Gothard, B.　157
古澤賴雄　11
小嶋秀夫　33, 51, 70-73
コスミデス　Cosmides, L.　26-27
ゴスワミ　Goswami, U.　111
小玉彰二　183
コックス　Cox, M.　117, 119
コーテン　Korten, A. E.　204
後藤宗理　159
ゴトフレドソン　Gottfredson, L. S.　158
小林純一　210-211
小林春美　Kobayashi, H.　112, 115
小林洋美　Kobayashi, H.　102

小林正幸　178
小林芳郎　50, 53, 68, 191
小堀修　11
子安増生　117, 119, 139-141
ゴールトン　Galton, F.　4
コールバーグ　Kohlberg, L.　4-5, 51, 151-152
コールマン　Coleman, J. C.　182, 189
ゴロンボク　Golombok, S.　68, 191
コーワン　Cowan, N.　52
近藤直子　178
近藤直司　179

サ 行

ザイチック　Zaitchik, D.　140
斎藤耕二　5, 69, 149
斎藤こずゑ　11
斎藤誠一　209
斎藤環　178-179
サイモンズ　Simonds, J. F.　70
サイモンズ　Simonds, M. P.　70
サイモンズ　Simons, J.　170
佐伯胖　53, 67
三枝孝弘　71
堺屋太一　22
坂上裕子　95
坂野雄二　186
桜井茂男　62-64
佐々木正人　39, 112, 115
サーストン　Thurstone, L. L.　55
佐藤郁哉　16, 19
佐藤恵理子　105
佐藤有耕　148
サリヴァン　Sullivan, K.　140
澤田瑞也　175
サンプソン　Sampson Jr., J. P.　156
サンプソン　Sampson, R. J.　182
シアーズ　Sears, R. R.　4
シァファー　Schaffer, H. R.　105
ジェイコム　Jacomb, P.　204
シェーヴァー　Shaver, P. R.　95
シェーファー　Shaffer, D. R.　66
シーグフリード　Siegfried, Z.　29
シーグラー　Siegler, R. S.　53
シノハラ　Shinohara, M.　31
清水新二　180
下仲順子　205
下山晴彦　78-85, 106, 178

シャイエ　Schaie, K. W.　23, 217
シャックルフォード　Shackelford, T. K.　25
ジャネ　Janet, P.　12
ジャン　Jang, K.　30
シュタウディンガー　Staudinger, U. M.　216
シュナイダー　Schneider, W.　135
シュリーマン　Schliemann, A. D.　131
シュルツ　Schultz, L. H.　147
ショウ　Shaw, A. W.　14
ジョセフ　Joseph, R.　47
ジョーム　Jorm, A. F.　204
ジョン　John, O. P.　49
ジョンソン　Johnson, A. M.　177
白井利明　159, 170-171, 182, 189
シルヴァーマン　Silverman, I.　26
次良丸睦子　80
シンガー　Singer, D. G.　122-123
シンガー　Singer, J. L.　122-123
末永俊郎　168
須賀哲夫　116-117
菅沼真樹　95
杉森伸吉　11
鈴木晶　211, 213
鈴木乙史　77
須田治　43
スタティン　Stattin, H.　182-183
スタインバーグ　Steinberg, L.　69
スタウトハマー - ローバー　Stouthamer-Loeber, M.　181
スターン　Stern, D. N.　195
スタンコフ　Stankov, L.　203
スタントン　Stanton, W. R.　50
スタンバーグ　Sternberg, R. J.　54, 56-57, 162
スタンバーグ　Sternberg, R. S.　60
スティーヴンス　Stevens, N.　148
首藤敏元　153
スナイダー　Snyder, C. R.　214
スーパー　Super, D. E.　4, 157-158
スピアマン　Spearman, C. E.　54
スピネッリ　Spinelli, D. N.　48
スベティナ　Svetina, M.　53
スペルキー　Spelke, E. S.　51-52
スペンサー　Spencer, J. P.　43
スペンス　Spence, M. J.　90
スミス　Smith, L. B.　43

スミス　Smith, P. K.　149
スメタナ　Smetana, J.　151, 153
セシ　Ceci, S. J.　136
セネカ　Seneca, L. A.　213
妹尾隆史　182
セリグマン　Seligman, M. E. P.　64-65
セルマン　Selman, R. L.　147
ソリマンド　Solimando, A.　52
ソンダーエッガー　Sonderegger, T. B.　191

タ　行

大六一志　78
ダーウィン　Darwin, C. R.　25
ダウニー　Downey, G.　161
高野清純　62-63
高橋恵子　51
高橋重弘　104
高橋たまき　122-123, 125
高橋雅延　145
高橋道子　91
タガー - フラスバーグ　Tager-Flusberg, H.　140
高村和代　159
高山真知子　19
宝めぐみ　183
瀧野揚三　68, 191
武内珠美　195
竹内常一　159
武谷雄二　199
竹中哲夫　177-178
田島信元　2, 35
鑪幹八郎　167
橘良治　65
田中亜希子　95
田中光彦　142
田中亮子　183
ダナム　Dunham, P. J.　100, 103
谷口高士　145
谷村覚　125
田畑治　71
玉井真理子　84
ダマシオ　Damasio, A. R.　142
ターマン　Terman, L. M.　4
タム　Tam, P.　137
ダラード　Dollard, J.　4
ダリー　Daly, M.　27
丹野義彦　78-81, 83-85, 106, 178
団藤重光　180

チー　Chi, M. T. H.　60
チェ　Choe, J.　25
チェス　Chess, S.　49
チェン　Chen, Z.　53
チェンバレン　Chamberlain, D.　91
チャン　Chung, C.　205
チュリエル　Turiel, E.　152-153
陳省仁　40
辻本歩　183
都筑学　11,170-171
鶴田和美　19
ティーズデール　Teasdale, J.　65
ディーナー　Diener, E.　214
デカスパー　DeCasper, A. J.　47,90
デーケン　Deeken, A.　213
デジャルダン　Desjardins, R. N.　113
テッシュ‐ローマー　Tesch-Römer, C.　59
デーモン　Damon, W.　3
テーレン　Thelen, E.　42-43
土肥伊都子　191
ドゥウィット　Dewitte, S.　170
ドゥバリシュ　DeBaryshe, B. D.　181
トゥビィ　Tooby, J.　26-27
戸川行男　130
ドスタル　Dostal, C.　137
戸瀬信之　131
栃尾順子　182
ドフリース　DeFries, J. C.　28-29
トーマス　Thomas, A.　49
トマセロ　Tomasello, M.　100
富田正利　11
富山尚子　111
トラヴァーセン　Trevarthen, C.　100
トリヴァース　Trivers, R. L.　27
ドレーパー　Draper, P.　69
トレボー　Treboux, D.　95,161-162
ドロシー　Dorothy, M. G.　206
トンプソン　Thompson, C. P.　13
トンプソン　Thompson, H.　40
トンプソン　Thompson, W. C.　136

ナ　行

ナイ　Nye, F. I.　163
ナイサー　Neisser, U.　100
仲真紀子　14,136-137,141
中澤潤　15,146-147
中島伸子　111
中島実　50,53

中島義明　95
長田久雄　209
永野重史　153
長野敬　100
中野由美子　196
西垣順子　139-140
西澤哲　106-107
西田保　65
西平直喜　5,164-165,206
仁科弥生　167,194,210
西村和雄　131
西本武彦　135
二宮克美　153,175
ニュッタン　Nuttin, J.　168-170
丹羽洋子　65
ネルソン　Nelson, K.　112-113
野上芳美　185-187

ハ　行

バー　Burr, W. R.　163
バウアー　Bower, T. G. R.　111
パーヴィン　Pervin, L. A.　49
バウムリンド　Baumrind, D.　9
バーカー　Barker, R. G.　36-37
バーコウ　Barkow, J. H.　26-27
ハーシ　Hirsch, H. V.　48
ハーシ　Hirschi, T.　180
橋本雅雄　97
ハース　Herth, K. A.　170
バス　Buss, D. M.　25,27
バスティン　Bastin, C.　204-205
パスマン　Passmann, R. H.　97
長谷川寿一　Hasegawa, T.　24-25,27
長谷川眞理子　Hasegawa, M.　25,27
ハーセン　Hersen, M.　146,186
パーソンズ　Parsons, T.　74,196
ハーター　Harter, S.　62-64
パターソン　Patterson, G. R.　181
ハータップ　Hartup, W. W.　146,148-149
畑中幸子　188
波多野完治　5
波多野誼余夫　59-60
バターワース　Butterworth, G. E.　48,101-103
ハッシャー　Hasher, L.　205
服部敬子　139-140
バデレー　Baddeley, A.　203
パーテン　Parten, M.　147

ハート	Hart, G. H.	149
バート	Burt, C.	11
バトラー	Butler, R. N.	212
パーナー	Perner, J.	138-139
馬場謙一		185
馬場禮子		195
浜田寿美男		137
ハミルトン	Hamilton, W. D.	26
林雅次		49
速水敏彦		65
原慶子		209
原聰		137
原野広太郎		51
ハリス	Harris, J. R.	68-69
ハリス	Harris, M.	48
針生悦子	Haryu, E.	115
バルテス	Baltes, P. B.	2, 4, 23, 216
パールミュッター	Perlmutter, M.	202
バロン-コーエン	Baron-Cohen, S.	100
バンクロフト	Bancroft, J.	189
繁多進		2
バンデューラ	Bandura, A.	4-5
ハント	Hunt, J. S.	12-13
ハントリー-フェナー	Huntley-Fenner, G.	52
ピアジェ	Piaget, J.	4, 50-52, 54-57, 125, 151
ビゲロー	Bigelow, B. J.	147
ピーターセン	Petersen, A. C.	189
ピーターソン	Peterson, G. W.	156
ビネー	Binet, A.	4, 54-55, 81, 84
ビーバーズ	Beavers, W. R.	74
ビュネル	Busnel, M. C.	47
ビューラー	Bühler, Ch.	4
平井久		64
ヒル	Hill, R.	163
ビル	Bill, B.	113
比留間太白		57
ビレン	Biren, J. E.	217
ファニング	Fanning, D. M.	37-38
ファーマン	Furman, W.	160, 162
ファラン	Farran, C. J.	170
ファンツ	Fantz, R. L.	108-111
フィッシャー	Fisher, D. M.	42
フィッシャー	Fisher, S. E.	28
フィバッシュ	Fivush, R.	68, 191
フィーリング	Feiring, C.	160-162
フェッシュバック	Feshbach, N. D.	173-174
フェーベス	Fabes, R. A.	172
フォーセル	Forsell, Y.	203
深澤道子		11
深田尚彦		117
福田研次		182
福富護		39
藤川洋子		15
藤田英典		23
藤永保		2
ブッシュ-ロスオゲル	Busch-Rossnagel, N.	161
プライヤー	Preyer, W.	4
フラヴェル	Flavell, J. H.	150
ブラウン	Brown, B. B.	160, 162
ブラウン	Brown, D.	158
ブラウン	Brown, D. R.	169
フラゴー	Flagor, R.	15
ブラシ	Blasi, A.	150
ブラック	Black, J. E.	48
フラナガン	Flanagan, C.	137
フランク	Franck, S.	51
フランクル	Frankl, V. E.	171
フリードマン	Friedman, S.	202
ブルックス	Brooks, L.	158
ブルーナー	Bruner, J. S.	4, 18, 103
フレデリクセン	Fredericksen, B. C.	215
ブレハー	Blehar, M. C.	94
プレマック	Premack, D.	4, 138
ブレムナー	Bremner, G.	111
フロイト	Freud, S.	4, 12, 51, 164
ブロドリッグ	Broderick, R.	15
プローミン	Plomin, R.	4, 28-29
ブロンフェンブレナー	Bronfenbrenner, U.	4, 38-39, 70, 72-73
フーン	Foong, N.	205
ブーン	Boone, K. B.	204
ベックマン	Baeckman, L.	203
ヘッセ	Hesse, E.	95
別府哲		43
ベネット	Bennett, K.	25
ベム	Bem, S. L.	190-191
ペリー	Perry, N. W.	136-137
ベールズ	Bales, R. F.	74, 196
ベルスキー	Belsky, J.	69
ヘンダーソン	Henderson, A. S.	204
ヘンドリー	Hendry, L. B.	182, 189
ボウルビィ	Bowlby, J.	4-5, 92-95
ボーグ	Bourg, W.	15

人名索引

保坂亨　15,177
保志宏　49
ボニカ　Bonica, C.　161
ポプヴィッチ　Popvich, J. M.　170
ホフマン　Hoffman, M. L.　174-175
ホランド　Holland, J. L.　156,158
堀野緑　65
ホール　Hall, G. S.　4
ホルスタイン　Holstein, J. A.　14
ボールドウィン　Baldwin, D. A.　113-114
ボールドウィン　Baldwin, J. M.　4
ホワイト　White, R. W.　4,62
ホワイトゥン　Whiten, A.　101
ホーン　Horn, J. L.　55

マ 行

マー　Maher, B. A.　174
マーカス　Markus, H.　33
牧野カツコ　196
牧野暢男　196
マクガフィン　McGuffin, P.　29
マクゴルドリック　McGoldrick, M.　77
マグナスン　Magnusson, D.　183
マークマン　Markman, E. M.　113-114,150
マコーリフ　McAuliff, B. D.　137
マーシャ　Marcia, J. E.　162,166
松井豊　149,163
松岡陽子　11
マッキンノン　Mackinnon, A. J.　204
マックリーン　McClearn, G. E.　29
松沢哲郎　24,27
松下美知子　195,197
マッセン　Mussen, P. H.　3,150,175
マッテゾン　Matteson, D. R.　162
松村暢隆　57
マツモト　Matsumoto, D.　35
マラトス　Maratos, M.　113
三嶋博之　39
ミストリー　Mistry, J.　52
溝口文雄　61
ミッチェル　Mitchell, P.　121
ミード　Mead, M.　188
南博　198
南博文　217
南雅彦　35
ミニョー　Mignot, P.　157
箕浦康子　17
三宅和夫　5

宮下一博　179
宮本美沙子　51,65
ミラー　Miller, B. L.　204
ミラー　Miller, N. E.　4
ミルグラム　Milgram, S.　8-9
ムーア　Moore, C.　100,103
麦島文夫　181-183
ムスターカス　Moustakas, C. E.　206
無藤隆　18,40,105,127
村田孝次　2
村山正治　178
メイ　May, C. P.　205
メスメル　Mesmer, F. A.　12
メモン　Memon, A.　13-14
メーラー　Mehler, J.　51
メリック　Merrick, S.　95
守一雄　Mori, K.　135
森和代　65
森上史朗　73
森田宗一　180
森田洋司　180
森永康子　191
諸澤英道　183

ヤ 行

柳井修　159
柳田邦男　212-213
山岸俊男　33
山口裕幸　142
山下清　130
山住勝広　35
やまだようこ　18
山本多喜司　5
山本力　19
山本真鳥　188
湯川良三　51
ユドリー　Udry, J. R.　188-189
横浜三恵子　147
吉田潤　23
ヨシムラ　Yoshimura, K.　31
依田新　5,206

ラ 行

ライス　Reiss, I. L.　163
ライター　Leiter, K.　19
ライト　Wright, H. F.　36-37
ライト　Wright, M. J.　31
ラインィッシュ　Reinisch, J. M.　189

ライヒトマン　Leichtman, M. D.　136
ラザルス　Lazarus, B. N.　145
ラザルス　Lazarus, R. S.　144-145
ラター　Rutter, M.　80
ラーナー　Lerner, R. M.　216
ラビット　Rabbitt, P. M. A.　203-204
ラフ　Ruff, M.　157
ラム　Lamb, S.　150
ラムゼー　Ramsey, E.　181
リアドン　Reardon, R. C.　156
リコーナ　Lickona, T.　152
リース　Rees, E.　60
リッチ　Ricci, C.　116
リッチモンド　Richmond, L. S.　163
リドレイ-ジョンソン　Ridley-Johnson, R.　42
リュケ　Luquet, G. H.　116-117
リンコン　Rincón, C.　161
リンデンバーガー　Lindenberger, U.　216
ルーカス　Lucas, R. E.　214
ルカニュエ　Lecanuet, J. P.　47
ルリア　Luria, A. R.　35
ルンドベリ　Lundberg, I.　130
レイブ　Lave, J.　53, 67
レイマン　Rayman, J. R.　156
レヴィン　Levin, L. A.　163
レヴィン　Levine, R.　10
レヴィン　Lewin, K.　36, 168, 171
レヴェンソン　Levenson, R. W.　143-144
レオンチェフ　Леонтьев, А. Н.　171
レスト　Rest, J.　150
レッサー　Lesser, I. M.　204

レビンソン　Levinson, D. J.　198
レポー　Lepore, S. J.　136
レーマン　Lehmann, A. C.　59
レンズ　Lens, W.　168-170
レンツ　Lenz, J. G.　156
ロウ　Low, J. A.　47
ロゴフ　Rogoff, B.　204-205
ロジャース　Rodgers B.　204
ローデス　Rhodes, S.　77
ロード　Lord, S.　203
ローバー　Loeber, R.　181
ローバーズ　Roebers, C. M.　135
ロバーツ　Roberts, B. W.　49
ローブ　Laub, J. H.　182
ロフタス　Loftus, E. F.　13, 135
ロペツ　Lopez, S. J.　214

ワ 行

ワイスクランツ　Weiskrantz, L.　203
ワイナー　Weiner, B.　64
若松素子　196-197
若松養亮　159
渡邊恵子　189-190
渡辺弘純　171
渡辺雅之　111
渡部保夫　137
綿巻徹　51
ワーチ　Wertsch, J. V.　35
ワッデル　Waddell, K. J.　204-205
ワトソン　Watson, J. B.　4, 41
ワトソン　Watson, J. S.　62
ワトレイ　Whatley, J. L.　147

事項索引
太字がキーワードであることを示す

アルファベット

ADHD　81
Aタイプ　94
Bタイプ　94
Cタイプ　94
DNA 修復説　203
DSM-IV　177, 184-185
Dタイプ　94
EEA　26
EQ　145
IRB　11
JA　100-102
LD　81
MOGP　13
NICU　88
QTL　30
SNP（スニップ）　28

あ 行

愛他行動　172
愛着　180
　——物　97
　——理論　5
　成人——面接　94-95
アイデンティティ　164
　——拡散　164, 167
　——・ステイタス　166-167
　——達成　164, 166
　——探求　159
　——の危機　200
愛の三角形理論　162
アスペルガー障害　81
遊び　96, 124
　共同——　126
　協同——　126
　構成——　125
　ごっこ——　125
　社会的——　176
　一人——　126, 147
　ヒーロー——　126
　ふりをする——　124-125
　並行——　126

アタッチメント　92
　——理論　68, 105
アダルト・チルドレン（AC）　106
アトラクター　43
アフォーダンス理論　36
アポトーシス　48
アメリカ心理学会　10
誤った信念課題　138
アルツハイマー病　203
安全基地　93
安全制御システム（心理行動的な）　92
安全であるという感覚　92
安定化　74
アンドロジニー・モデル　191
医学モデル　79
怒り　211
生き甲斐　216
育児　195
移行対象　96, 143
　一次性——　96
　二次性——　96
意思決定モデル　157
一語文　112
一次性移行対象　96
一次的老化　203
一卵性双生児　29
一者関係　98
一般知能　55
遺伝子　26, 46, 202
　量的——座（QTL）　30
遺伝マーカー　29
遺伝要因　49
遺伝率　29
遺伝理論　28
イフェクタンス動機づけ　62
"いやいや"の現象　144
イリテラシー　129
因子分析　54-55, 57
インタビュー研究　19
インフォーマント　18
インフォームド・コンセント　8-9, 212
ウェルナー症候群　203
運動機能　90

エキスパート　　58-59, 204
エクソシステム　　38, 70
エスノグラフィー（民族誌）　　17
エスノメソドロジー　　19
エピソード記憶　　60
遠近画法　　118
援助行動　　172
横断的研究法　　20
奥行き知覚　　108
思いやり　　173-174
親からの心理的分離　　176
親子関係　　74-75, 161
親となるプロセス（心理的課題）　　194
親になること　　194

か　行

外生的　　101
介入　　181
　――援助　　79
概念体系　　73
回避　　144
回復　　182
　――的司法　　183
解離性同一性障害（多重人格）　　105
カウンセリング　　12
顔（の認知）　　110, 205
学習障害（LD）　　81
学習性無力感　　64
学習の動機づけ　　170
学習理論　　41
核となる知識　　52
過去展望　　170
重なる波理論　　53
仮説検証　　13
仮説生成的　　16
家族　　74
　――**関係**　　74, 187
　――構造　　75
　――神話　　75
　――成員の自律性　　77
　――の機能　　74
　――の情動性　　77
　――発達　　76
　――発達段階　　77
　――ライフサイクル　　77, 198
　――臨床的介入　　82
近代――　　163
単親――　　77

健康な――の指標　　75
課題探求　　159
価値体系　　73
学校恐怖症　　177
学校ぎらい　　176
活動　　53
　――理論　　35
空の巣症候群　　198
加齢　　40, 202
感覚―運動期　　50, 55
感覚器　　89
感覚登録器　　56
感覚モード　　101
環境　　36
　――要因　　49
　個人と――の適合　　156
　生態学的――　　36
関係・他者志向的な感情調節　　143
観察　　17
　――法　　12
　フィールドでの――研究　　18
慣習　　153
感情　　142
　――焦点型対処　　144
　――**調節**　　127, 142
　――的知性　　145
　――の関係破壊的性質　　143
　――の自己破壊的性質　　142
間接的社会化　　67
幾何学的JA　　102
聞き取り　　17
気質　　49, 94
　――的敏感さ　　99
帰属　　64
　原因――　　65
期待価値モデル　　190
機能群（モジュール）　　27
機能障害　　78
希望　　170
虐待　　31, 143, 197
　――のハイリスク家庭　　106
　児童――　　182
　乳幼児――　　197
キャリア　　156
　――選択　　156
　――発達理論　　157
教育の世俗化　　128
共感性　　173-174

共感的苦痛　174
競争的達成動機　65
きょうだい　99
　──関係　74
共同遊び　126
協同遊び　126
共分散構造分析　29
共有環境　29
拒食　184
虚脱　212
拒否への感受性　162
近代家族　163
具体的操作期　50,55
クロージング　15
経験依存的可塑性　48
経験期待的可塑性　48
経験説　40-41
計算モデル　57
形式的操作期　50-51,55
経歴　156
結婚　160,162
結晶性知能　55,203
原因帰属　65
研究パラダイム　204
言語産出　103
言語的制約　112,114
現実　121
語彙獲得　103,112
語彙の爆発　112
攻撃　180
交差結合説　203
向社会性　172
向社会的行動　172
向社会的スキル　181
向社会的道徳判断　173
構造化面接　12
構造的葛藤　200
構造的危機　198
構造的コミットメント　163
構造方程式モデル　29,31
行動遺伝学　28,69
　──的アプローチ　28
行動主義　4,56
行動の場　36
行動様式（シェマ）　51
広汎性発達障害　81
幸福　214
　──感　149,214

　主観的──感　214
効力感　64
高齢期　208,216
国際識字年　129
国際生活機能分類（ICF）　78
互恵的利他行動　27
心の理論　24,80,121,138,145
　──の先駆体　100
個人化された社会化　68
個人差　28,49,54,94,170,215
個人主義　32
個人と環境の適合　156
個性化　66
子育て　199
ごっこ遊び　125
孤独感　206
　──の規定因　207
子どもの権利条約　104
子ども部屋　99
コネクショニズムモデル　57
個別的要素　94
コーホート　21
　──効果　21
　──**分析**　20-21
　　標準──表　22
コミットメント　160
　──モデル　163
コレクション　125
婚前関係　163
コンピテンス　62,111
　──動機づけ　62,64

　　さ　行

最初の推測　52,115
罪責感　175
最適時間　205
再評価　144
錯覚　97
査定（アセスメント）　13,83
サポートシステム　39
三項関係コミュニケーション　100
3歳児神話　194
三者関係　195
参与観察　16
死　208,210
　──の受容　210
　──への準備教育　213
ジェンダー　188

──・スキーマ　191
──・スキーマ理論　190
視覚　90
　──的断崖　108, 110
　──的リアリズム　116
自我同一性　170
自我の統合　210
時間的展望　168, 208
識字　129
資源　146
自己　64
　──開示　161
　──概念　63-64
　──志向的感情調節　143
　──充実的達成動機　65
　──主張行動　145
　──統制　180
　──抑制的行動　144
思春期　188
システム変数　135
施設内倫理委員会（IRB）　11
視線　102
自然淘汰　25
自尊心　149
視知覚の発達　108
失業　159
しつけ　66
実験群　12
実験法　12
児童画　116
児童観　70
児童期　126, 160, 166, 176
児童虐待　104, 182
　──の防止等に関する法律　104
児童憲章　71
児童心理学　2
児童相談所　107
児童福祉司（ソーシャルワーカー）　107
児童福祉法　71
シナプス　48
事物全体仮説　114-115
自閉症　80, 103
自閉性障害　80
社会化　66, 74
　──のエージェント　69
　　間接的──　67
　　個人化された──　68
　　集団的──理論　69
　　直接的──　67
社会的遊び　176
社会的学習理論　5
社会的慣習　152
社会的絆　180
社会的経験　143
　──ルール　143
社会的サポート　217
社会的参照　103
社会的スキル　182
社会的統制理論　180
社会的表示ルール　143
社会的文脈　146, 188-189
社会モデル　79
社会的領域理論　152
就職活動　158
集団主義　32
縦断的研究法（縦断研究）　20, 182
集団的社会化理論　69
自由ナラティブ　137
周辺システム　143
就眠様式　99
主観的幸福感　214
熟達化　58
熟達者（エキスパート）　58
受精　46
手段性　170
出生前診断　84
出生前心理学　88
授乳様式　99
受容　210, 212
馴化　47
　──・脱馴化法　52, 88
ジョイント・アテンション（JA）　100
　空間表象的──　102
　生態学的──　101
障害　78, 83, 85
生涯発達心理学　2
証言能力　134
象徴的描画　117
情緒的絆　92
情報源　146
情報処理　3
将来展望　168
初期成人期　166
初期知識　52, 113
処遇　182
職業　200

――イメージ 158
――興味 158
職場適応障害 200
職務満足 157
初語 112
初心者（ノービス） 58
女性性の拒否 184,186
触覚 90
自律 162
視力測定 109
事例研究 19
進化 25
　――心理学 25,28
　――**心理学的アプローチ** 24
　――適応の環境（EEA） 26
　――理論 24,28
　――論的アプローチ 69
　――論的社会化理論 69
神経学 3
神経系 47
神経細胞 48
神経性大食症 184,186-187
神経性無食欲症 184-185,187
神経伝達物質 30,48
人工知能 61
人工乳 99
新生児 90
身体的健康 215-216
心的外傷 105
信念 121
　――体系 73
シンボル機能 52
親密性 162
心理・社会的危機 164
心理・社会的査定 84
心理学者の倫理基準と行為綱領 10
心理検査 84
心理的援助 187
心理療法 12-13,107
進路未決定 159
髄鞘化 90
推定変数 135
数量化 16
スキーマ 60
スクリプト 60
スクールカウンセリング 82,178
図式 117
ステッピング・リフレックス（原始歩行） 42

ステレオタイプ 122
ストリート算数 131
ストレス感受性 99
ストレンジ・シチュエーション法 94
スポーツ 126
すり切れ説 203
刷り込み 92
生育歴 179
性格検査 84
生活空間 36
生活への満足感尺度 214
性行動 160
性差 190
成熟 40
　――期 166
　――拒否 184,186
正常と異常 78-79
成人愛着面接（AAI） 94-95
成人期 166,216
精神障害 179
精神遅滞 81
精神年齢 54
精神分析 4,12,188
生態学的アプローチ 16,36
生態学的心理学 36
成長 46
性同一性 189
性淘汰 25
正統的周辺参加 53,67
生得説 40
生得的解発機構 92
青年 168
　――期 148,161,164-166,188,206,208
　――期限定型 183
　――期後期 160
　――期前期 160,189
　――期のアイデンティティ 162
　――心理学 2
性の型づけ 68
生の質（QOL） 212
性非行 180
性ホルモン 188
性役割 189-190
　――観 68
　――行動 68
　――同一性 68
　女――行動 190
　男――行動 190

セクシュアリティ　188
世代　22, 200
　──間連鎖　105
　──性　194
セックス　188
摂食障害　184
セルフモニタリング　59
前操作期　50, 55
全体的自己価値　64
全体方略　114
添い寝　99
相関研究法　30
早期産児　88
早期幼児期　166
相互依存的自己文化　33
相互規定的作用　94
相互作用　181
相互独立的自己文化　33
相互排他性仮説　114
捜査面接　12
双生児法　29
想像　121
　──上の仲間　97
　──力　122-123
早老症　203
ソーシャル・コンボイ　217
素朴心理学　70

た　行

ダイエット　184, 186
胎芽期　46-47
胎教　91
胎児　91, 195
　──期　46-47, 88
対照群　12
ダイナミック・システムズ・アプローチ　40
大脳皮質　47
対話（効率性）　77
ダウン症候群　203
多語文　114
多重知能　57
　──理論　54
脱錯覚　98
達成動機　64
　──づけ　190
多変量解析　3, 29
ターミナル期　211
ターミナル・ケア　212

団塊の世代　22
短期記憶（STM）　56
探索　124
　──的　12, 16
誕生　89, 195
男女差　161
単親家族　77
知識ベース・システムズ　61
父親役割　196, 199
知的機能　69
知的障害　81
知的リアリズム　116
知能　30, 54, 203
　──検査　21, 54, 81, 84
　──指数（IQ）　29, 81
　──の因子分析モデル　54
　──の鼎立理論　56
　──の2因子説　54
　結晶性──　55, 203
　流動性──　55, 203
チャンク　60
注意欠陥多動性障害（ADHD）　81
中核システム　143
注視時間　108
中年　198
　──期　216
　──期危機　198-199
　──期のアイデンティティ危機　201
　──期のアイデンティティ再体制化のプロセス　201
超音波断層法　88
聴覚　90
長期記憶（LTM）　56
調査法　12
調節　55
ディセプション　9
ディブリーフィング　9
鼎立理論　54
適応　25
　──度　69
適性　156
テスト・バッテリー　84
寺子屋　128
テレビ　185
　──ゲーム　126
同一性識別　137
同一性の危機　164
投影法検査　84

同化　55
動機づけ　169
道具性　196
道具的役割　74
登校拒否　176
統合失調症　77
同時注意　100
同情　173
統制群　12
頭足人　116
道徳　153
　　——性　145, 150
　　——的コミットメント　163
　　——的判断　151
　　配慮と責任の——性　152
読字障害　30
読書障害　129
特性因子理論　156
独立変数　12
独居　206
トップダウン的アプローチ　59
トップダウン的処理　60
トライアンギュレーション　18
トラウマ　105
取り引き　211

な　行

内生的　101
内的作業モデル　93
仲間　146
　　——関係　146, 176
　　——集団　69, 160
なぐりがき　117
ナラティブ　18
喃語　112
難読症　129
二項関係コミュニケーション　100
二語文　112, 114
二次性移行対象　96
二次性徴　188
二次的信念　139
二次的老化　203
二者関係　98, 195
日本発達心理学会　5
乳児期　124, 146, 166
乳幼児虐待　197
ニュメラシー　128, 130
ニュルンベルク綱領　10

二卵性双生児　29
妊娠　195
　　——期　195
認知科学　3
　　比較——　24
認知革命　55-56
認知カテゴリー　73
認知心理学　36, 55
認知的構成体　68
認知的スキル　182
認知的バイアス　33
認知的変化　203
認知的枠組み（シェマ）　55
認知能力　31
認知発達理論　5
脳の可塑性　48
脳波　89
能力　52
ノービス　58

は　行

媒介変数　3
配偶子　46
配偶者選択　163
パーソナリティ　29-31, 49, 64, 69, 156
発生　46
　　——的認識論　54-55
発達　2, 82
　　——検査　84
　　——査定　83-84
　　——支援　82, 85
　　——**障害**　78
　　——診断　82-84
　　——心理学　2, 82, 88
　　——精神病理　80
　　——漸成理論　165
　　——**段階**　50, 151-152
　　——の段階説　50
　　——**臨床**　82
　　——臨床心理学　82
　　生涯——心理学　2
『発達心理学研究』　5
母親　195
　　——アイデンティティ　195
　　——役割　196, 199
犯罪　180
反社会性　180
反社会的行動　31, 180-181

繁殖戦略　69
――のタイプ　182
反応的泣き　175
被害者　183
比較行動学　24
比較認知科学　24
比較発達心理学　24
引きこもり　176,178
非共有環境　29
非行　180-181
非構造化面接　12
非最適時間　205
非識字　129
非社会性　176
ビッグ・ファイブ　31
――理論　29
ヒトゲノム　28
人と文脈の相互作用　3
一人遊び　126,147
否認　211
肥満への恐怖　185
描画彩色画　116
表示規則　143
表出性　196
表出的役割　74
標準コーホート表　22
標準的要素　94
表象　120
表情　102,107,142
ヒーロー遊び　126
ファンタジー　120
フィードバック　63
フィールド研究　16
フィールドでの観察研究　18
フィールドノート　16
夫婦関係　74-75,199
フォアクロージャー　166
フォローアップ調査　21
符号化　56
父性原理　196
不登校　176
プラーク　202
プラン　169
プランニング　169
ふり遊び　124-125
フリーター　159
フリー・ラディカル　203
プログラム説　202

プロダクション・ルール　61
文化　32
――化　34,66
――心理学　3
――心理学的アプローチ　32
――人類学　17
――的装置　35
――的に公正なテスト　34
――的バイアス　34
分析方略　114
分離不安障害　177
分類仮説　114
閉経　198
並行遊び　126
ヘルシンキ宣言　10
勉強ぎらい　176
包括適応理論　26
法廷尋問　136
法律家言葉　136
方略　53
補完　111
母子相互作用　37
母子分離　37
ホスピタリズム　68
母性原理　196
母性神話　194
母性的養育の剥奪　68,92
ボディ・イメージ　184-186,195
ボトムアップ的処理　60
ほどよい関係性　98
ホルモン　189

ま 行

マイクロシステム　37
マクロシステム　39,70
魔術的全能感　97
満足の遅延　169
味覚　90
見立て　125
ミリュー　37
民族誌　17
無気力　65
むちゃ食い　187
名称（ラベル）　114
メゾシステム　38
メタ表象能力　80
目安となる年齢　50
面接　12

――法　12,137
　構造化――　12
　半構造化――　12
メンタルローテーション課題　24,26
目撃記憶　134
目撃証言　134
目標　169
　――志向性　168
　――設定　169
模型作り　125
モジュール　31,61
　――化　61
モノアミン・オキシダーゼ遺伝子（MAOA）　31
物語理解　141
モラトリアム　166
問題焦点型対処　144

や 行

痩せ願望　184-186
誘因価　169
遊戯期　166
遊戯療法　107
友情　160
　――の理解　147
友人関係　145-146,176
指さし　103,113
養育環境　105
幼児期　126,147
養子法　29
抑うつ　211
欲求　168
読み書き計算　128

ら 行

ライフコース持続型　183
ライフサイクル　82,164-165,200,207,210
ライフストーリー　18,123
ライフスパン　50,63
ライフレヴュー　212
ラポール　12
卵体期　46
ランドルト環　109
離婚　200
リスク因子　181
利他的行動　27
リテラシー　128-129
離乳　99
流動性知能　55,203
領域一般的　50
領域固有　52,59
　――性　59
　――知識　56
領域調整　153
量的遺伝子座（QTL）　30
量的モデル　56
リラクタントな被面接者　14
臨床心理学　82
　――的介入　107
臨床発達心理士　5
歴史的概観　2
恋愛　160
　――結婚　163
連鎖研究法　30
老化　202,216
　一次的――　203
　二次的――　203
老人ホーム　209
老年学　2
老年期　210,216

わ 行

若さ信仰　216

編者・執筆者紹介（【 】内は執筆項目番号）

編者

子安増生（こやす ますお）【0, 4, 25, 27, 30, 32】
　京都大学大学院博士課程中退．博士（教育学）．現在，京都大学大学院教育学研究科教授．主要著書『心の理論——心を読む心の科学』岩波書店，2000年 他．

二宮克美（にのみや かつみ）【0, 14, 34, 35, 38, 40】
　名古屋大学大学院教育学研究科博士後期課程修了．教育学博士．現在，愛知学院大学情報社会政策学部教授．主要著書『子どもの道徳的自律の発達』（共著）風間書房，2003年 他．

執筆者（五十音順）

安藤寿康（あんどう じゅこう）【1, 5, 6, 10, 12】
　慶應義塾大学大学院社会学研究科博士課程単位取得退学．博士（教育学）．現在，慶應義塾大学文学部教授．主要著書『心はどのように遺伝するか——双生児が語る新しい遺伝観』講談社，2000年 他．

遠藤利彦（えんどう としひこ）【15, 21, 22, 23, 33】
　東京大学大学院教育学研究科博士課程単位取得退学．現在，京都大学大学院教育学研究科助教授．主要著書『喜怒哀楽の起源』岩波書店，1996年 他．

岡本祐子（おかもと ゆうこ）【17, 45, 46, 48, 49】
　広島大学大学院教育学研究科博士課程後期修了．教育学博士．現在，広島大学大学院教育学研究科助教授．主要著書『アイデンティティ生涯発達論の射程』ミネルヴァ書房，2002年 他．

河合優年（かわい まさとし）【8, 9, 13, 16, 20】
　名古屋大学大学院教育学研究科博士課程後期満期中退．博士（教育心理学）．現在，武庫川女子大学教育研究所教授．主要著書『発達と学習の心理学』（共著），福村出版，2000 他．

下山晴彦（しもやま はるひこ）【18, 19, 24, 41, 43】
　東京大学教育学研究科博士課程中退．博士（教育学）．現在，東京大学大学院教育学研究科・教育学部助教授．主要著書『発達臨床心理学』（共編著），東京大学出版会，2001年 他．

白井利明（しらい としあき）【36, 37, 39, 42, 44】
　東北大学大学院教育学研究科博士課程後期中退．博士（教育学）．現在，大阪教育大学教授．主要著書『〈希望〉の心理学』講談社，2001年 他．

仲真紀子（なか まきこ）【2, 11, 26, 31, 47】
　お茶の水女子大学大学院博士課程中退．学術博士．現在，北海道大学大学院文学研究科教授．主要著書『目撃証言の心理学』（共著）北大路書房，2003年．

無藤　隆（むとう たかし）【3, 7, 28, 29, 50】
　東京大学教育学研究科博士課程中退．現在，白梅学園短期大学教授，学長．主要著書『早期教育を考える』NHK出版，1998年 他．

キーワードコレクション
発達心理学［改訂版］

初　版第 1 刷発行	1992年 3 月25日©
改訂版第 1 刷発行	2004年 3 月25日©
改訂版第 2 刷発行	2004年10月25日

編　者　子安増生・二宮克美
発行者　堀江　洪
発行所　株式会社　新曜社
　　　　〒101-0051 東京都千代田区神田神保町 2-10
　　　　電　話(03)3264-4973代・FAX(03)3239-2958
　　　　URL http://www.shin-yo-sha.co.jp/

印刷　星野精版印刷　　　　　　　Printed in Japan
製本　協栄製本
　　　ISBN4-7885-0892-3　C1011

──────── 新曜社の関連書 ────────

■キーワードコレクション■

心理学	重野純編	A5判392頁	3200円
経済学	佐和隆光編	A5判384頁	2864円
子どもの養育に心理学がいえること 発達と家族環境	H. R. シャファー 無藤隆・佐藤恵理子訳	A5判312頁	2800円
子どもの認知発達	U. ゴスワミ 岩男卓実ほか訳	A5判408頁	3600円
環境認知の発達心理学 環境とこころのコミュニケーション	加藤孝義	四六判208頁	2200円
身体から発達を問う 衣食住のなかのからだとこころ	根ケ山光一・川野健治編著	四六判264頁	2400円
遺伝子は私たちをどこまで支配しているか DNAから心の謎を解く	W. R. クラーク・M. グルンスタイン 鈴木光太郎訳	四六判432頁	3800円
学力低下をどう克服するか 子どもの目線から考える	吉田甫	四六判266頁	2200円
老いをあざむく 〈老化と性〉への科学の挑戦	R. ゴスデン 田中啓子訳	四六判448頁	3900円
子どもが育つ心理援助 教育現場でいきるこころのケア	東城久夫 岡田康伸監修	A5判232頁	1900円
認知心理学事典	M. W. アイゼンク編 野島久雄・重野純・半田智久訳	A5判548頁	7200円
エリクソンの人生　上・下 アイデンティティの探求者	L. J. フリードマン やまだようこ・西平直監訳	上＝A5判344頁 下＝A5判414頁	4200円 4500円

（表示価格はすべて税別です。）